Adolf Baumann

Wörterbuch der Anthroposophie

Adolf Baumann

Wörterbuch der Anthroposophie

Grundlagen, Begriffe, Einblicke

mvg verlag

Die Deutsche Bibliothek — CIP-Einheitsaufnahme

Baumann Adolf:
Wörterbuch der Anthroposophie: Grundlagen, Begriffe, Einblicke/Adolf Baumann — München: mvg-Verlag, 1991
(mvg-Paperbacks, 446)
ISBN 3-478-08446-6
NE: HST; GT

Das Bild auf Seite VI:
Rudolf Steiner 1914 auf dem Baugelände des Goetheanums in Dornach bei Basel.

Titel der im Hallwag Verlag erschienenen Originalausgabe:
«ABC der Anthroposophie»

Umschlaggestaltung: Gruber & König, Augsburg
Druck- und Bindearbeiten: Presse-Druck Augsburg
Printed in Germany 080 446/691802
ISBN 3-478-08446-6

Inhalt

Vorwort

In den letzten dreißig, vierzig Jahren hat sich die Stellung von Rudolf Steiners Werk in unserem Kultur- und Geistesleben wesentlich verändert. Bis in die achtziger Jahre hinein beschäftigte man sich fast nur in der Anthroposophischen Gesellschaft, in ihren Zweigen und Arbeitsgruppen mit Steiners Weltanschauung. Wer sich dafür interessierte, besuchte irgendwo zunächst öffentliche Vorträge, nahm an einem Einführungskurs teil und wurde dann oft Mitglied der Gesellschaft, wo ihn Referate von Anthroposophen, das Studium von Steiners Werken, der Besuch von Dramen- und Eurythmieaufführungen und vielleicht eigene künstlerische Beschäftigungen weiterführten.

Auch jetzt steht dieser Weg selbstverständlich weiterhin jedem Interessenten offen, doch ist mit der Veröffentlichung der Gesamtausgabe von Steiners Werk eine neue Situation entstanden. Diese Ausgabe wendet sich an jedermann; ihre Bände sind in jeder Buchhandlung zu beziehen und häufig auch vorrätig. Dank dieser größeren Verbreitung von Steiners Gedankengut können sich nun mehr Leute als früher, ganz auf sich selbst gestellt und sozusagen in eigener Kompetenz, mit seinem Werk auseinandersetzen. Dazu kommt, daß Begriffe wie «Reinkarnation», «Karma», «Meditation», die vorher im alltäglichen Wort- und Vorstellungsschatz nicht vorkamen, in die allgemeine Sprache eingedrungen sind. Quelle dafür ist freilich nicht nur das anthroposophische Gedankengut, sondern sind auch östliche und psychologische Lehren. Aber auch Bewegungen mit solchem Hintergrund haben, ohne daß sie sich allerdings immer darüber im klaren sind, manches aus Steiners Vorstellungswelt bezogen.

Außerdem hat sich die Anthroposophie heute mit ihren praktischen Leistungen durchgesetzt. Die Pädago-

gik, die Heilpädagogik, die anthroposophische Medizin und ihre Heilmittel arbeiten so erfolgreich, daß sie eine breite Anerkennung gefunden haben. Auch die biologisch-dynamische Landwirtschaftsmethode kann auf eine jahrzehntelange Praxis hinweisen, deren Erfolge nicht mehr zu übersehen sind.

Dadurch ist ein breiter gestreutes Wissen um die Anthroposophie entstanden, das auch seine Nachteile hat. Ihre Leistungen werden zwar anerkannt, gewöhnlich wird jedoch nicht danach gefragt, was für eine Denkweise dahintersteht. So lebt die Anthroposophie in der Vorstellung mancher Leute als eine Art Anti- oder Alternativbewegung oder aber als eine idealistische Weltanschauung. Anthroposophen machen zwar manches anders, und es gehört sicher eine schöne Portion Idealismus dazu, wenn ein anthroposophischer Lehrer oder Arzt größere Verantwortung, längere Arbeitszeit und härtere Arbeit bei einem geringeren Einkommen auf sich nimmt. Doch wären Negation des Bestehenden und moralischer Schwung zu schwache Antriebskräfte, um eine kulturerneuernde Bewegung wie die Anthroposophie zu tragen und fruchtbar zu machen. Dafür ist ein Wissen um den Sinn von Kosmos, Erde und Mensch nötig, das tiefer reicht als alles, was heute in unserer Normalkultur zu finden ist.

Zwischen Rudolf Steiners 125. Geburtstag und der Jahrtausendwende gibt es also besondere Gründe, ein Buch wie das vorliegende erscheinen zu lassen. Es möchte jenen Menschen, die sich über Rudolf Steiners Werk informieren wollen, ohne der Anthroposophischen Gesellschaft sofort näherzutreten, ein Führer zu seiner Denkweise und Lebenspraxis sein. Es kann auch für Anthroposophen, die sich, beispielsweise als Pädagogen oder Eurythmisten, bereits mit einem bestimmten Gebiet bekanntgemacht haben, eine Hilfe sein, wenn sie sich in andere Bereiche einarbeiten wollen.

Der Titel «Wörterbuch der Anthroposophie» sagt zweierlei: daß das Buch die Elemente der Steinerschen Weltanschauung – Anfangsgründe für ABC-Schützen – enthält und daß es diese Informationen in alphabetischer Reihenfolge – als ein Wörterbuch – darbietet.

Dieses Wörterbuch ist ein Sachwörterbuch. *Das heißt, es gibt Auskunft über die hauptsächlichsten Sachbegriffe der anthroposophischen Geisteswissenschaft wie etwa «Anthroposophie», «Goetheanismus», «Astralleib», «Ätherleib», «Eurythmie», «Meditation», «Waldorfschulen» usw., und es enthält auch jene allgemeinen Begriffe – zum Beispiel «Christentum», «Erd- und Menschheitsgeschichte», «Erkenntnistheorie», «Heilkunst», «Landwirtschaft», «Kunst, Künste» –, die in der Anthroposophie in neuem Licht erscheinen und besondere Bedeutung erlangen.*

Personennamen sind darum als Stichwörter nicht zu finden. Aufgenommen sind jedoch die Bezeichnungen für übermenschliche Mächte – «Christus», «Michael», «Ahriman», «Luzifer» –, weil diese Wesenheiten in der anthroposophischen Weltanschauung eine wichtige Rolle spielen.

Als Elementarbuch stützt sich das Werk weitgehend auf die grundlegenden Schriften Steiners: «Die Philosophie der Freiheit», «Theosophie», «Wie erlangt man Erkenntnisse der höheren Welten?», «Die Geheimwissenschaft im Umriß». Es führt den Benützer von möglichst vielen Seiten her in die Anthroposophie ein, kann ihm jedoch die Aufgabe nicht abnehmen, sich durch Lektüre von Steiners Werken, vor allem auch der späteren Vorträge, direkt mit der Materie auseinanderzusetzen. Mit einem einmaligen Verstehen ist noch wenig gewonnen.

Geisteswissenschaftliche Begriffe sind sehr vielschichtig und müssen immer wieder neu erworben werden.

In den Mitteilungen, die Steiner von der Jahrhundertwende bis 1910, der Entstehungszeit der erwähnten Fundamentalwerke [außer der bereits früher entstandenen «Philosophie der Freiheit»], als esoterischer Lehrer machte, hatte er weitgehend Rücksicht auf ein Publikum zu nehmen, das zunächst selber noch in die anthroposophische Denk- und Vorstellungswelt eingeführt werden mußte. Die damals gegebenen Begriffe sind dann in späteren Schriften und Vorträgen noch in vielfältiger Weise erweitert und vertieft worden.

Ursache für die Weiterführung und Umgestaltung von Begriffen waren jedoch nicht nur solche «pädagogische Rücksichten». Steiner hat sich mit seinen Kenntnissen und Erkenntnissen selber auch weiterentwickelt. Seine Geisteswissenschaft wurde ihm nicht als ein Fertiges und Unveränderliches in die Hand gegeben wie Moses die Gesetzestafeln. Die Anthroposophie ist etwas in der Zeit Gewachsenes.

An Hand der Gesamtausgabe können heute Begriffe aus früheren und späteren Jahren miteinander verglichen werden, und dabei wird das Werden und Umgestalten von Erkenntnissen sichtbar. Wo sich die Aufgabe stellte, solche Entwicklungen zu beleuchten, wird ihr in diesem Buche nicht ausgewichen. Ein Begriff wie zum Beispiel «Luzifer» [siehe das Stichwort «Ahriman und Luzifer»] war in der Zeit, da Steiner Edouard Schurés Mysteriendramen aufzuführen begann, anders akzentuiert als schon bald später in der «Geheimwissenschaft» und dann in den Mysteriendramen. Der Begriff «Anthroposophie» bezeichnete 1909, als Steiner deutlich von der Theosophischen Weltanschauung abzurücken begann, noch eine auf das Leibliche bezogene geisteswissenschaftliche

Anthropologie und erweiterte sich erst später zu einem Synonym für «Geisteswissenschaft».

Dieser Betrachtung von Steiners Werk in seiner zeitlichen Dimension dienen in diesem Buch auch eine biographische Übersicht, in der die Entwicklungsphasen besonders betont sind, und im Literaturverzeichnis hinter den einzelnen Bänden die Erwähnung der Publikationsjahre geschriebener Werke und der Jahre, in denen die Vorträge gehalten wurden. [Siehe Hinweise für die Benützung des Buches, S. XV.]

Daß dieses Buch zustande kommen konnte, ist nicht ganz selbstverständlich. Es verdankt sein Entstehen einigen glücklichen Umständen, unter anderem dem Interesse des Hallwag Verlages, Bern, für ein solches Unternehmen. Zu danken habe ich dem Verlagsleiter, Dr. Kurt Weibel, der den Anstoß zu dem Buch gab und sein Entstehen fast fünf Jahre mit großem Verständnis und mit Begeisterung begleitete.

Danken möchte ich auch all jenen, die mir durch Informationen, Ratschläge, das Lesen von Manuskriptteilen und andere Mitwirkung geholfen haben: Dr. G. A. Balastèr, Zürich; Dr. Manfred Leist vom Bund der Freien Waldorfschulen, Stuttgart; Johannes Starke, Eurythmielehrer am Tobias-Haus, Zürich; Berthold Wulf, Priester der Christengemeinschaft in Zürich; Hans Zeller, Lehrer an der Rudolf-Steiner-Schule, Zürich; sowie dem Ärztekollegium und der Verwaltung der Ita-Wegman-Klinik, Arlesheim, und den Pharmazeuten der Weleda AG, Arlesheim.

Dr. Adolf Baumann

Hinweise für die Benützung des Buches

Verweise: Durch das Zeichen → sind innerhalb des Textes und am Schluß von Abschnitten Begriffe miteinander in Beziehung gesetzt worden. Der Pfeil verweist:

1. bei synonymen Wörtern auf das Stichwort, unter dem ein Sachgebiet behandelt worden ist (zum Beispiel Erziehungskunst → Pädagogik),
2. bei Unterbegriffen auf den Oberbegriff, bei dem auch über diesen Unterbegriff Auskunft gegeben wird (zum Beispiel Bewußtseinsseele → Wesensglieder),
3. auf gedanklich in irgendeiner Hinsicht benachbarte Begriffe, die eine im Ausgangs-Stichwort angeschnittene Frage weiterführen. (So wird beispielsweise im Artikel «Dreigliederung des sozialen Organismus» auf «Dreigliederung der leiblichen Struktur des menschlichen Organismus» aufmerksam gemacht.)

Verweise am Schluß von Artikeln: Nach Stichwörtern und kurzen Artikeln steht der Verweis bzw. stehen die Verweise direkt auf der letzten Textzeile.

Bei längeren Artikeln folgt eine separate mit *Verw.* bezeichnete Verweiszeile. Sie beginnt häufig mit einem Doppelpfeil (→ →). Das Zeichen deutet auf Verweise im vorangehenden Artikel zurück; diese werden in der Verweiszeile am Schluß nicht wiederholt. Die Verweiszeile enthält nur Verweise, die nicht direkt im Text plaziert werden konnten.

Zitate und Literaturangaben: Zitate im Text sind in Klammern nachgewiesen. Auf die Nennung von Seitenzahlen in Steiners Büchern wurde wegen der Vielzahl unterschiedlicher Ausgaben jedoch verzichtet. Genannt wird mit der *Bibliographienummer* der einschlägige Band der Gesamtausgabe. Darauf folgt nach Schrägstrich (/) bei den als Schriften veröffentlichten Werken die *Nummer* des Kapitels, bei den Sammelbänden die *Nummer* der Schrift oder das Kapitel, unter dem verschiedene zusammengehörige Schriften vereinigt sind, und bei den Vorträgen das *Datum.*

Die folgenden Beispiele sind also zu lesen:

9/3: Theosophie, Kapitel 3,

35/4: Philosophie und Anthroposophie, Schrift Nr. 4,

34/1: Luzifer-Gnosis, Kapitel 1,

99/28.5.07 Theosophie des Rosenkreuzers, Vortrag vom 28. Mai 1907.

Bei Sammelbänden mit vielen Beiträgen pro Kapitel wird mit Titel oder Datum auch die darin gemeinte Schrift bzw. der darin gemeinte Vortrag erwähnt:

34/1: Wie Karma wirkt = Aufsatz «Wie Karma wirkt» in Luzifer-Gnosis, Kapitel 1.

Die *Zählung* der Kapitel ist im Literaturverzeichnis bei den in Frage kommenden Bänden angegeben. V meint dabei (allenfalls vorhandene) Vorworte; N bezeichnet (allenfalls vorhandene) Nachworte und Bemerkungen von Steiners Hand.

V, 1—11, N heißt also: Für den Nachweis von Zitaten ist das Buch gegliedert in Vorwort(e), die Kapitel 1—11 und Nachwort(e).

Sinngemäß gelten die für Zitate verwendeten Abkürzungen auch für die *Literaturangaben* am Fuß der Artikel. Die auf der Zeile *Lit.* nachgewiesenen *Werke der Gesamtausgabe* sind mit Bandnummer, eventuell mit Kapitelnummer(n) bzw. Vortragsdatum oder -daten genannt. (Zwischen Bandnummer und Kapitel oder Datum steht der Schrägstrich, zwischen den einzelnen Bänden der Strichpunkt.)

Beispiel:

11/12—17; 12; 99/1.6.07 heißt: Band 11, Kapitel 12 bis 17; Band 12 (ganzes Buch); Band 99, Vortrag vom 1. Juni 1907.

Wenn es sich um Literatur über ein von Steiner immer wieder behandeltes Thema handelt, steht in der Lit.-Zeile nach den erwähnten Werken Rudolf Steiners (gelegentlich auch statt ihrer) die Angabe *Mötteli.* Sie besagt, daß der Benützer im Sachwort- und Namenregister (Band II der Übersichtsbände zur Rudolf-Steiner-Gesamtausgabe) von Emil Mötteli (siehe Literaturverzeichnis, S. 296) weitere Literatur zum Gegenstand findet.

Gesondert durch waagrechten Trennstrich (—) folgt auf diese Nennung der Steinerschen Werke die Erwähnung von *Sekundärliteratur.* Die Bücher sind hier nicht alphabetisch, sondern meistens gemäß der Bedeutung für das betreffende Thema aufgeführt. Erwähnt werden diese Werke (auch im Text eines Artikels) mit Verfassernamen und dem im Literaturverzeichnis genannten Kurztitel.

Vollständigkeit kann und will mit diesen Literaturangaben nicht erreicht werden. Sie informieren über das vom Verfasser benützte Quellen- und Studienmaterial. So können sie dem Leser auch helfen, sich direkt und ausführlicher in ein bestimmtes Thema einzuarbeiten.

Datierung der Werke im Literaturverzeichnis: Bei den von Rudolf Steiner selber als *Schriften* veröffentlichten Werken nennen die Jahreszahlen hinter den Werken die Daten der Publikation zu seinen Lebzeiten:

1893—1897 bedeutet: Das Werk ist im genannten Zeitraum zum erstenmal publiziert worden.

1910/1913/1920/1925 heißt: Das Werk ist 1910 zum erstenmal als Buch erschienen und in den genannten weiteren Jahren von Rudolf Steiner entweder mit *Veränderungen* oder mit *Ergänzungen* neu veröffentlicht worden. Die letzte Jahreszahl bezeichnet damit die sogenannte «Ausgabe letzter Hand».

Sammelbände (S) sind erst für die Gesamtausgabe entstanden.

S 1910—1921 bedeutet: Der betreffende Band enthält Schriften, Vorträge oder andere von Steiner stammende Dokumente aus der betreffenden Zeitspanne.

Die Datierung hinter einem *Vortragsband* bezeichnet das Jahr bzw. die Jahre des mündlichen Vortrags.

Kopf des Ahriman.
Detailmodell Rudolf Steiners für seine «Holzplastik».

ACHTGLIEDERIGER PFAD

Die Ausbildung der sogenannten sechzehnblätterigen Lotusblume (→ Lotusblume), eines übersinnlichen Organs in der Nähe des Kehlkopfs, ist ein Teil des von Steiner beschriebenen Erkenntnispfades. Die dabei zu entwickelnden Eigenschaften werden in dem Buch «Wie erlangt man Erkenntnisse der höheren Welten?» (10/6) genannt. Es sind dies: 1. die Aneignung richtiger Begriffe, 2. das richtige Fassen von Entschlüssen, 3. das richtige Reden, 4. das richtige Handeln, 5. eine harmonische Lebensführung, 6. das richtige Streben, 7. der Wille, aus dem Leben zu lernen, das heißt aus den gemachten Erfahrungen die Konsequenzen zu ziehen, 8. die Ausbildung der Gewohnheit, sich von Zeit zu Zeit ins eigene Innere zu versenken, seine Grundsätze zu überprüfen, über den Sinn des Daseins nachzudenken, d. h.: die Bemühung um meditative Vertiefung des Lebens.

Die von Steiner genannten Tugenden sind die gleichen wie die im achtgliederigen Pfad Buddhas erwähnten, doch ist sein Erkenntnisweg keine Nachahmung buddhistischer Praktiken, sondern eine von ihm aus unmittelbarer Erkenntnis geschaffene Schulungsmethode.

Verw.: → →; → **Schulungsweg.**

ÄGYPTISCH-CHALDÄISCHE KULTUR(EPOCHE)

→ **Nachatlantisches Zeitalter.**

AHRIMAN UND LUZIFER

Nach anthroposophischer Auffassung ist der Weg des Menschen durch die Geschichte ein Weg der Weiterentwicklung. Eine solche Entwicklung haben die hohen geistigen Mächte, die sich selber in einem ständigen Prozeß der Vervollkommnung befinden, wenigstens für ihn vorgesehen.

Indessen ist sein Weg zum Ziel keine Gerade, er ist eher wie die Strecke eines Hindernislaufes. Gewalten stellen sich ihm entgegen, die ihn ablenken und zu Fall bringen wollen. Gegenkräfte machen sich geltend, an denen er erstarken soll.

Die bedeutendsten Gefahren, die ihn bedrohen, gehen von zwei Gruppen geistiger Mächte aus, die von gegensätzlicher Natur sind. In der Mitte des Lemurischen Zeitalters griffen Wesen in den Entwicklungsgang des Menschen ein – in der Bibel symbolisiert durch das Bild der Schlange –, die Steiner «luziferische Mächte» oder zusammenfassend «Luzifer» nennt. In der Atlantischen Zeitepoche wurden noch andere Widersachermächte wirksam. In der Bibel heißen sie «Satan». Die Geisteswissenschaft spricht von ahrimanischen Wesenheiten oder nach ihrem Führer kurz von Ahriman. Der Name geht auf die alten Perser zurück, die diesen finsteren Gegenspieler ihres Lichtgeistes Ormuzd Angra mainju nannten, woraus später Ahriman wurde (→ Nachatlantisches Zeitalter).

Steiner beschreibt die Geister beider Gruppen als über dem Menschen stehende geistige Wesen, die das Ziel ihrer Entwicklung nicht erreicht haben und nun ihre Existenz in einem Bereich zwischen dem Menschen und dem ordnungsgemäß fortgeschrittenen geistigen Wesen ihres ursprünglichen Ranges führen müssen. Da ihnen nun die rein geistige Wirksamkeit versagt ist, müssen sie sich des Menschen bedienen, um sich in ihrem Zwischenreich zur Geltung bringen zu können. Sie suchen Eingang in seine Seelenwelt, um ihre Ziele zu verfolgen. Steiner betont, daß sie auch noch als zurückgebliebene Geistwesen in ihrem Wirkenskreis eine dem Weltganzen dienende Aufgabe zu erfüllen haben und dem Menschen nur gefährlich werden, wo ihnen erlaubt wird, die ihnen gesetzte Grenze zu überschreiten. Man sollte sie darum nicht einfach nur als böse Mächte verstehen.

Es gehört mit zur Problematik unserer Zeit, daß der moderne Mensch die Schädigungen durch das Ahrimanische und das Luziferische schlimmstenfalls für Irrtümer hält und nicht imstande ist, sie als wesenhafte Eingriffe störender geistiger Mächte zu erkennen. Direkt können Ahriman und Luzifer zwar nur mit entwickelten geistigen Organen (→ Höhere Organe) wahrgenommen werden. Mit einem geschärften Tagesbewußtsein (→ Bewußtseinszustände) jedoch läßt sich schon auf Grund präziser Wahrnehmung und Überlegung auf wesenhafte Ursachen schließen.

Ahrimans Reich ist die Materie. In ihr ist er König, ein Herrscher im Reich des Toten. In den höheren Naturreichen, das heißt im Pflanzen-, Tier- und Menschenreich, sorgt er dafür, daß die Rechte des Todes gewahrt werden, was besagt, daß der vom Leben durchströmte physische Stoff immer wieder der irdischen Stoff- und Kraftwelt anheimfällt. Ahriman versperrt dem Menschen aber die Sicht darauf, daß auch in der physischen Materie reiner Geist wirkt. Indem er so den Eindruck erweckt, Materialität sei etwas Absolutes, drängt er dem Menschen die Vorstellung auf, die Gesetzlichkeit des Stoffes sei auch die Gesetzlichkeit des Denkens, Denken bedeute nichts anderes als am toten Stoff erkannte Fakten und Verhältnisse abbilden.

Ahrimanisch ist demnach alles Denken, das das Lebendige nach den Gesetzen des Physischen beurteilt. Ahrimanisch ist die Auffassung, daß Geist und Seele ohne physischen Körper nicht existieren und ein Weiterleben nach dem Tode deshalb grundsätzlich unmöglich sei. Ahrimanisch sind Machttrieb, Habgier und Haß. Ahrimanisch ist auch die Auffassung, daß juristische Gesetze mit der Unerbittlichkeit von Naturgesetzen wirken müßten. Ahrimanisch ist die Verabsolutierung des politischen Staates wie jede Art von Bürokratie. Ahrimanisch sind Zuchtwahl, Abtreibung, die Vernichtung menschlichen Lebens aus Nützlichkeitsüberlegungen oder «Mitleid». Kurz, ahrimanisch ist jede Lebenshaltung, die die materiellen Dinge zum Maß des menschlichen Daseins macht; ahrimanisch ist Materialismus jeder Färbung.

Luzifer ist der Geist des Auftriebs. Er wirkt im Seelischen, anders als Ahriman, der es auf das Denken abgesehen hat, vor allem auf Gefühl und Willen. Während Ahriman austrocknet und versteinert, befeuert Luzifer. Alles, was den Menschen mit Begeisterung für hohe Ziele erfüllt, was ihn beschwingt, über sich hinaus ins Geistige zu streben, ist seine Wirkung. Was durch Kunst vom Menschen geschaffen wird – Schönheit in Bild und plastischer Gestalt, der Klang edler Musik, die Kraft und die Innigkeit des Wortes –, sind Gaben Luzifers. Wie Prometheus hat er das Feuer und das Licht auf die Erde gebracht. Dieser Tat verdankt der Mensch die Helligkeit des klaren Denkens wie die Fähigkeit, selbständig zu erkennen und zu handeln. Luzifers Geschenk ist die Freiheit.

Wie Ahriman dehnt auch Luzifer seine Macht in Bereiche aus, die ihm nicht zustehen. Er zeigt dem Menschen zwar Geistiges, verwehrt ihm aber den Blick auf die übergeordnete wirkliche geistige Welt. Ahriman sucht das Materielle mit dem zugehörigen materiellen Denken aus der Schöpfung herauszureißen und daraus sein eigenes Imperium zu machen, Luzifer möchte das Denken umnebeln und den Menschen in eine Scheinwelt hineinziehen, in der er als souveräner Herrscher regieren kann. Luzifer bietet Glut statt Wärme. Luziferisch ist daher jede Art von Rausch, auch die Berauschung durch Ideale. Luziferisch sind deswegen auch die «bewußtseinserweiternden» Drogen wie Opium, Marihuana, LSD, Meskalin usw. Luziferisch ist die Hoffnung auf ein Dasein ohne Schmerz, Mühe und Leiden und jede Art von Selbsterlösung. Luziferisch sind allgemeine, hohle Menschheitsparolen, auch religiöse Bewegungen, die den Menschen in einen süßlichen Gefühlstaumel versetzen wollen; luziferisch ist alle Frömmelei. Luziferisch sind Eitelkeit, Hochmut und Selbstüberschätzung, ist jede Art von Liebe, die auf Selbstgenuß aus ist.

Beide, Ahriman und Luzifer, sind gegensätzliche Versucher, aber sie wirken gewöhnlich zusammen. Zwischen beiden verläuft der Weg des Menschen. Er gleicht einer Gratwanderung, bei der der Berggänger ständig in Gefahr ist, nach links oder rechts in den Abgrund zu stürzen. Er ist nur gangbar für Schwindelfreie, für Menschen, die sich nicht beschwindeln lassen. Solches Gleichgewicht läßt sich erwerben durch die Aneignung eines klaren, in sich selbst ruhenden Denkens.

Diese Vorstellung des Gleichgewichts, in die Vertikale gedreht, hat Steiner künstlerisch realisiert in der für das Goetheanum geschaffenen → Holzplastik. Die große Figur im Zentrum nannte er den «Menschheitsrepräsentanten». Es ist → Christus, aus dessen Substanz das höhere Ich genommen ist. Er steht aufrecht, mit der Rechten Ahriman in der Tiefe zurückweisend, mit der erhobenen Linken vor Luzifer schützend.

Ahriman ist dieselbe Macht wie der finstere Geist gleichen Namens in der urpersischen Kulturepoche, der mit dem

Lichtgeist Ormuzd im Kampf steht (→ Nachatlantisches Zeitalter). In der vorchristlichen Zeit, vor allem in der zarathustrischen Kultur, erlebte der Mensch die Auseinandersetzung zwischen Gut und Böse als einen Kampf der Polaritäten. In unserer christlichen Epoche sollte er zu einem trinitarischen Erleben des Moralischen aufsteigen, in dem das Gute sich aus der Kraft der Liebe zwischen den lieblosen Extremen des Verhärtenden und des Aufweichenden behauptet.

Am Beginn seiner theosophischen Wirksamkeit beschrieb Steiner Luzifer, ohne dessen Schatten ganz zu übersehen, als einen Geist der Helle. «Luzifer», und das bedeutet «Lichtträger», nannte er seine eigene, 1902 gegründete esoterische Monatsschrift; später, nach der Vereinigung mit einer österreichischen Zeitschrift, hieß sie → «Lucifer-Gnosis». Als Lichtträger erscheint Luzifer auch in frühen Vorträgen, vor allem im Zyklus «Der Orient im Lichte des Okzidents» (113), den Steiner im Anschluß an die Uraufführung des Dramas «Die Kinder des Luzifer» von Edouard Schuré 1909 in München hielt. Steiner stellt ihn darin als eine Art Genossen von Christus dar; Christus hat den Menschen die Liebe gebracht, Luzifer das Licht. Von 1909/10 an beschreibt er Luzifer dann mehr als Versucher und Widerpart Ahrimans. Die Wandlung dieser Gestalt ist eines der Beispiele, an denen bei Steiner eine Entwicklung sichtbar wird. Die von ihm begründete Geisteswissenschaft stand an ihrem Anfang um die Jahrhundertwende und in den ersten Jahren danach noch keineswegs voll ausgebildet vor seinem inneren Auge. Sie wurde von ihm schrittweise erarbeitet, was zur Neubestimmung von Begriffen wie zu Präzisierungen und thematischen Erweiterungen führte.

Verw.: → →.

Lit.: 13/4; 17/5, 6, 11; 35/15; 54/22.2.06, 1.3.06; 113; 147/31.8.13; 254/18.10.15, 24.10.15, 25.10.15, 1.11.15; Mötteli.

AHURA MAZDAO (Ormuzd) → **Nachatlantisches Zeitalter** (Urpersische Kultur).

AKASHA, AKASHA-CHRONIK Nach anthroposophischer Auffassung ist nichts Vergangenes unwiederbringlich verloren. Alles Geschehene hat sich dem Weltengrund eingeprägt und kann durch einen Forscher mit entwickelten → höheren Organen in diesem Weltgedächtnis wiedergefunden werden. Diese feine geistige «Substanz» heißt mit einem indischen Ausdruck «Akasha», die darin eingetragenen «Notizen» sind die Akasha-Chronik.

Die Akasha-Chronik ist die wichtigste Quelle von Steiners Geschichtsforschung. Das ganze historische Panorama der Welt-, der Erd- und Menschheitsentwicklung, wie es Steiner in seiner «Geheimwissenschaft» [13/14] und vor allem schon in den unter dem Titel «Aus der Akasha-Chronik» [11] veröffentlichten Aufsätzen entwarf, ist nach seinen Angaben aus dem Weltenäther abgelesen. Direkt nachprüfen wie die Resultate der üblichen wissenschaftlichen Forschung kann diese Angaben wohl kaum jemand, denn das setzte die von Steiner erreichte hohe Entwicklung des Bewußtseins voraus. Indessen sind viele Angaben Steiners nicht hypothetischer als manches, was die anerkannte Wissenschaft über die entfernte Vergangenheit ausführt. Wenn es so etwas wie eine Bestätigung für Steiners Auffassung gibt, so stellt sie sich im jahrelangen Umgang mit seinen Aussagen ein. Nimmt man diese als eine Art Arbeitshypothesen auf Zusehen hin an, dann erweisen sie sich – langsam und stückweise – von innen heraus als hilfreich und klärend. Bei diesem oder jenem Tatbestand erwacht das Gefühl: Die Mitteilung gerät in keinen Widerspruch mit meiner persönlichen Erfahrung, sie stützt diese sogar; mit Steiners Erklärungen läßt sich leben. Das kann sich steigern bis zur Einsicht: Das kann gar nicht anders sein; das ist richtig.

Steiner hat sich selber öfters über die Nachprüfbarkeit seiner geisteswissenschaftlichen Einsichten geäußert, in Bezug auf seine geschichtlichen Ausführungen an einer Stelle der «Geheimwissenschaft»: «Nun muß auch hier wieder gesagt werden, daß Forschungen auf den übersinnlichen Gebieten des Daseins nur mit Hilfe des geistigen Wahrnehmens, also auf dem hier betrachteten Gebiete nur durch das Lesen der angedeuteten ‹Akasha-Chronik›, angestellt werden können. Dennoch gilt auch hier dasjenige, was für ähnliches schon an früherer Stelle dieser Schrift gesagt worden ist. *Erforscht* können die übersinnlichen Tatsachen nur durch die übersinnliche Wahrnehmung werden; sind sie aber erforscht und werden sie von der Wissenschaft des Übersinnlichen mitgeteilt, so können sie *eingesehen* werden durch das gewöhnliche Denken, wenn dieses nur wirklich unbefangen sein will» (13/14). (→ Studium der Anthroposophie.)

Verw.: → →; **Welt- und Menschheitsentwicklung;** → **Erd- und Menschheitsentwicklung;** → **Beweise im übersinnlichen Erkennen.**

Lit.: 11; 13/4; 99.

ALKOHOL

Nach Steiners Untersuchungen ist das menschliche Blut der Träger des Ichs. Wer eine esoterische Schulung aufnimmt, um zu Erkenntnissen in der → geistigen Welt zu kommen, arbeitet mit seinen Übungen daran, das Blut von niedrigen Trieben, Begierden zu läutern, wie das in der sogenannten Rosenkreuzmeditation (13/5) beschrieben wird, um es zum Werkzeug der reinen Ich-Kräfte zu machen.

Alkohol, sagt Steiner, wirkt auf das Blut, und zwar in einer ähnlichen Weise wie das Ich, jedoch nicht mit dem Ich zusammen, sondern als eine Art Gegen-Ich. Durch seine Wirkung wird die Tätigkeit der geistigen Ich-Kräfte aufgehoben, wirkungslos gemacht. Eine esoterische Schulung verträgt sich deshalb nicht mit Alkohol.

Es ist durchaus nicht so, daß der Alkohol der Entwicklung immer hemmend im Wege stand. Der Wein hatte einmal eine geschichtliche Aufgabe zu erfüllen. Als der Mensch in seiner Entwicklung an einem gewissen Punkt angelangt war, mußte er für eine bestimmte Frist die Verbindung mit der geistigen Welt soweit verlieren, daß er sich als freies Wesen fühlen konnte. Er mußte sich ganz auf seine Erdenaufgabe einstellen und seinem Wollen selbstgewählte Ziele setzen. Das war in der griechisch-lateinischen Kulturepoche (→ Nachatlantisches Zeitalter) der Fall. Bei dieser Ablösung half der sich damals stark verbreitende Weingenuß. Der Alkohol hat die Wirkung, daß er in der Tiefe der Seele die Gedächtniskräfte lähmt, was dazu führte, daß der Mensch das früher allgemein bekannte Wissen von Reinkarnation und Karma (→ Wiederverkörperung und Schicksal) verlor. Dieser Verlust bedeutete nicht nur Einbuße an Spiritualität, sondern auch Befreiung aus einer allzu fatalistischen Lebenshaltung und führte zu einer Steigerung des Selbstbewußtseins.

Heute, 2000 Jahre später, hat die Verdunkelung der geistigen Welt ihren Sinn erfüllt, und der Mensch kann mit gestärkter Selbständigkeit aus eigenem Antrieb den Rückweg in die übersinnlichen Reiche antreten und das abhanden gekommene Wissen wiedergewinnen, wenn er die dafür erforderlichen Bedingungen, eben beispielsweise den Verzicht auf Alkohol bei der esoterischen Schulung, erfüllt.

Verw.: → →; → **Fleischgenuß**; → **Schulungsweg.**

Lit.: 94/31.5.06; 145/20.3.13; 348/8.1.23.

ALLGEMEINE ANTHROPOSOPHISCHE GESELLSCHAFT → **Anthroposophische Gesellschaft.**

ANDERES SELBST → **Ich.**

ANGELOI, Engel → **Hierarchien.**

ANGRA MAINJU (Ahriman) → **Nachatlantisches Zeitalter** (Urpersische Kultur).

ANTHROPOSOPHIE (Aus griech. *anthropos* = Mensch und *sophia* = Weisheit. Der Ausdruck bezeichnet die von Rudolf Steiner auf Grund seiner Einblicke in die → geistige Welt geschaffene → Geisteswissenschaft in allen ihren Äußerungen: wissenschaftlich-philosophische Grundlage

(→ Erkenntnistheorie), → Schulungsweg, Einzeldisziplinen wie Medizin (→ Heilkunst), Heilmittelherstellung (→ Heilmittel), → Pädagogik, Theologie (→ Christentum), Sozialwissenschaft (→ Dreigliederung des sozialen Organismus), Landwirtschaftsweise (→ Landwirtschaft), künstlerische Sparten wie → Eurythmie, Dramatik (→ Bühnenkunst), Sprachkunst (→ Sprachgestaltung), Baukunst und bildende Künste (→ Kunst, Künste). Was sich heute als Anthroposophie darstellt, ist keine von Steiner fertig aus der geistigen Welt geholte Wissenschaft, sondern war für ihn das Resultat eines lebenslangen Entwicklungsprozesses und unermüdlichen Forschens. Der Weg führte von der denkerischen Grundlegung vor der Jahrhundertwende über die Klärung des Begriffs während Steiners Wirksamkeit für die → Theosophische Gesellschaft und zu einem weiteren Ausgestalten nach der Ablösung der → Anthroposophischen Gesellschaft von der Theosophischen Gesellschaft 1912/13. Erst nach der → Weihnachtstagung formulierte Steiner dann die alles Erreichte einschließende, als ein Vermächtnis zu verstehende Definition «Anthroposophie ist ein Erkenntnisweg, der das Geistige im Menschenwesen zum Geistigen im Weltall führen möchte» (26/LS 1).

Das Wort «Anthroposophie» ist keine Schöpfung Steiners. Es steht bereits in philosophischen Schriften I. P. V. Troxlers und Immanuel Hermann Fichtes. Steiner begegnete ihm auch in Vorlesungen des Herbartianers Robert Zimmermann, bei dem er während seines Studiums in Wien an der Universität einzelne Vorlesungen hörte. Indessen ist die Übereinstimmung von Steiners Anthroposophie mit diesen früheren Begriffen weitgehend verbaler Art. Die Anthroposophie beruht zwar auf einem streng bestimmten philosophischen Fundament, ist aber mehr als eine denkerische Konstruktion, nämlich auch Erkenntnisweg und Lebenspraxis.

Während der Gründung der Deutschen Sektion der Theosophischen Gesellschaft im Jahre 1902, zu deren Generalsekretär er berufen wurde, hielt Steiner auch in dem ganz anderen Kreis der «Kommenden» weltanschauungsgeschichtliche Vorträge «Von Zarathustra bis Nietzsche», die im Titel den Zusatz «oder Anthroposophie» trugen. Steiner betonte später, er habe das Amt des Generalsekretärs unter der deutlich geäußerten Bedingung übernommen, daß er in der Theosophischen Gesellschaft nur die Resultate seines eigenen geistigen Forschens — eben was sich in ihm als Anthroposophie ausbildete — vertreten werde. Die Gesellschaft bot ihm die Möglichkeit, sein Wissen in eine historische Kontinuität zu stellen; er anderseits bereicherte die sich gerne im Allgemeinen und Verschwommenen bewegende → Theosophie durch eine präzise wissenschaftliche Darstellung. Ein Beispiel dafür ist das Buch, welches den Titel «Theosophie» [9] trägt. Es enthält das, was Steiner in die theosophische Bewegung als Eigenes einzubringen hatte und doch in seiner Stellung innerhalb der Theosophischen Gesellschaft noch nicht mit einem besonderen Namen benennen konnte: eine Grundlegung dessen, was er später «Anthroposophie» nannte. Von der Neigung zum Hinduismus und der Tendenz zur Vermischung der Religionen, wodurch sich die Theosophie auszeichnet, ist in dieser Steinerschen «Einführung in übersinnliche Welterkenntnis und Menschenbestimmung», so der Untertitel seines Buches «Theosophie», nichts zu spüren.

Wohl um der Fixierung durch die Theosophie zu entgehen, gebrauchte Steiner in den Schriften und Vorträgen dieser theosophischen Frühzeit häufiger als später für das, was er meinte, auch die Ausdrücke → «Geheimwissenschaft» — so auch im Titel eines zweiten grundlegenden Buches [13] —, «Geisteswissenschaft», «Okkultismus», gelegentlich auch «Mystik» [und die entsprechenden Adjektive]. In die nachtheosophische Zeit hinüber hat sich dann vor allem der Ausdruck «Geisteswissenschaft» erhalten, und er ist in Steiners Sprache gleichbedeutend mit «Anthroposophie».

Einer generellen Angabe Steiners folgend, wonach als «Anthroposophie» das betrachtet werden könne, was in seinen früheren Werken und Vorträgen «Theosophie» hieß, haben Marie Steiner als Herausgeberin der Schriften ihres Mannes und in ihrer Nachfolge die Verantwortlichen für die Gesamtausgabe des Rudolf-Steiner-Verlages in den gedruckten Texten das Wort «Theosophie» in der Regel durch «Anthroposophie» ersetzt. Wichtigste Ausnahme ist der Titel des Buches «Theosophie», weil die Umtaufe dieses bekannten Werkes doch ein zu starker Eingriff gewesen wäre. Indem sie zum editorischen Grundsatz erhoben wurde, haben die Herausgeber Steiners Angabe, die Begriffe könnten vertauscht werden, wohl zu dogmatisch verstanden und damit das allmähliche Werden der Anthroposophie verwischt. Textkritische Forschung wird hier in Zukunft noch einiges zur begriffsgeschichtlichen Klärung beizutragen haben.

Von 1909 an sehen wir Steiner den Ausdruck «Anthroposophie» mit konkreterem Inhalt füllen. Das Bemühen entspricht offensichtlich der Notwendigkeit, seine übersinnliche Forschung in deutlichem Abstand von der Christentumsferne und der zunehmenden Indisierung der theosophischen Bewegung zu halten. In dem vierteiligen Berliner Zyklus von 1909 mit dem Titel «Anthroposophie» (enthalten in dem Band «Anthroposophie, Psychosophie, Pneumatosophie» [115] wie in dem Fragment «Anthroposophie» [45] aus dem Jahre 1910) verglich er die Standpunkte der ins Übersinnliche führenden Forschung mit den Stationen des Weges auf einen Berg. Unten, noch in der Ebene, siedelt das gewöhnliche menschliche Erkennen wie die an den Universitäten gepflegte wissenschaftliche Anthropologie. Das erste erfaßt nur die Einzelheiten und gewinnt keinen Überblick; die Anthropologie hält sich an das Physische und wählt darum ihren Standpunkt noch immer «unterhalb der Fähigkeiten des Menschen» (115/23. 10. 09). Die Theosophie anderseits steht auf dem Gipfel des Berges; sie hat zwar eine große Übersicht, nimmt aber das Einzelne zu undeutlich wahr. Die Anthroposophie dagegen bezieht ihren Standort auf halber Höhe. Sie blickt hinauf und hinunter, erkennt sowohl das Einzelne, kann aber auch das Mannigfaltige zum Ganzen zusammenschließen. Verglichen mit der Anthropologie, die rein physische Menschenkunde ist, bezeichnet Anthroposophie ein Wissen vom Menschen, das von Geistigem durchschienen ist. Gegenüber der Theosophie grenzt sie Steiner wie folgt ab: «Das ist im Grunde die wirkliche Definition der Theosophie: Laß den Gott in dir sprechen, und was er dir dann über die Welt sagt, ist Theosophie. Anthroposophie ist damit zu charakterisieren, daß man sagt: Stelle dich in die

Mitte zwischen Gott und Natur, laß den Menschen in dir sprechen über das, was über dir ist und in dich hineinleuchtet, und über das, was von unten in dich hineinragt, dann hast du Anthroposophie, die Weisheit, die der Mensch spricht» (115/23. 10. 09).

Steiners Menschenkunde in den Berliner Vorträgen «Anthroposophie» von 1909 ist noch stark aufs Leibliche bezogen, sie bleibt, wie Steiner selbst sagt, «in engerem Sinn Anthroposophie» (45/1). Das bestätigt beispielsweise seine zwölf Sinne umfassende → Sinneslehre, die er in diesem Zusammenhang vortrug. Durch die zwei Zyklen «Psychosophie» und «Pneumatosophie», die 1910 und 1911, ebenfalls in Berlin, nachfolgten, erweiterte er diese Menschenkunde dann zur «Anthroposophie im weiteren Sinne», die auch Seele und Geist umfaßt.

Mit der Pneumatosophie betrat Steiner in der europäischen Geistesgeschichte Neuland, indem er den Geist als Wesensteil des Menschen in seine Menschenkunde einbezog und zum Arbeitsgebiet des «Geistesforschers» machte, als der sich Steiner von Anfang an verstand. In der «Theosophie» waren diese Gedanken bei der Beschreibung des Menschen wie der Welt nach dem Tode bereits dargestellt worden, nun aber wurde für sie im Namen der Anthroposophie im weiteren Sinne ausdrücklich Heimatrecht in der abendländischen Kultur beansprucht. Steiner legt dar, daß die katholische Kirche «in den ersten Jahrhunderten» — an anderen Orten seines Werks sagt er noch präziser: auf dem achten ökumenischen Konzil in Konstantinopel im Jahre 869 — «entgegen der Bibel, sowohl des Alten wie des Neuen Testamentes, ... sozusagen den Geist abgeschafft hat» (115/12. 12. 11). Sie erklärte den Menschen als ein aus Körper und Seele bestehendes Wesen und billigte der Seele lediglich einige geistige Eigenschaften zu. Aus seiner übersinnlichen Einsicht in das Wesen des Menschen ersetzte Steiner dieses verhängnisvolle kirchliche Dogma von der Dichotomie durch die Trichotomie. Er entdeckte den Menschen wieder als dreigliedriges Wesen mit Körper, Seele und Geist. Das ist eine seiner großen Leistungen für ein neues Selbstverständnis des Menschen (→ Dreigliederung des Menschen). Erst durch solches fundamentales Umdenken eröffnet sich der Zugang zum Wissen von der Wiederverkörperung des Menschen (→ Wiederverkörperung und Schicksal) und zur Erkenntnis, daß der Mensch durch geistige Schulung (→ Schulungsweg) in sich → höhere Organe ausbilden kann, die ihn «dem Geistigen im Weltall» näherbringen können. Beides gehört zum Grundbestand der anthroposophischen Weltanschauung.

Verw.: → →; → **Studium der Anthroposophie.**

Lit.: 9; 13; 26; 45; 115; 234; Mötteli.

ANTHROPOSOPHIE, Studium → **Studium der Anthroposophie.**

ANTHROPOSOPHISCHE BEWEGUNG

Kurz nach 1900 begann Steiner in Vorträgen und Schriften seine geisteswissenschaftliche Weltanschauung darzustellen und gebrauchte dafür gelegentlich schon den Namen → «Anthroposophie». Ganz ohne äußere Organisation begann so die anthroposophische Bewegung auf der Erde ihre Wirksamkeit zu entfalten. Mit den Einsichten, die er aus der geistigen Welt empfing, versammelte Steiner von 1902 an als Generalsekretär der Deutschen Sektion der → Theosophischen Gesellschaft einen eigenen Kreis um sich, der sich 1912/13 beim Verlassen dieser Vereinigung in der → Anthroposophischen Gesellschaft zusammenschloß. Steiner wollte sich jedoch auch jetzt in seiner Wirksamkeit nicht von einer irdischen Vereinigung abhängig machen. Deshalb gehörte er der Anthroposophischen Gesellschaft nicht als Mitglied an, sondern stellte sich ihr nur als Lehrer zur Verfügung. Erst als sie nach einer Reihe unerfreulicher Erfahrungen von Steiner an der → Weihnachtstagung 1923/24 neu begründet wurde, trat er der Anthroposophischen Gesellschaft bei und übernahm deren Vorsitz. Seither sind seiner Intention nach anthroposophische Bewegung und Anthroposophische Gesellschaft identisch.

Verw.: → →.

ANTHROPOSOPHISCHE GESELLSCHAFT

Sie ging 1912/13 aus der → Theosophischen Gesellschaft hervor. 1923 wurde sie von Steiner neu begründet, nachdem interne Spannungen und Veräußerlichungserscheinungen in der ersten Gesellschaft die → anthroposophische Bewegung geschädigt hatten.

Was Steiner die «anthroposophische Bewegung» nennt, nahm seinen Anfang nach der Jahrhundertwende im Schoß der Theosophischen Gesellschaft, die 1902 eine deutsche Sektion gründete zu deren Generalsekretär Steiner berufen wurde. Dazu sagt Steiner in seiner Autobiographie: *«Niemand blieb im unklaren darüber,* daß ich in der Theosophischen Gesellschaft nur die Ergebnisse meines eigenen forschenden Schauens vorbringen werde» [28/30]. Damit war der Grund für einen zwar nicht in einer eigenen Organisation zusammengefaßten, aber Steiner besonders zugetanen Kreis von Mitgliedern gelegt, der sich durch seine Erkenntnisse besonders angesprochen fühlte.

Führende theosophische Persönlichkeiten neigten immer mehr zu indischen Religionsvorstellungen. Zwischen den mehr dieser Richtung angehörigen Mitgliedern der Deutschen Sektion und den von Steiner angesprochenen bildeten sich 1906/07 Spannungen. Während des theosophischen Kongresses 1907 in München kam es dann zwischen Steiner und der zur neuen Vorsitzenden der Theosophischen Gesellschaft gewählten Engländerin Annie Besant zu einem Gespräch, das eine weitere Lockerung des Zusammenhanges zwischen beiden Richtungen zur Folge hatte.

Der vollständige Bruch war unvermeidlich. Er fand statt, als Annie Besant in Indien den Hinduknaben Krishnamurti zum kommenden Christus erklärte. Damit trat offen eine tiefe Verschiedenheit im Verständnis des → Christentums zutage. Steiner hatte schon in manchen Vorträgen dargelegt, daß sich der Mensch zwar auf der Erde wiederverkörpere, → Christus aber von so hoher Gottnatur sei, daß seine Inkarnation auf der Erde nur einmal stattfinde. Die Einzigartigkeit seines Erdenlebens und Sterbens bedeute Mittelpunktsgeschehen und Wende in der ganzen Menschheitsgeschichte.

In Voraussicht der bevorstehenden Trennung von der

Theosophischen Gesellschaft faßten 1912 die Steiner zugetanen Mitglieder in Deutschland und in anderen Ländern den Entschluß, sich in einer eigenen «Anthroposophischen Gesellschaft» zusammenzuschließen. 1913 wurde sie dann gegründet. Die neue Vereinigung fühlte sich nicht mehr der Theosophischen Gesellschaft angehörig und wurde von dieser auch im gleichen Jahre als ein Fremdkörper ausgeschlossen. Dieser ersten Anthroposophischen Gesellschaft schloß sich Steiner nicht als Mitglied an; er war lediglich Lehrer und Berater.

Gegensätze zwischen alten und jungen Mitgliedern, mit dem Ganzen nicht harmonierende Einzelaktionen von Mitgliedern und eine gewisse Überfremdung des Anthroposophischen durch eine von außen hereingetragene Wissenschaftlichkeit herkömmlicher Art verursachten vor und nach den zwanziger Jahren Spannungen in der Gesellschaft. Die Zerstörung des ersten Goetheanums in der Silvesternacht 1922, zwar durch böswillige Brandstiftung von Gegnern verursacht, war, neben anderem, wie ein Symbol für das Ungenügen der äußeren Organisation.

1923 sah sich Steiner genötigt, die Gesellschaft neu zu konstituieren. Die Gründung dieser zweiten «Anthroposophischen Gesellschaft», auch «Allgemeine Anthroposophische Gesellschaft» genannt, die seither Steiners Werk hütet, pflegt und weiterführt, fand an der → Weihnachtstagung vom 24. Dezember 1923 bis zum 1. Januar 1924 in Dornach statt. Steiner wurde Mitglied und übernahm selber den Vorsitz.

In der neuen Anthroposophischen Gesellschaft wurde die Gesamtheit der anthroposophischen Bestrebungen in einem Mittelpunkt vereinigt. Sie hat ihren Sitz im neu errichteten → Goetheanum in Dornach (Schweiz) und wird repräsentiert durch den in diesem Zentrum tätigen Vorstand.

Die Anthroposophische Gesellschaft ist gemäß den «Prinzipien», die sie an der Weihnachtstagung (bei der sie noch «Statut» hießen) auf Steiners Vorschlag angenommen hat, öffentlich, und öffentlich sind auch ihre Publikationen. Ihre Aufgabe ist die «Förderung der Forschung auf geistigem Gebiete», die Forschung selbst obliegt der → Freien Hochschule für Geisteswissenschaft am Goetheanum.

In Artikel 4 heißt es über die Zugehörigkeit zur Anthroposophischen Gesellschaft: «Ihr Mitglied kann jedermann ohne Unterschied der Nation, des Standes, der Religion, der wissenschaftlichen oder künstlerischen Überzeugung werden, der in dem Bestand einer solchen Institution, wie sie das Goetheanum in Dornach als freie Hochschule für Geisteswissenschaft ist, etwas Berechtigtes sieht.»

Artikel 11 sagt weiter: «Die Mitglieder können sich auf jedem örtlichen oder sachlichen Felde zu kleineren oder größeren Gruppen zusammenschließen» (260 a/1; 13.1.24). Weitergehende Strukturvorschriften enthalten die Prinzipien nicht. Dennoch gliedert sich die Gesellschaft im großen ganzen in Landesgesellschaften, in denen die «Zweige» und andere Arbeitsgruppen des betreffenden Landes vereinigt sind.

An der Weihnachtstagung 1923 konstituierte sich folgender Gründungsvorstand:

1. Vorsitzender: Dr. Rudolf Steiner (zugleich Leiter der Hochschule für Geisteswissenschaft sowie Leiter ihrer Allgemeinen Anthroposophischen und der Pädagogischen Sektion).

2. Vorsitzender: Albert Steffen (zugleich Leiter der Sektion für Schöne Wissenschaften an der Hochschule).

Schriftführer: Dr. Ita Wegman (zugleich Leiterin der Medizinischen Sektion).

Beisitzer: Frau Marie Steiner (zugleich Leiterin der Sektion für Redende und Musikalische [heute: Musizierende] Künste).

Fräulein Dr. Elisabeth Vreede (zugleich Leiterin der Mathematisch-Astronomischen Sektion).

Sekretär und Schatzmeister: Dr. Guenther Wachsmuth (zugleich Leiter der Naturwissenschaftlichen Sektion).

Gemäß der damaligen Gegebenheit und wohl auch entsprechend Steiners Intention war die Leitung der Hochschule von Anfang an weitgehend mit dem Vorstand der Anthroposophischen Gesellschaft identisch, und das ist bis heute so geblieben. Dessenungeachtet bestimmte Steiner an der Weihnachtstagung die Bildhauerin Edith Maryon zur Leiterin der Sektion für Bildende Künste; sie gehörte nicht dem Vorstand an. Im ersten Halbjahr 1924 dann gliederte er der Hochschule eine Sektion für das Geistesstreben der Jugend an und ernannte Dr. Maria Röschl, die spätere Frau Maria Röschl-Lehrs, als deren Leiterin, nahm aber auch sie nicht in die Leitung der Gesellschaft auf. Seitdem wurde die Hochschule noch um die Sektion für Sozialwissenschaft erweitert.

Nach Steiners Tod amtierte der von ihm eingesetzte Vorstand weiter, und seine Werke wurden zunächst von Marie Steiner oder mit ihrer Genehmigung von anderen Herausgebern im → Philosophisch-Anthroposophischen Verlag am Goetheanum publiziert, der fest mit der Anthroposophischen Gesellschaft verbunden ist.

In der weiteren Entwicklung jedoch gründete Frau Steiner, der die Urheberrechte am Werk ihres Mannes zustanden, den «Verein zur Verwaltung des literarischen und künsterischen Nachlasses von Dr. Rudolf Steiner, Dornach» (auch «Nachlaßverein» oder «Nachlaßverwaltung» genannt). Sie übertrug ihm letztwillig, «als Rechtsnachfolgerin Dr. Steiners, die entsprechenden Rechte, insbesondere alle Urheberrechte, das heißt das ganze geistige Eigentum, gesamthaft und ohne Einschränkung» (Wege und Ergebnis einer Rechtsfindung). In dem vom Nachlaßverein gegründeten Verlag der Rudolf-Steiner-Nachlaßverwaltung, der später in Rudolf-Steiner-Verlag Dornach umbenannt wurde, erscheint seit 1955/56 ohne institutionelle Verbindung mit dem Goetheanum und der Anthroposophischen Gesellschaft die Rudolf-Steiner-Gesamtausgabe.

Die Anthroposophische Gesellschaft und das Goetheanum anderseits — unter Albert Steffen (1884—1963), Steiners Nachfolger im Amt des Gesellschaftsvorsitzenden, und seither unter neuer Leitung — verwalteten und verwalten Steiners Erbe — ohne den literarischen Nachlaß — in seinem Sinne weiter. Die Hochschule (→ Freie Hochschule für Geisteswissenschaft) und ihre Sektionen führen jährlich verschiedene öffentliche oder für einen bestimmten Kreis von Mitgliedern zugängliche Tagungen durch. Hochschule und Sektionen sind auch Ausbildungsstätte für Schüler, die sich in Steiners → Geisteswissenschaft einarbeiten oder eine am Goetheanum gepflegte wissenschaftliche, künstlerische oder andere Disziplin erlernen möchten. Durch Vorträge und andere Aktivitäten wirkt der Vorstand in die weltweite Allgemeine Anthroposophische Gesellschaft hinaus. Unter seiner Oberleitung erscheint die Wochenschrift «Das Goetheanum» (→ Goetheanum, Wochenschrift), der in einer erweiterten, nur für Mitglieder bestimmten Ausgabe das Nachrichtenblatt «Was in der Anthroposophischen Gesellschaft vorgeht» beigefügt ist. Die Goetheanum-Bühne führt in ihrem eigenen Theater am Goetheanum und in Gastspielen jedes Jahr Mysteriendramen Steiners, Faust I und II in ungekürzter Fassung, Werke von Albert Steffen und andere Stücke auf. Der Philosophisch-Anthroposophische Verlag am Goetheanum betrachtet es als seine Hauptaufgabe, die Publikationen der Freien Hochschule für Geisteswissenschaft und der Mitarbeiter ihrer Sektionen zu betreuen.

Verw.: → →; → **Zweig**; → **Anthroposophie.**

Lit.: 257; 258; 260; 260a — Wege und Ergebnis einer Rechtsfindung.

ANTHROPOSOPHISCHER SEELENKALENDER → **Seelenkalender, anthroposophischer.**

ANTIPATHIE — SYMPATHIE
→ **Sympathie — Antipathie.**

ARBEIT, Arbeitskraft → **Dreigliederung des sozialen Organismus.**

ARCHAI, Geister der Persönlichkeit, von Steiner auch Urkräfte und Urbeginne genannt, heißen die obersten Wesenheiten der dritten Hierarchie (→ Hierarchien). Die Archai wirken als Zeitgeister, das heißt, sie lenken und formen lange Epochen der Menschheitsgeschichte. So oblag bezie-

hungsweise obliegt je einem Wesen ihres Ranges zum Beispiel die Führung einer der großen nachatlantischen Kulturepochen (→ Nachatlantisches Zeitalter), nämlich der urindischen, der urpersischen, der ägyptisch-chaldäischen, der griechisch-lateinischen und der jetzigen fünften nachatlantischen Epoche.

Verw.: → →.

Lit.: 121; Mötteli.

ARCHANGELOI → **Erzengel,** → **Hierarchien.**

ARCHITEKTUR → **Kunst, Künste.**

ARUPA-DEVACHAN, Oberes Devachan → **Devachan.**

ASSOZIATIONEN Arbeitsverbände im Wirtschaftssystem des von Steiner vorgeschlagenen dreigliederigen sozialen Organismus (→ **Dreigliederung des sozialen Organismus**).

ASTRAL, ASTRALISCH Wenn die Anthroposophie betont, der Mensch bestehe aus Körper, Seele und Geist, so ist mit dieser Dreigliedrigkeit auch etwas über die Struktur des Kosmos ausgesagt, denn im Menschen wiederholen sich kosmische Verhältnisse. Die Erde, als nächstliegendes Beispiel eines bis zur Stofflichkeit verdichteten Gedankens der Schöpfung, ist materiell wie der menschliche Körper; die Welt der Fixsterne ist durchwirkt von Geistigkeit, an der der Mensch durch sein Ich und durch geisterfüllte Gedanken Anteil hat. Dazwischen aber, markiert durch die Planeten, breiten sich Sphären aus, die im Seelischen des Menschen ihre Entsprechung haben. Diese Beziehung des Seelischen des Menschen zur Welt der Planeten — und nicht zu den Fixsternen —

wird ausgedrückt durch die Bezeichnung «astral». Steiner hat sie aus dem älteren spirituellen Schrifttum übernommen.

Zum Verständnis dieser Verwandtschaft gehört die Einsicht, daß die drei Seelenkräfte Denken, Fühlen und Wollen auch unabhängig vom Menschen existieren. Steiner läßt sie in den → Mysteriendramen als Astrid, Philia und Luna in selbständigen Figuren auftreten. «Trieb, Wunsch, Verlangen» (die Bereiche von Philia, die das Fühlen als zentral Seelische verkörpert), sagt Steiner in der Theosophie (9/4), «sind Bezeichnungen für das Stoffliche in der Seelenwelt.» Dieses Stoffliche nennt er «astral». Es ist von gleicher Qualität wie der Stoff, welcher sich in jenen Sphären ausbreitet, die durch die sieben alten → Planeten markiert sind. Jedesmal, wenn sich die menschliche Individualität zu einem neuen Erdenleben anschickt (→ Wiederverkörperung und Schicksal), umkleidet sie sich, aus noch höheren Räumen kommend, beim Abstieg durch diese Sphären mit einem neuen → Astralleib. Die Substanz schöpft sie wie einen Tropfen aus dem Meer der kosmischen Astralität und gestaltet diesen kleinen Teil von Astralsubstanz auf Lebenszeit zur eigenen astralen Leiblichkeit aus.

Nach dem Tode löst sich in einem Vorgang der Reinigung, mit dem indischen Ausdruck «Kamaloka», in christlicher Terminologie «Fegefeuer» genannt, dieser Astralleib wieder in der kosmischen Astralität auf. Der Mensch steigt dann, wie Steiner das in der «Theosophie» (9/4) beschreibt, durch die sieben Regionen der Seelenwelt in die rein geistige Welt, das Devachan, auf. Die Regionen sind dadurch charakterisiert, daß die polaren Grundkräfte des Astralischen, nämlich *Antipathie* und *Sympathie*, Abweisendes und Anziehendes, in einem sich verändernden Verhältnis zueinander stehen. Hat auf der untersten Stufe, der «Region der Begierdenglut», die Antipathie noch ein starkes Übergewicht, so tritt sie in den höheren Regionen mehr und mehr zurück, und die Sympathie gewinnt allmählich die Oberhand. In der siebenten Region, genannt «Region des Seelenlebens», hat die Sympathie alles Abweisende überwunden und füllt den Seelenraum fast allein aus.

Verw.: → → ; → **Leben zwischen Tod und neuer Geburt.**

Lit.: 9/4; 13/2, 3, 7; 99/26.5.07, 28.5.07; 107/19.10.08, 21.10.08; Mötteli.

ASTRALLEIB, astralischer Leib. Den Physischen Leib bildet der Mensch aus den materiellen Stoffen der Erde, den Ätherleib als Träger der Lebensvorgänge hat er mit den Pflanzen gemeinsam, und der Astralleib ist jenes Wesensglied, durch das er mit den Tieren, vor allem den höher entwikkelten, verwandt ist. Je nachdem, wie differenziert der Mensch geisteswissenschaftlich betrachtet wird, umfaßt der Begriff des Astralleibes mehr oder weniger. Geht man von der Viergliedrigkeit Physischer Leib, Ätherleib, Astralleib und Ich aus, so ist im Astralleib alles Seelische enthalten. Faßt man dagegen neun Wesensglieder ins Auge – drei leibliche, drei seelische und drei geistige –, so ist der Astralleib – in diesem Fall identisch mit dem Seelenleib oder Empfindungsleib genannten Seelenglied – nur jener feinste Teil des Leiblichen, der die Empfindungen wie Lust und Unlust, Freude und Schmerz, Zuneigung und Abneigung gleichsam als Organ aufnimmt. Werden die Wesensglieder jedoch auf sieben reduziert, so wird dem Umstand Rechnung getragen, daß der Seelenleib von der Empfindungsseele, in der die aufgenommenen Empfindungen innerlich erlebt werden, ganz durchdrungen ist, so daß beide zu einer Einheit verschmelzen. Hier wird dieses Ganze aus Seelenleib und Empfindungsseele Astralleib genannt.

Viergliederiger Mensch:	**Siebengliederiger Mensch:**	**Neungliederiger Mensch:**
Physischer Leib Ätherleib	Physischer Leib Ätherleib Empfindender Seelenleib = **Astralleib**	Physischer Leib Ätherleib Seelenleib oder Empfindungsleib oder **Astralleib** Empfindungsseele
Astralleib	Verstandesseele Geisterfüllte Bewußtseinsseele	Verstandesseele Bewußtseinsseele Geistselbst
Ich	Lebensgeist Geistesmensch	Lebensgeist Geistesmensch
Astralleib umfaßt alles Seelische, d. h. Empfindungsseele, Verstandesseele und Bewußtseinsseele.	**Astralleib** = Seelenleib + Empfindungsseele. (Auch die Bewußtseinsseele und das Geistselbst sind zu *einem* Wesensglied verschmolzen.)	**Astralleib** = oberster Teil des leiblichen Menschen; er nimmt die Empfindungen auf.

Vom Hellseher (→ Hellsehen), das heißt vom Menschen mit ausgebildeten → höheren Organen, kann das sehr komplizierte Wesensglied Astralleib wahrgenommen werden. Die Wahrnehmung — das ist Steiners Ausdruck für das Wahrgenommene — heißt → Aura.

Verw.: → → ; → **astral;** → **Wesensglieder;** → **Ätherleib.**

Lit.: 9/2; 13/2, 7.

ASURAS ist der von Steiner hie und da erwähnte theosophische Name für eine von ihm meist Archai oder Geister der Persönlichkeit, Urkräfte und noch anders genannte Rangordnung von Geistern der → Hierarchien. Asuras heißen aber auch böse Wesenheiten, die sich dem Menschen in Zukunft in den Weg stellen werden. Es sind zurückgebliebene Geister aus der erwähnten Gruppe der Hierarchien. Wie Steiner sagt, werden sie noch viel gefährlicher sein als die luziferischen und ahrimanischen Versuchermächte (→ Ahriman und Luzifer). Hat es Luzifer auf die Empfindungsseele und Ahriman auf die Verstandesseele des Menschen abgesehen, so werden die Asuras versuchen, sich der gegenwärtig in Entwicklung befindlichen Bewußtseinsseele (→ Wesensglieder) zu bemächtigen. «Denn diese asurischen Geister werden bewirken, daß das, was von ihnen ergriffen ist — und es ist ja des Menschen tiefstes Inneres, die Bewußtseinsseele mit dem Ich —, daß das Ich sich vereinigt mit der Sinnlichkeit der Erde. Es wird Stück für Stück aus dem Ich herausgerissen werden, und in demselben Maße, wie sich die asurischen Geister in der Bewußtseinsseele festsetzen, in demselben Maße muß der Mensch auf der Erde zurücklassen Stücke seines Daseins» (107/22.3.09). Den Zugang zu der menschlichen Seele finden die Asuras durch die immer weiter um sich greifende Sinnlichkeit und die aus der Vorstellung, der Mensch sei seinem Wesen nach nichts weiter als ein Tier, resultierende Lebensgestaltung.

Verw.: → → .

Lit.: 11/14—17; 107/22.3.09.

ATEMÜBUNGEN → **Körperhaltungen.**

ÄTHER

An die physische Welt des Festen, Flüssigen und Gasförmigen grenzt die ätherische oder *elementarische Welt,* die Steiner später auch die Welt der *Bildekräfte* genannt hat. Der Äther ist eine Art nichtmaterieller Ursubstanz, eine reine Kräftewirksamkeit, aus der im Verlauf der Erdschöpfung alles Materielle entstanden ist. Er durchdringt heute die Physischen Leiber von Pflanze, Tier und Mensch und bewirkt, daß in ihnen die tote Materie zum lebendigen Organismus gestaltet wird.

Wie die materielle Welt in Aggregatzustände ist die ätherische nach der Feinheit der Bildekräfte in *vier Ätherarten* gegliedert: den Wärmeäther, den Lichtäther, den chemischen Äther (auch Ton-, Klang- oder Schalläther genannt) und den Lebensäther, der mit einem indischen Ausdruck auch Prana genannt wird. Die Namen der Ätherarten bezeichnen die Art der Wirksamkeit, jedoch sind alle materiellen Vorstellungen, die sich mit den Ausdrücken verbinden könnten, fernzuhalten. Es gibt eine Wärmewirksamkeit ohne jede physische Grundlage, wie sie beispielsweise auch in der seelischen Wärme spürbar wird.

Auch das Licht bedarf des stofflichen Substrats nicht, um existent und wirksam zu sein; unsichtbar durchdringt es den materielosen kosmischen Raum, und erst im Zusammenwirken mit Körperlichem erlangt es die seinem Wesen nicht unbedingt zugehörige Eigenschaft der Sichtbarkeit. Im chemischen Äther sind die Kräfte zu finden, welche die chemischen Verbindungen wie die Trennungen chemischer Stoffe verursachen; nach Steiner sind sie identisch mit den Kräften, die dem übersinnlichen Klingen der Welt zugrunde liegen. Zu seiner Existenz braucht es wiederum keine physische Stofflichkeit. Lebensäther schließlich ist im eigentlichsten Sinne die Kraft, die die tote Materie zum Leben aufruft. Die Bezeichnung jeder Ätherart hebt im übrigen nur ein Hauptmerkmal aus einer sehr vielfältigen Wirksamkeit heraus.

Ein individualisierter Teil des allgemeinen Äthers, der den Weltraum durchdringt, wird dem Menschen für sein Erdenleben verliehen: sein → Ätherleib. Er ist eine Art Architekt des Physischen Leibes und gibt diesem seine Art, Größe, Gestalt und Konstitution. Solange der Mensch auf der Erde weilt, versieht der Ätherleib seinen Dienst; nach dem Tode löst er sich in der Regel wieder im allgemeinen Weltenäther auf.

Verw.: → →; → **Wesensglieder.**

Lit.: 9/2, N; 13/2, 7; Mötteli.

ÄTHERLEIB

Dieses auch «Lebensleib» oder «Bildekräfteleib» oder «Elementarischer Leib» genannte übersinnliche Wesensglied (→ Wesensglieder) durchdringt den Physischen Leib vollständig und wirkt gewissermaßen als dessen Architekt: «Alle Organe werden in ihrer Form und Gestalt durch die Strömungen und Bewegungen des Ätherleibes gehalten. Dem physischen Herzen liegt ein ‹Ätherherz› zugrunde, dem physischen Gehirn ein ‹Äthergehirn› usw. Es ist eben der Ätherleib in sich gegliedert wie der physische, nur komplizierter, und es ist in ihm alles in lebendigem Durcheinanderfließen, wo im physischen Leibe abgesonderte Teile vorhanden sind» (13, 2).

Der Ätherleib trägt auch Geschlechtsmerkmale; es ist allerdings so, daß zum Physischen Leib eines Mannes ein weiblicher Ätherleib, zu jenem einer Frau ein männlicher Ätherleib gehört. In den noch höheren Wesensgliedern wird diese geschlechtliche Trennung unwesentlich. Der Astralleib ist zweigeschlechtlich, das heißt, er enthält sowohl Männliches wie Weibliches, und das Ich steht ganz über der Geschlechtertrennung, in ihm ist der Mensch weder Mann noch Frau, sondern eben nur Mensch.

Der Ätherleib ist bei Pflanze, Tier und Mensch der Träger des biologischen Lebens. Im menschlichen Organismus basieren auf ihm *sieben Lebensprozesse:* Atmung, Wärmung, Ernährung, Absonderung, Erhaltung, Wachstum, Reproduktion. Wie die sieben alten Planeten Sonne, Mond, Mars, Merkur, Jupiter,

Venus und Saturn sich im stabilen Gürtel des zwölfteiligen Tierkreises bewegen, spielen sich diese sieben Lebensprozesse vergleichsweise im zwölfgliederigen Physischen Leibe ab (→ Sinneslehre).

Der Ätherleib füllt ungefähr den gleichen Raum aus wie der Physische Leib. Mit geöffnetem geistigem Auge kann er wahrgenommen werden: «Der Hellseher kann ihn nur beobachten, wenn er die Fähigkeit hat, sich den physischen Leib vollständig wegzudenken (abzusuggerieren). Dann erscheint der Lebensleib (Linga sharira) als ein vollständiges Doppelbild des physischen Leibes in einer Farbe, die an diejenige der Aprikosenblüten erinnert. In diesem Lebensleib ist ein fortwährendes Ein- und Ausströmen zu beobachten. Die im Universum enthaltene Lebenskraft strömt ein, wird verbraucht durch den Lebensprozeß und strömt wieder aus» (34/1, 8).

In späteren Darstellungen hebt Steiner vor allem die zeitliche Dimension des Ätherleibes hervor; der Leib ist ein *Zeitleib:* «Dieser Ätherleib zeigt sich nicht so, daß Sie sagen können: Da ist der physische Mensch, dann ist das der Ätherleib.... Sie sehen immer den ganzen Ätherleib bis zur Geburt hin. Das Zeitliche ist ein Einheitliches. Sie können nicht, wenn Sie einen zwanzigjährigen Menschen vor sich haben, den zwanzigjährigen Ätherleib bloß sehen, sondern Sie sehen alles, was im Ätherleib geschehen ist bis zur Geburt hin und noch etwas darüber hinaus. Da wird wirklich die Zeit zum Raum. So wie Sie, wenn Sie in eine Allee hineinschauen und die Bäume durch die Perspektive einander nähergerückt werden, so wie Sie also in die ganze Allee hineinsehen dem Raume nach: so schauen Sie den Ätherleib, wie er gegenwärtig ist, an, sehen aber zurück das ganze Gebilde, das ein zeitliches Gebilde ist. Der Ätherleib ist ein Zeitorganismus. Der physische Leib ist ein Raumorganismus» (234/2. 2. 24).

Verw.: → → ; → **Äther.**

Lit.: 9/2; 13/2, N; 34/1, 8; 234/1.2.24, 2.2.24.

ATLANTISCHES ZEITALTER → **Erd- und Menschheitsentwicklung.**

ATMA, indischer Ausdruck für Geistesmensch. → **Wesensglieder.**

AURA nennt Steiner das dem geistigen Schauen sich darbietende Bild der menschlichen Seele. Für den Seher mit dem geöffneten geistigen Auge (→ Höhere Organe) erscheint die physische Gestalt des Menschen von einer nichtmateriellen, etwa eiförmigen Wolke umgeben. Sie ist bei verschiedenen Menschen verschieden groß, im Durchschnitt jedoch ungefähr doppelt so lang und viermal so breit wie der physische Körper und muß ebenso als Teil der menschlichen Wesenheit betrachtet werden wie der Physische Leib. In ihr nimmt der Hellseher ein Fluten von Farben wahr, in denen sich gewisse Grundeigenschaften des Menschen wie auch momentane Affekte, Empfindungen, Stimmungen und andere innere Erlebnisse ausdrücken. Künstler früherer Epochen, die den Menschen noch so wahrnehmen konnten oder wenigstens von der Aura wußten, haben sie in ihren Bildern gemalt; der in der mittelalterlichen Kunst verbreitete Heiligenschein ist eine Darstellung der Kopfaura.

Steiner beschreibt die Aura als eine sehr komplizierte Erscheinung. Für den fortgeschrittenen Seher gliedert sie sich in drei verschiedene, sich gegenseitig durchdringende Auren. Die eine davon zeigt stumpfe, gleichsam undurchsichtige Farben. In ihr zeigt sich seelisches Erleben, das seinen Ursprung im Physischen Leib hat. Sie ist vor allem bei Menschen ausgeprägt, die stark den groben irdischen Eindrücken und den sinnlichen Begierden und Trieben hingegeben sind. Eine zweite Aura leuchtet in lichteren und feineren Farben; in ihr offenbart sich das an sich selbst hingegebene und aus sich selber quellende Eigenleben der Seele. Eine dritte, bei spirituell weiter entwickelten Menschen stark ausgebildete Aura durchglänzt, durchstrahlt und durchglitzert den ganzen Raum, den sie ausfüllt. Sie zeigt, wie in den betreffenden Menschen der göttliche Geist in die Welt hineinwirkt.

Jede der drei Auren enthält Farben der verschiedensten Nuancen, in denen sich die Eigenschaften eines Menschen auf der von ihm erreichten Entwicklungsstufe kundtun.

Steiner betont, daß der Ausdruck «Farbe» für die Beschreibung der Aura nur als sprachlicher Vergleich aufzufassen sei. Der Seher erlebt beim Beobachten der Aura das gleiche wie beim Betrachten physischer Farben. Er muß bei der Schilderung seiner Eindrücke zu den Bezeichnungen greifen, die ihm die Sprache zur Verfügung stellt. Die Sprache ist zur Hauptsache an der sinnlich erfahrbaren Welt ausgebildet. Das Erleben der Aura ist ein übersinnlicher Vorgang. Man begegnet aber einer Realität, die so wirklich ist wie die durch irdische Sinne wahrgenommenen Gegenstände.

Verw.: → →.

Lit.: 9/4, N; 34/1: Von der Aura des Menschen.

BAUKUNST → **Kunst, Künste.**

BEGRIFFSSINN → **Sinneslehre.**

BEWEGUNGSSINN → **Sinneslehre.**

BEWEISE IM ÜBERSINNLICHEN ERKENNEN

Mit übersinnlichen Organen, die durch die geistige Schulung (→ Schulungsweg) erworben werden, tritt der Geistesforscher in die höhere Welt ein, um hier seine Wahrnehmungen zu machen. Er weiß, daß er diese → höheren Organe zur Verfügung hat, und er weiß, daß sie ihm ganz neue Bereiche eröffnen. Das ist für ihn selber der Beweis für die Existenz einer geistigen Welt.

Wer sich als Unkundiger von der Richtigkeit der von der anthroposophischen Geisteswissenschaft gefundenen Tatsachen überzeugen will, kann sich auf dem Weg eigener Geistesschulung um die Fähigkeiten bemühen, mit denen sie erkannt worden sind. Er wird wohl nicht gleich die umfassende Hellsichtigkeit eines genialen Geistesforschers erreichen, wie es Steiner war, doch werden sich zum mindesten bescheidene Erlebnisse geistiger Art einstellen. Sie haben so viel Beweiskraft in sich, daß mit ihnen die grundsätzliche Möglichkeit geisteswissenschaftlicher Forschung eingesehen und anerkannt werden kann.

Im Zusammenleben mit den selber gefundenen und den von der Geisteswissenschaft mitgeteilten Tatsachen wird sich für den Geistesschüler mit der Zeit auch von allein das Gefühl einstellen, auf dem richtigen Weg zu sein, weil die Welt mit den neuen Begriffen verständlicher und sinnvoller geworden ist. Dieses von innen aufsteigende Wissen hat für ihn selbst starke Überzeugungskraft, läßt sich aber keinem anderen übermitteln.

Für den Naturwissenschafter, der die Normen und Grenzen der anerkannten Wissenschaft nicht überschreiten will, ist diese Art des Beweises allerdings unannehmbar. Nach seiner Auffassung bleiben die Aussagen der Anthroposophie so lange bloße Behauptungen, als sie sich nicht durch naturwissenschaftlich anerkannte Beweise bestätigen lassen.

Steiner ist dieser Gedankengang durchaus vertraut, und er setzt sich damit unter anderem in einem Nachwort zur «Theosophie» auseinander: «Es liegt zum Beispiel wirklich recht nahe zu verlangen, daß die Aussagen des Sehers auf diesem Gebiete durch Versuche bewiesen werden sollen, welche der naturwissenschaftlichen Vorstellungsart entsprechen. Man kann fordern, es sollen sich eine Anzahl von Menschen, die vorgeben, das Geistige der [→] Aura zu schauen, anderen Menschen gegenüberstellen und deren Aura auf sich wirken lassen. Dann mögen die Seher sagen, welche Gedanken, Empfindungen und so weiter sie als Aura bei den beobachteten Menschen schauen. Wenn dann ihre Angaben untereinander übereinstimmen und wenn sich herausstellt, daß die beobachteten Menschen wirklich die von den Sehern angegebenen Empfindungen, Gedanken und so weiter gehabt haben, dann wolle man an das Vorhandensein der Aura glauben.»

Steiner hält solchen Ansprüchen entgegen: «Die Arbeit des Geistesforschers an der eigenen Seele, die ihm die Fähigkeit des geistigen Schauens gibt, geht dahin, *eben diese Fähigkeit zu erwerben.* Ob er dann in einem einzelnen Falle etwas in der geistigen Welt wahrnimmt und *was* er wahrnimmt, das hängt nicht von ihm ab. Das fließt ihm zu als *eine Gabe* aus der geistigen Welt. Er kann sie nicht erzwingen, er muß warten, bis sie ihm wird. . . . Die geistige Welt aber läßt sich nicht befehlen. Sollte der Versuch zustande kommen, so müßte er von der geistigen Welt aus angestellt werden. *In dieser* müßte ein Wesen die Absicht haben, die Gedanken eines oder mehrerer Menschen einem oder mehreren Sehern zu offenbaren. Diese Seher müßten dann durch ‹geistigen Antrieb› zur Beobachtung zusammengeführt werden. Dann würden ihre Angaben ganz gewiß miteinander stimmen» (9/N).

Wie Friedrich Rittelmeyer erzählt, erklärte sich Steiner dennoch einmal zu einem ähnlichen Versuche bereit. Er kam jedoch nicht zustande, weil der Philosoph Oswald Külpe, für den die Demonstration hätte stattfinden sollen, kurz zuvor absagte.

Wer sich nicht der Mühe unterziehen will, selber den anthroposophischen Erkenntnispfad zu betreten, findet eine indirekte Möglichkeit, sich von der Richtigkeit der geisteswissenschaftlichen Forschung zu überzeugen. Für dic → Landwirtschaft, die Pharmazeutik (→ Heilmittel) und andere Gebiete hat Steiner viele konkrete Angaben gemacht, die sich in der Praxis bewähren, obwohl sie für die Ohren eines rein akademisch gebildeten Wissenschafters manchmal seltsam klingen mögen. Seine Hinweise etwa für die Kompostierung und die Bewirtschaftung der Felder haben sich in Versuchen und bei jahrzehntelanger Anwendung auf Bauernhöfen als richtig erwiesen. Das hat teilweise zu der grotesken Situation geführt, daß in der Öffentlichkeit die anthroposophische Arbeit auf manchen Gebieten anerkannt, geschätzt und gelobt, die geisteswissenschaftliche Grundlage, auf der sie beruht, jedoch nicht zur Kenntnis genommen oder sogar belächelt wird.

Verw.: → →; → **Studium der Anthroposophie.**

Lit.: 9/N; 13/V, 1 — Poppelbaum: Schicksalsrätsel.

BEWUSSTSEINSSEELE → Wesensglieder.

BEWUSSTSEINSZUSTÄNDE, Bewußtseinsstufen. Naturgegeben ist dem Menschen das zwischen Wachen und Schlafen pendelnde Dasein. Je nach der Intensität seiner Hingabe an die irdische Welt wechseln die Bewußtseinszustände von Wachheit bis zu fast gänzlicher Unbewußtheit. Im Tagesbewußtsein ist der Mensch hellwach, im Traum — einem Zustand zwischen Wachen und Schlafen — lebt er in einer Welt von Bildern, die auf Grund von äußeren oder inneren Eindrücken entstehen; noch geringer ist sein Bewußtsein im Schlaf. Beim Schlafzustand unterscheidet Steiner nochmals zwei Bewußtseinsstufen: den traumlosen Schlaf und den so gut wie bewußtseinslosen Tiefschlaf, die Trance.

Der Übergang vom Schlaf in den Wachzustand ist ein natürliches, vom menschlichen Willen unabhängiges Geschehen. Durch geistige Schulung (→ Schulungsweg) kann der Mensch noch höhere Bewußtseinszustände erreichen: das imaginative, das inspirative und das intuitive Bewußtsein.

Somit ergeben sich sieben dem Menschen zugängliche Bewußtseinszustände:

1. der nahezu bewußtseinslose Tiefschlaf, auch Trancezustand genannt,
2. der traumlose Tiefschlaf,
3. das Traumbewußtsein,
4. das Tagesbewußtsein, auch Wachbewußtsein oder Gegenstandsbewußtsein genannt,
5. das imaginative Bewußtsein (die Imagination),
6. das inspirative Bewußtsein (die Inspiration),
7. das intuitive Bewußtsein (die Intuition).

Die Bewußtseinsstufen über dem gewöhnlichen Tagesbewußtsein können verstanden werden als Umwandlungen der unter dem Tagesbewußtsein liegenden Bewußtseinszustände: Imagination, Inspiration und Intuition sind bewußt gemachter und bewußt erzeugter, wach erlebter Traumzustand bzw.

traumloser Schlaf bzw. Tiefschlaf. Jeder Übergang von einem Bewußtseinszustand in den darüberliegenden höheren ist ein neues Erwachen gegenüber einem vorausgehenden (relativen) Schlafen.

Entsprechend dem Tagesbewußtsein und den ihm übergeordneten drei Bewußtseinsstufen unterscheidet Steiner vier verschiedene → Erkenntnisarten oder Erkenntnisstufen.

Die erwähnten Bewußtseinszustände entsprechen den sogenannten planetarischen Bewußtseinszuständen. Während seiner Entwicklungsgeschichte ist der Mensch durch frühere planetarische Verkörperungen der Erde (→ Weltentwicklungsstufen; → Welt- und Menschheitsentwicklung) von dumpferen, aber noch ganzheitlicheren Bewußtseinszuständen zum heutigen Wachbewußtsein aufgestiegen, und er wird in zukünftigen planetarischen Verkörperungen noch höhere, wieder ganzheitlichere Bewußtseinsstufen erreichen. Insgesamt hat und wird er sieben planetarische Bewußtseinszustände durchlaufen:

1. das Trancebewußtsein oder Allbewußtsein, vorhanden auf dem alten Saturn,
2. das Tiefschlafbewußtsein, auf der alten Sonne,
3. das Bilderbewußtsein, vorhanden auf dem alten Mond,
4. das Wach- oder Gegenstandsbewußtsein auf der heutigen Erde,
5. das Psychische Bewußtsein, ein bewußtes Bilderbewußtsein, vorhanden auf dem zukünftigen Jupiter,
6. das Überpsychische Bewußtsein, ein bewußtes Schlafbewußtsein, vorhanden auf der zukünftigen Venus,
7. das Spirituelle Bewußtsein, ein bewußtes Allbewußtsein, vorhanden auf dem zukünftigen Vulkan.

Die Unterschiede der Benennungen in beiden Begriffsreihen rühren davon her, daß die auf der heutigen Erde vorhandenen oder zu erreichenden Bewußtseinsstufen und die in der planetarischen Entwicklung dem Menschen zugedachten sich nur ähnlich, aber nicht identisch sind.

Verw.: → →; **Wachen, Schlafen, Träumen, Tod;** → **Imagination;** → **Inspiration;** → **Intuition;** → **Weltentwicklungsstufen.**

Lit.: 11/12—17; 12; 99/1.6.07; Mötteli.

BILDEKRÄFTELEIB, Lebensleib → Ätherleib; → Wesensglieder.

BILDERTABLEAU → **Erinnerungstableau.**

BILDHAUEREI → **Holzplastik.**

BIOGRAPHIE «So wie die physische Ähnlichkeit der Menschen klar vor Augen liegt, so enthüllt sich dem vorurteilslosen geistigen Blicke die Verschiedenheit ihrer geistigen Gestalten» (9/3). Dieser Satz steht an einer entscheidenden Stelle von Steiners grundlegendem Buch «Theosophie», dort nämlich, wo er bei der Unterscheidung zwischen dem biologisch Ererbten des Menschen und dem Einmaligen seiner Individualität den Begriff der Biographie einführt.

Den Lebensleib (→ Ätherleib), seine gestaltbildende Kraft, übernimmt der Mensch der Prägung nach von seinen Vorfahren. Durch den Lebens- oder Bildekräfteleib erhält der Mensch seine physische Gestalt, die nicht nur diesen oder jenen dem einen oder anderen Verwandten ähnlichen Zug aufweist, sondern ihn auch als Angehörigen der *Gattung Mensch* von jeder Tiergattung unterscheidet. Als geistiges Wesen aber, seiner «geistigen Gestalt» oder Konfiguration nach, ist jeder vom anderen verschieden, ist jeder Mensch seine *eigene Gattung.*

Beschreibt man das Einmalige und Unverwechselbare eines Menschen beim Gang durch das Leben, so stellt man dar, was das Tier im eigentlichen Sinn nicht hat: die Biographie. Der genauen Beobachtung bleibt es nicht verborgen, daß jeder Mensch mit seinen eigenen, unverwechselbaren Wesenszügen ins Leben tritt. Sie sind so bestimmt ausgebildet, daß sie nicht erst bei der Geburt entstanden sein können, sondern schon vorher haben erarbeitet werden müssen. Ererbt sind diese Eigenschaften nicht, denn sie unterscheiden gerade den einzelnen von seinen Vorfahren. Also können sie, so Steiners Gedankengang, nur vom betreffenden Menschen selber erworben worden sein. Sie sind auch so auf irdische Verhältnisse bezogen, daß sie nur in irdischen Verhältnissen haben veranlagt werden können. Folglich ist der Mensch die Wiederholung eines Wesens, das schon auf der Erde Erfahrungen gesammelt hat, das heißt, jeder Mensch hat schon auf der Erde gelebt und ist sein eigener Nachfolger. Er gewinnt auch im gegenwärtigen Erdenleben Fähigkeiten, die ihn für ein kommendes tüchtig machen (→ Wiederverkörperung und Schicksal).

Die Biographie ist ein Schlüsselbegriff, der an Hand von Steiners Ausführungen logisch bis zum Aha-Erlebnis verarbeitet werden muß. Er meint die jedem Menschen eigene individuelle Erdenspur, die rückwärts über die Geburt und vorwärts über den Tod hinaus zu anderen Erdenleben führt.

Verw.: → →; → **Mensch, doppelter Ursprung.**

Lit.: 9/3.

BIOLOGISCH-DYNAMISCHE LANDWIRTSCHAFTSWEISE → **Landwirtschaft.**

BODENRECHT → **Dreigliederung des sozialen Organismus** (Grund und Boden).

BRUSTSYSTEM oder Rhythmisches System → **Dreigliederung der leiblichen Struktur des menschlichen Organismus.**

BUDDHI, indischer Ausdruck für Lebensgeist → **Wesensglieder!**

Bühnenkunst Durch ursprüngliches Interesse mit dem Theater und der Schauspielkunst verbunden und die Zusammenarbeit mit der Sprachkünstlerin Marie von Sivers, seiner späteren Frau, ermuntert, erweiterte Steiner als Generalsekretär der Deutschen Sektion der → Theosophischen Gesellschaft den Arbeitsbereich dieser Vereinigung durch künstlerische Aktivitäten, vor allem durch Bühnenaufführungen. Für den Münchner Theosophenkongreß von 1907 inszenierte er ein Drama von Edouard Schuré, und von 1909 an fanden in München jährlich Festspiele statt, bei denen, zum erstenmal 1910, → Mysteriendramen uraufgeführt wurden, die Steiner eigens für diese Gelegenheiten geschrieben hatte.

Die dafür angestrebte und später in Kursen gelehrte Bühnenkunst sucht keine naturalistische Nachahmung der alltäglichen Wirklichkeit, ebensowenig wie die anthroposophische → Sprachgestaltung die Sprache in ihrer Funktion als Verständigungsmittel und Gedankenträgerin weiter ausbilden möchte. Alltägliche Gesten und bloße intellektuelle Mitteilungen sind nach Steiners Auffassung unkünstlerisch. Die anthroposophische Bühnen- und Schauspielkunst will den ausübenden Künstler und den Zuschauer gerade aus der Routine von Sprache, Bewegung, Gestik und Mimik aufwecken und in ihm durch das Erlebnis von Wort und Spiel das Bewußtsein von einem inneren Menschen wach werden lassen, in dem höhere Kräfte tätig werden. Bühnenkunst und Sprachgestaltung sind Bildungsmittel auf dem esoterischen Weg.

Der nur naturalistischen Nachahmung stellt Steiner den Begriff des Stils entgegen. Im anthroposophischen Theater sind Bewegung und Sprache in besonderer Weise stilisiert, und die Regie fügt auch Kostüme, Bühnenbilder und Beleuchtung so ins Spiel ein, daß ein in allen Teilen stimmendes Gesamtkunstwerk entsteht.

Dieser so verstandenen Bühnenkunst genügen bis jetzt nur verhältnismäßig wenige dichterische Werke. Es sind dies vor allem Steiners vier Mysteriendramen, Goethes Faust und hochklassische Versdramen, Werke von Schiller und Albert Steffens Bühnendichtungen. Nach der Eröffnung des zweiten Goetheanums (→ Goetheanum), 1928, führte Marie Steiner mit einem von ihr gebildeten Ensemble auf der Goetheanumbühne solche Dramen auf, und bis heute wurde und wird am Goetheanum und auf Gastspielen seiner Truppe solche Schauspielkunst geboten.

Angeregt und gefördert hat Steiner auch die Aufführung von Laienspielen. Von ihm selber wurden in Dornach die von seinem Lehrer Karl Julius Schröer in Oberufer, einer deutschen Sprachinsel bei Preßburg an der Donau, aus der Volkstradition gesammelten Weihnachtsspiele, das «Paradeisspiel», das «Christgeburtsspiel» und das «Dreikönigsspiel», inszeniert. Diese Volksstücke wurden zum Teil von Laien, zum Teil auch von ausgebildeten Schauspielern aus der → Anthroposophischen Gesellschaft gespielt. Heute gehören sie zum Brauchtum der → Waldorfschulen und der → Christengemeinschaft, wo sie von Kindern und schauspielerisch meist ungeschulten Erwachsenen jedes Jahr dargeboten werden. Sie kommen gerade dann am schönsten zur Geltung, wenn sie aus dem unmittelbaren Erlebnis der biblischen Geschichten mit der reinen Freude am Spielen aufgeführt werden.

Verw.: → →; → **Kunst, Künste.**

Lit.: 283 – Froböse: Bühnenkunst; Froböse: Goetheanumbühne.

CHAKRAS → **Lotusblumen.**

CHEMISCHER ÄTHER, auch Ton-, Klang- oder Schalläther → **Äther.**

CHERUBIM, Geister der Harmonien. Rangordnung geistiger Wesenheiten aus den → Hierarchien.

CHRISTENGEMEINSCHAFT

Steiner, der in seinen Schriften und Vorträgen so viel zu einem neuen Verständnis des Christentums beigetragen hat, wollte die → Anthroposophie nicht als religiösen Weg aufgefaßt wissen.

«Er hatte ja immer betont», sagt Friedrich Rittelmeyer in seinen Erinnerungen, «daß die (→) Anthroposophische Gesellschaft keine Kirche sei und auch keine neue Kirche gründen wolle» (Lebensbegegnung). Die Anthroposophie als eine wissenschaftlich begründete mystische Weltanschauung formuliert das gesamte abendländische Wissen aus ihrer Sicht neu. Sie hat eine große Zahl durch ihre geisteswissenschaftliche Methodik gewonnene neue Erkenntnisse anzubieten – auch solche über das Christentum, das Steiner in seine Forschungen einbezog. Diese bringen ein neues Verständnis für die christlichen Glaubensinhalte. Wer den Weg zu → Christus jedoch über das unmittelbare Erleben sucht, kommt in der Anthroposophie möglicherweise zu kurz. In der Christengemeinschaft findet er vielleicht, was er sucht.

1921 wandten sich junge Menschen, die von der Universität enttäuscht waren, auf der Suche nach einem neuen religiösen Lebenssinn an Steiner mit der Bitte, er möge ihnen aus seinen Erkenntnissen heraus einen neuen Weg zeigen. Im Juni 1921 hielt Steiner in Dornach für sie und im Herbst 1921 für einen um diesen Kern angewachsenen Kreis von Theologen und Nichttheologen Kurse über die Möglichkeit einer religiösen Erneuerung ab.

In Berlin wußte der berühmte evangelische Prediger Dr. Friedrich Rittelmeyer (1872–1938), der seit Jahren Steiners Vorträge besuchte und Anthroposoph war, von diesen Bestrebungen und stellte sich als Mitarbeiter zur Verfügung. Im Rahmen des sogenannten dritten Theologenkurses, den Steiner vom 7. bis zum 22. September 1922 in Dornach durchführte, wurde aus rund einem halben Hundert Interessenten, die auf Grund der vorjährigen Kurse entschlossen waren, sich in den Dienst einer solchen Aufgabe zu stellen, die «Christengemeinschaft» als Bewegung für religiöse Erneuerung, als neue Kirche, wenn man so will, die ihr Christusverständnis aus den Erkenntnissen der Anthroposophie bezieht, gegründet. Steiner gab ihr einen der katholischen Messe ähnlichen, jedoch, wie er sagte, direkt aus der geistigen Welt empfangenen Kultus, die «Menschenweihehandlung». Sie wurde am 16. September 1922 von Rittelmeyer zum erstenmal zelebriert.

Die Weihehandlung, sagt Johannes Lenz, «führt durch die Stufen der Verkündigung des Evangeliums, der Opferung und Wandlung zur Kommunion (Vereinigung)». Obwohl sie täglich gefeiert wird, bewirkt dieser gleichbleibende Ablauf in vier Teilen keine Monotonie. Die Evangelienlesungen wechseln in bestimmter Reihenfolge, an den normalen Sonntagen hält der Priester eine kurze Predigt, und die Festzeiten werden durch besondere textliche Einschaltungen herausgehoben.

Nicht nur die herkömmlichen christlichen Festzeiten wie Weihnachten, die Passionszeit, Ostern und Pfingsten werden gefeiert, der gottesdienstliche Jahreskreis der Christengemeinschaft enthält auch ganz neue, durch Steiner angeregte Festepochen: die Johannizeit (Johanni) im Sommer, dem Täufer gewidmet, und die Michaelszeit (Michaeli) im Herbst, in der sich die Gedanken ganz besonders auf den Erzengel richten, unter dessen Führung unsere Zeit steht, und der auch dem Herbst sein besonderes Gepräge gibt (→ Michael). So wird das herkömmliche «exzentrische» Kirchenjahr mit seinen Schwerpunkten im Winter und Frühling zu einem harmonischen Kreislauf des Erlebens erneuert. Das Kirchenjahr der Christengemeinschaft stimmt mit dem kosmischen Geschehen und dem Rhythmus der äußeren Natur überein und markiert danach die den Menschen besonders berührenden Tage der Winter- und der Sommersonnenwende sowie der Tagundnachgleichen im Frühling und im Herbst durch besondere Festzeiten. «Die Menschen-Weihehandlung», heißt es im betreffenden Abschnitt der Einführungsschrift von Johannes Lenz, «braucht ein volles Jahr, um einmal in ihrer Ganzheit sichtbar, hörbar, erlebbar zu werden. Sie macht das Jahr zum ‹Heiligen Jahr›» (Christengemeinschaft).

Aus neuem Verständnis für den Sinn dieser Gnadenzeichen pflegt und spendet die Christengemeinschaft auch die Sakramente. Es sind deren sieben: die Taufe, die Konfirmation, die Beichte, die Ehe, die Priesterweihe, die letzte Ölung (Sterbeweihe) und das Abendmahl, richtiger als Kommunion bezeichnet.

Die Christengemeinschaft ist hierarchisch aufgebaut. Dem Range nach folgen sich Pfarrer, Lenker, Oberlenker und ein Erzoberlenker mit Sitz in Stuttgart an der Spitze. Auf jeder Stufe können auch Frauen das Priesteramt ausüben.

Friedrich Rittelmeyer, der bei der Gründung der Christengemeinschaft eine führende Rolle spielte, übernahm im Februar 1925 das Amt des Erzoberlenkers und versah es bis zu seinem Tode. Sein Nachfolger wurde 1938 auf Steiners kurz vor seinem Ableben noch gegebenen Rat hin Emil Bock (1895—1959).

Mitglied der Christengemeinschaft kann jedermann werden, der sich mit ihrem Wesen vertraut gemacht hat und ja dazu sagt. Den Eintritt in die Gemeinschaft beschreibt Lenz: «Wer das sakramentale Leben einer Gemeinde der Christengemeinschaft genügend lange kennengelernt hat und die Menschen-Weihehandlung als geistige Heimat empfindet, wächst der Gemeinde als ein neues Glied zu. So wird der einzelne durch sein eigenes Verhalten zum ‹Mit-Glied› am lebendigen Leibe. Die Pfarrer anerkennen diesen Entschluß für die Gemeinde. Dazu finden persönliche Gespräche statt, die eine gründliche Orientierung einschließen» (Christengemeinschaft).

Mitglieder der Christengemeinschaft brauchen nicht der Anthroposophischen Gesellschaft anzugehören; die Christengemeinschaft ist eine von der Anthroposophischen Gesellschaft unabhängige Bewegung. Die Priester allerdings sind in der Regel Anthroposophen, weil sich der Kultus «... mit der geistigen Erkenntnis, die in der Anthroposophie da ist, in voller Übereinstimmung befindet und aus ihr allein möglich ist», wenn er auch «nicht diese geistige Erkenntnis lehrt oder voraussetzt, sondern den Menschen unmittelbar das gibt, was sie mit der höchsten Wirklichkeit verbindet» (Rittelmeyer: Lebensbegegnung).

Die Christengemeinschaft zählt heute viele Gemeinden in manchen Ländern Europas und der ganzen «freien» Welt.

Verw.: → →.

Lit.: Rittelmeyer: Lebensbegegnung; Lenz: Christengemeinschaft; Wistinghausen: Gottesdienst; dazu vielfältige weitere, meist im Verlag Urachhaus, Stuttgart, erschienene Literatur.

CHRISTENTUM In seiner Autobiographie berichtet Steiner von seinen frühen Eindrücken, die er vom Christentum empfing. In Neudörfl, wo er den größten Teil seiner Jugendzeit verbrachte, fand er als Dorfschüler guten Kontakt zum katholischen Ortspfarrer. Er half als Ministrant beim Gottesdienst mit und erlebte die Feierlichkeit des lateinischen Kultus. Während seines Studiums in Wien pflegte er Umgang mit katholischen Professoren und Priestern und fand manche Gelegenheit, sich über theologische Fragen zu unterhalten.

Weit mehr als zu Religion und Theologie fühlte sich der junge Steiner jedoch zu Mathematik und Geometrie und später zur Philosophie und zu naturwissenschaftlichen Disziplinen hingezogen. In Wien fand er, vor allem durch den Germanisten Karl Julius Schröer, Zugang zur deutschen Literatur. Die so erworbene, weitgehend exaktwissenschaftliche Bildung machte ihn zum berufenen Herausgeber von Goethes naturwissenschaftlichen Schriften, zunächst in der Kürschnerschen Edition von Goethes Werken und dann an der großen Weimarer Sophienausgabe. Aus Goethe und an Goethe erarbeitete er sich eine auf präzises Denken gegründete philosophische Weltanschauung. Sie macht den Inhalt seiner ersten Bücher aus.

Nichts als die eindringlichen erkenntnistheoretischen Bemühungen hätten damals vermuten lassen, daß in Steiner eine Persönlichkeit heranreifte, von der ganz neue Impulse für das Verständnis des Christentums und die christliche Lebenspraxis ausgehen sollten.

In der Weimarer Zeit geriet Steiner sogar stark ins Fahrwasser Nietzsches und Ernst Haeckels. Es gibt von ihm aus dieser Epoche kritische, ja christentumsfeindliche Äußerungen, mit denen er sich als Freigeist zu erkennen gab.

Die Annahme, Steiner habe mit solchen Bemerkungen nur gegen das kirchliche, in Dogmen erstarrte Christentum Stellung bezogen, ist ohne rechte Überzeugungskraft. Den wahren Sachverhalt trifft Gerhard Wehr mit der Auffassung, im frühen Steiner habe eine «latente» Christlichkeit gelebt, die erst um die Jahrhundertwende «manifest» geworden sei.

Die Wende und damit den Abschluß einer längeren Prüfungszeit brachte ein auf 1899/1900 zu datierendes Damaskuserlebnis, das entweder plötzlich eingetreten ist oder sich über eine gewisse Zeit erstreckt hat. In seiner Autobiographie weist Steiner mit dem Satz darauf hin: «Auf das geistige Gestanden-Haben vor dem Mysterium von Golgatha in innerster ernstester Erkenntnis-Feier kam es bei meiner Seelen-Entwickelung an» (28/26). Steiner gebraucht hier für ein Ereignis in seinem eigenen Leben den Ausdruck «Mysterium von Golgatha», der dann in seinen Schriften und Vorträgen zum Begriff für seine Auffassung von der welt- und menschheitsgeschichtlichen Opfertat Christi wurde (→ Christus).

Vom Oktober 1900 an sprach er im Theosophischen Kreis um den Grafen und die Gräfin Brockdorff in Berlin über die christliche Mystik des Mittelalters und der beginnenden Neuzeit, und im Winter 1901/02 hielt er dort jene Vorträge, die unter dem Titel «Das Christentum als mystische Tatsache und die Mysterien des Altertums» (8) als Buch veröffentlicht wurden. Christi Wirken, Sterben und Auferstehen ist nach Steiners Auffassung ein Stück Mysteriengeschichte. Während in den vorchristlichen Mysterien die Seele des Schülers im Vorgang der Einweihung in tiefster Abgeschiedenheit den Leib verließ, sich in diesem Zustand des mystischen Todes zu den Göttern erhob und nach gut drei Tagen als wiedergeborenes Wesen in seinen irdischen Leib zurückkehrte, lebte im Mysterium von Golgatha ein Gott öffentlich Tod und Auferstehung vor. Seither hat das Mysterienwesen seinen Sinn verloren.

Durch dieses Geschehen ist der Christus – Steiner gebraucht das Wort immer mit dem Artikel – zum Geist der Erde geworden. Zu ihm kann sich der Mensch in ein unmittelbares Verhältnis setzen – was die katholische Kirche mit Vehemenz bestritt –, und in der Gegenwart kann er sich durch Schulung darauf vorbereiten, den Auferstandenen zu schauen. Zu dieser Begegnung möchte der Erkenntnisweg der → Anthroposophie hinführen.

Mystik ist unmittelbares Erfahren des Göttlichen in der eigenen Seele. Von der Klarheit naturwissenschaftlichen Forschens durchdrungen, erfährt sie durch Steiner eine Erneuerung. Den Anfang, dem modernen Menschen geistige Erfahrungen zu ermöglichen, machte Steiner schon in seinen erkenntnistheoretischen Schriften. Praktische Beschreibungen des Weges geben dann vor allem die Bücher «Theosophie» (9), «Wie erlangt man Erkenntnisse der höheren Welten?» (10) und «Die Geheimwissenschaft im Umriß» (13). Dieser Pfad führt nicht nur zur Vervollkommnung des Menschen, sondern, wenn er zu Ende gegangen wird, zu höheren Erkenntnissen und zur Erfahrung geistiger Wesen. Zu den allerhöchsten dieser Wesenheiten gehört → Christus. Ihm hat sich in unserer Zeit der Erzengel → Michael als starker Helfer zugesellt.

Die Schulung ermöglicht auch ein spirituelleres und genaueres Verstehen der → Evangelien, über die sich Steiner in manchen Zyklen geäußert hat. Unter anderem kam er durch geistige Forschung zu der Erkenntnis von der Existenz zweier Jesusknaben (→ Jesus). Das erklärt unter anderem, weshalb die Stammbäume in Matthäus 1 und Lukas 3 verschieden sind.

Diese durch geistige Schau und nicht durch Textinterpretation gefundenen Erkenntnisse lassen das Christentum in ganz neuem Licht erscheinen. Es ist nicht eine Religion neben anderen Religionen. Schon die vorchristlichen Religionen haben Christus und andere geistige Wesen der christlichen Überlieferung, wie zum Beispiel Michael, verehrt, wenn auch unter anderen Namen. Bei den alten Indern und Persern war Christus der große Sonnengeist, von dem vorausgesagt wurde, daß er sich der Erde nähere und auf ihr einmal erscheinen werde.

Das historisch gewordene Christentum beschäftigt sich mit Ereignissen, die sich zu Beginn unserer Zeitrechnung in Palästina zugetragen haben. Das geisteswissenschaftliche Christentum bezieht auch diese älteren Zeiten mit ein und beschäftigt sich mit den Wirkungen des Mysteriums von Golgatha in der näheren und ferneren Zukunft.

In geisteswissenschaftlicher Betrachtungsweise, die im Mysterium von Golgatha das Mittelpunktgeschehen der ganzen Erdentwicklung erblickt, sind die beiden ersten christlichen Jahrtausende und das in ihnen entwickelte Selbstverständnis des Menschen lediglich ein Anfang. Das Verständnis von Christi Erscheinung auf Erden muß sich immer weiter vertiefen, und damit wandelt sich auch das Bild des Menschen. Die Auferstehung Christi ist nicht ein nebulöses Weiterwirken in jenseitigen Fernen, sondern die Bekleidung des von der

Sonne gekommenen Gotteswesens, das in einem menschlichen Leib gewohnt hat und gestorben ist, mit einem neuen Körper, der ganzen Erde. Für den Menschen bedeutet Auferstehung nicht nur bewußte Weiterexistenz nach dem Tode, sondern zunächst auch Umhüllung mit einem neuen irdischen Leib, wenn der frühere nach einem vorangegangenen Leben abgelegt worden ist und der Wesenskern, das Ich des Menschen, eine längere Zeit in der geistigen Welt zugebracht hat.

Diese «kleine» Auferstehung durch die Reinkarnation gibt dem Menschen in den Zyklen des irdischen Geschehens die Hoffnung auf ein totales Neuwerden unseres Planeten in einem geistigeren Zustand. Steiner nennt diese in ferner Zukunft bevorstehende Entwicklungsstufe den zukünftigen → Jupiter.

Dieses in allen Mysterienreligionen und im esoterischen Christentum gehütete Wissen von der Wiederverkörperung des Menschen (→ Wiederverkörperung und Schicksal), der sich auf dem Weg der Vervollkommnung durch viele Erdenleben immer wieder sein künftiges Schicksal schmiedet, um auf diese Weise zu wachsen, hat Steiner logisch begründet und als jedermann zugängliches Gedankengut in die westliche Kultur eingeführt. Er hat damit für jene, die ihm dabei folgen wollen, einen wesentlichen Impuls zu einem neuen Selbstverständnis des Menschen und einer vertieften Auffassung des Christentums gegeben.

Seinem neuen Verständnis des Christentums folgte bei Steiner die Tat. Er ging daran, seine geisteswissenschaftliche Weltanschauung in die Lebenspraxis umzusetzen. Beispiele solcher Realisierungen sind die anthroposophische → Pädagogik, die geisteswissenschaftliche Medizin (→ Heilkunst), die biologisch-dynamische Landwirtschaftsmethode (→ Landwirtschaft) und die Vorschläge für eine → Dreigliederung des sozialen Organismus. Obwohl keine dieser Gründungen bzw. Anregungen als christlich deklariert ist, verwirklicht sich in allen letztlich ein neu verstandenes Christentum.

Daß Steiner eine solche Kennzeichnung seiner Schöpfung vermied, hängt unter anderem damit zusammen, daß er die Anthroposophie als Wissenschaft verstand. Die Pflege der Religiosität ist nicht ihre direkte Aufgabe. Als jedoch von theologischer Seite der Wunsch nach Erneuerung des kirchlichen Christentums an Steiner herangetragen wurde, stellte er sich mit Rat und Tat zur Verfügung. Für Interessenten führte er 1921 und 1922 drei Theologenkurse durch. Aus diesen Besprechungen und Vorträgen ging die → Christengemeinschaft hervor. Die Bewegung, eine neue Kirche, wenn man den konventionellen Ausdruck verwenden will, praktiziert den von Steiner erhaltenen Kultus und schöpft aus dem christlichen Erkenntnisgut der Anthroposophie, ist jedoch eine selbständige, von der → Anthroposophischen Gesellschaft unabhängige Institution.

Verw.: → →; → **Religion**; → **Hierarchien**; → **Nachatlant. Zeitalter.**

Lit.: 28; Mötteli — Wehr: Christusimpuls.

CHRISTUS Der Werdegang der Menschheit ist ein Niederstieg des menschlichen Wesenskerns, seines → Ichs, aus geistigen Reichen in immer dichtere Materialität bis zur Umhüllung mit dem heutigen physischen Körper. Bei dieser Entfernung von seinem geistigen Ursprung geriet der Mensch in den Einfluß von Mächten, die ihn von seiner Bestimmung, nach vielen Erdenerfahrungen den Weg in die geistige Welt zurückzufinden, abziehen wollten. Solche Mächte sind die luziferischen und die ahrimanischen Wesenheiten (→ Ahriman und Luzifer). Sie suchten und suchen sich seiner Geistigkeit zu bemächtigen. Die einen, mit dem zusammenfassenden Namen Luzifer bezeichnet, gewannen in der lemurischen Epoche der Erde Einfluß auf den Menschen. Ihnen verdankt er seine Freiheit, aber er mußte sie bezahlen mit einer Verderbnis seines Astralleibes, die in der christlichen Überlieferung «Sündenfall» genannt wird. Die andern Widersacherwesen mit der Sammelbezeichnung «Ahriman» schädigten in der Mitte der atlantischen Epoche seinen Ätherleib in der Weise, daß der Mensch zwar die Fähigkeit des intellektuellen Denkens gewann, dafür aber den Wechsel von leibgebundenem und leibfreiem Dasein nicht mehr nur als Übergang von einer Daseinsweise in eine andere, sondern als Zerfall der Körperlichkeit und schmerzvollen Tod erlebte (→ Erd- und Menschheitsentwicklung).

Die immer stärkere Ablösung von den Schöpfermächten hätte schließlich zu einer völligen Isolation des Menschen von der geistigen Welt, zum Sturz in Wahn und Finsternis führen müssen, wenn sich nicht jene höchste geistige Macht, die wir den Vatergott nennen, entschlossen hätte, seinen Sohn zur Erde zu schicken. Er sollte das Opfer bringen, sich in einem menschlichen Leib zu verkörpern, als Mensch zu leben und zu sterben und sich im Tod als Schutzgeist des Menschen fest mit der Erde zu verbinden.

Diese Wesenheit, im christlichen Kulturkreis der Christus, das heißt «der Gesalbte», genannt — Steiner verwendet darum das Wort immer mit dem bestimmten Artikel —, wurde schon in den alten Mysterien als der hohe Sonnengeist verehrt. Er spendete der Erde Helligkeit, Wärme und Lebenskraft als äußere Wirkung seines geistigen Lichtreichs, das seine sichtbare Erscheinung in der Sonne hat. Die alten Inder sprachen von diesem obersten aller Sonnenwesen als von Vishva Karman; Zarathustra nannte den sich nähernden Lichtgeist Ahura Mazdao; die babylonischen Sternweisen sahen seine Herabkunft voraus, und im jüdischen Volk lebte die Erwartung eines Messias, der das Heil bringen sollte.

Zu Beginn unserer Zeitrechnung hat sich nach landläufiger christlicher Auffassung diese Christuserwartung mit der Geburt Jesu erfüllt. In Übereinstimmung mit frühchristlichen Ansichten korrigiert Steiner jedoch diese Meinung in doppelter Hinsicht: Erstens wurde in Bethlehem nicht nur ein Jesusknabe geboren; es waren vielmehr deren zwei, die in verschiedenen Familien zur Welt kamen. Bei jenem Ereignis, worüber Luk. 2, 41—50 in der Geschichte vom Zwölfjährigen im Tempel berichtet, verschmolzen die beiden Knaben dann auf geheimnisvolle Weise zu einem, indem der Geist des salomonischen Jesusknaben in den Körper des nathanischen Jesusknaben überging (→ Jesus). Zweitens waren weder die beiden Jesusknaben noch der eine, zu dem sie wurden, der Christus. Alle drei waren irdische Menschen mit einem menschlichen Körper und einem menschlichen Ich, wenngleich mit einzelnen besonders hochentwickelten Wesensgliedern ausgestattet, so daß schließlich in den Leib jenes einen Jesus, der aus der erwähnten Begegnung beider Knaben im Tempel hervorging, ein Gotteswesen einziehen konnte.

Diese zweite Geburt, die Geburt des Christus, ereignete sich in Jesu dreißigstem Lebensjahr bei der Jordantaufe. Das reife menschliche Ichwesen in Jesus verließ seinen Körper; das göttliche Christuswesen «schwebte wie eine Taube aus dem Himmel herab» und nahm von diesem menschlichen Leib Besitz. Dem von allen vier Evangelisten berichteten Vorgang fügen Markus und Lukas die Worte einer himmlischen Stimme bei: «Du bist mein geliebter Sohn, an dem ich Wohlgefallen habe.» Aus seiner Sicht zieht Steiner die von anderen Textzeugen des Lukasevangeliums überlieferte Version «Du bist mein geliebter Sohn, heute habe ich dich gezeugt» (123/7. 9. 10) vor und verleiht ihr neues Gewicht.

Nach Steiners in verschiedenen Schriften, vor allem aber in den Evangelienzyklen enthaltener Darstellung wurde Christus, wie es auch die Evangelien erzählen, von seinen Widersachern versucht, tat Zeichen und Wunder und verkündigte das Reich Gottes. Verraten von den Menschen, erlitt er am Kreuze den Tod, stieg danach, wie im Apostolischen Glaubensbekenntnis erwähnt, in die Unterwelt hinab und erstand am dritten Tag in einem Geistleib wieder auf.

So stellen sich die drei Jahre zwischen der Jordantaufe und dem Tod auf Golgatha vom Menschen her gesehen dar. Steiner fügt dieser Sichtweise eine zweite, phänomenologische hinzu: Die Kräfte Christi im Körper des Jesus von Nazareth seien so heilig gewesen, daß sie nur gut drei Jahre von einem menschlichen Körper hätten ertragen werden können, dann sei dieses Gefäß so verbraucht gewesen, daß es sich habe auflösen müssen. Menschliche Unwissenheit und Bosheit sorgten also dafür, daß eine an sich unvermeidliche Entwicklung die Umstände tiefster Erniedrigung annahm.

Steiner schöpfte sein Wissen über Christus, wie er betonte, nicht aus den Evangelien, sondern aus unmittelbarer geistiger Schau, die, wie beispielsweise die 1913 und 1914 gehaltenen Vorträge über das «Fünfte Evangelium» (148) zeigen, thematisch weit über die biblischen Berichte hinausgeht. Mit seinen aus unmittelbarer Offenbarung empfangenen Kenntnissen interpretiert er die neutestamentlichen Berichte. Sie erscheinen dabei in einem ganz neuen Lichte. Vor allem aber gewinnt in seiner Darstellung die Sendung Christi ihre unergründliche Tiefe und weltgeschichtliche Bedeutung zurück, Qualitäten, die von den frühen Christen aus der Kraft des Glaubens geahnt wurden, von denen aber der in naturwissenschaftlichem Denken erzogene Mensch der Gegenwart kaum mehr zu überzeugen ist.

Christi Erdenleben, das im Opfertod am Kreuz, dem *«Mysterium von Golgatha»*, kulminierte, nannte Steiner «Mittelpunktsgeschehen» und «Schwerpunkt» der Erdentwicklung und «Zeitenwende», weil durch diese Tat die alten, von Eingeweihten an Einzuweihenden vollzogenen Mysterien sozusagen außer Kraft gesetzt wurden. In den vorchristlichen Mysterien erlebte der zu initiierende Schüler in einem dreieinhalb Tage dauernden künstlichen Schlaf, in den er versetzt wurde, die göttliche Welt. Nach der Rückkehr aus diesem mystischen Tod war er ein anderer. Er trug fortan seine Erfahrung der geistigen Welt als eine stete Erinnerung mit sich und unterschied sich durch dieses strengstens geheimzuhaltende Wissen von allen profanen Menschen.

Christus stellte diese Mysterienvorgänge in das Licht der Öffentlichkeit, einmal als er Lazarus, dessen Krankheit «nicht zum Tode» (Joh. 11, 4), sondern ein Einweihungsschlaf war, in den Leib zurückrief — als Eingeweihter war Lazarus fortan jener Jünger, den der Herr «liebhatte» —; zum anderen durch seinen eigenen Opfertod. Auch diesem Tod folgte eine Auferstehung, eine vorübergehende Rückkehr von Christi Geist nämlich in einen «verdichteten Ätherleib», den Steiner das «Phantom» nannte. Seit diesem «Mysterium von Golgatha» ist Christus das Ich des Lebewesens Erde. Er kann nicht mehr durch die von den alten Mysterienpriestern gehandhabten Methoden gefunden werden, wohl aber durch eine freiwillige, an sich selbst vollzogene Schulung des Menschen auf dem Erkenntnisweg (→ Schulungsweg), wie er in moderner Art von der → Anthroposophie gelehrt wird.

Christi Wiederkunft, wovon in den Evangelien gesprochen wird, ist nach Steiner keine leibliche Wiederkehr, sondern ein in unseren Tagen beginnendes Wiedererscheinen im Ätherischen, in der Äthersphäre (→ Äther) der Erde. Einer kleinen Gruppe, so Steiners Prophezeiung, werde dieses neue Damaskuserlebnis schon in diesem Jahrhundert zuteil, darnach werde die Schar derer, die Christus im Ätherischen wahrnehmen könnten, immer größer werden (→ Wiedererscheinen Christi im Ätherischen).

Sind Steiners Berichte phantastische oder sogar absurde Mitteilungen, mit denen er dem kritischen Menschen der Gegenwart Unmögliches zumutet? Zunächst ist daran zu erinnern, daß er zur Hauptsache nur berichtet, was dem Christen seit bald zwei Jahrtausenden auf Glauben hin gelehrt wird: die Prophezeiung eines Messias aus dem Hause Davids, die Menschwerdung eines Gottes, sein Tod am Kreuz, sein Abstieg in die Hölle und schließlich seine Auferstehung — das letzte die eigentliche Substanz des Christentums, ohne die es seinen Sinn verlöre. Aus seiner auf einer begründeten → Erkenntnistheorie beruhenden Forschung sucht Steiner diese einst als bloße Dogmen verkündeten kirchlichen Lehren dem heutigen Verständnis näherzubringen.

Steiners erläuternden Darstellungen und seine über die biblischen Berichte hinausgehenden Mitteilungen sind keine neuen Glaubenssätze, die die alten ersetzen sollen. Wie für alle Äußerungen der Anthroposophie wird dafür nur Unvoreingenommenheit erwartet. Steiner wünscht sich ein Publikum, das seine Angaben ohne Zustimmung oder Ablehnung mit wachem, kritischem Sinn sozusagen auf Zusehen hin annimmt. Er vertraut auf die Keimkraft der in ihnen liegenden Wahrheit; indem der Mensch diese Mitteilungen in sich hineinnimmt, werden sie früher oder später ihren Realitätsgehalt selber offenbaren (→ Studium der Anthroposophie).

Bei allen Bemühungen zur Erhellung schwer verständlicher Fakten in den Berichten über Christi Erdenmission ließ es Steiner in seinen Darstellungen nie an der nötigen Ehrfurcht vor den christlichen Glaubensinhalten fehlen. Er wollte das Geheimnis von Christi Menschwerdung, Tod und Auferstehung nicht durch rationale Interpretation zerstören, sondern gab als Wissenschafter Hilfe, um es zugänglicher zu machen, und vertiefte noch durch Hinweise auf die kosmische Bedeutung des Ereignisses die Botschaft über das Wirken Christi. Steiner war zutiefst davon überzeugt, daß wir nach einer fast zweitausendjährigen Epoche gemütsmäßigen Nachempfindens der evangelischen Berichte erst am Anfang der Wirkung und des Begreifens des → Christentums stehen. Sein Gehalt sei so tief, daß es wohl bis zum Ende der Erdenzeit keinem Sterblichen möglich sein werde, Christi Tat in ihrer ganzen Größe zu erfassen.

Verw.: → →; → **Holzplastik;** → **Nachatlantisches Zeitalter.**

Lit.: 8; 103; 114; 118; 123; 131; 175; Mötteli.

CHRISTUSSTATUE → **Holzplastik.**

CLAIRVOYANCE → **Hellsehen.**

DEMETER-BUND Absatz- und Garantieorganisation in Deutschland für die unter dem Namen «Demeter» angebotenen Produkte aus biologisch-dynamisch geführter → **Landwirtschaft.**

DENKEN Eine der drei → Seelenkräfte des Menschen. In Steiners → Erkenntnistheorie nimmt das Denken eine hervorragende Stelle ein. Es rechtfertigt sich selber. Indem der Mensch denkt, nimmt er am allgemeinen Weltgeschehen teil. Die Welt erscheint in ihm als Gedanke; sie spricht sich in seinem Denken aus; die Welt denkt sich im Menschen.

Verw.: → →.

Lit.: 4/3, 5.

DENKSINN → **Sinneslehre.**

DEVACHAN

Indischer Ausdruck für das in der christlichen Terminologie «Himmelreich» genannte «Geistgebiet» in der übersinnlichen Welt. Steiner unterscheidet zwischen einem «Unteren Devachan» oder «Rupa-Devachan» und einem «Oberen Devachan» oder «Arupa-Devachan». → **Geistige Welt.**

DICHTUNG

→ **Kunst, Künste.**

DOPPELGÄNGER

→ **Hüter der Schwelle.**

DREIGLIEDERUNG DER LEIBLICHEN STRUKTUR DES MENSCHLICHEN ORGANISMUS

In Steiners grundlegenden Darstellungen erscheinen Denken, Fühlen und Wollen als die drei Grundkräfte der Seele (→ Seelenkräfte). Er begnügte sich nicht damit, sie im Bereich der Seele zu konstatieren und zu beschreiben, sondern fragte weiter nach dem Zusammenspiel von Unkörperlichem und Körperlichem, der Verbindung zwischen Seele und leiblicher Struktur. Besonders wichtig war in der Folge die in dem Buch «Von Seelenrätseln» (21/IV: 6) erstmals ausgesprochene und in späteren Darstellungen erweiterte Erkenntnis, daß sich Denken, Fühlen und Wollen auf eine lokalisierbare leibliche Grundlage stützen.

Das Denken (und das damit verwandte Vorstellen) hat seine körperliche Basis im Gehirn und weiter im ganzen bis zu den Sinnesorganen hin auslaufenden Nervensystem; das Fühlen stützt sich auf die vor allem der Brustregion zugehörigen Rhythmen von Herz und Lunge; der Wille verbindet sich im Stoffwechsel und in den Gliedmaßen mit der physischen Organisation! Damit ergibt sich unter dem Gesichtspunkt des Zusammenwirkens seelischer Funktionen mit physischen Regionen eine Dreigliederung des leiblichen Menschen in ein Kopf- oder Nerven-Sinnes-System, ein Brust- oder rhythmisches System und ein Stoffwechsel-Gliedmaßen-System. Von großer

Bedeutung ist diese Entdeckung als menschenkundliche Grundlage von → Pädagogik und Medizin (→ Heilkunst).

Eine Verabsolutierung dieser Dreigliederung verhindert Steiner selber, indem er betont, daß im Denken und seiner physischen Grundlage immer auch ein Fühlen und Wollen mitleben und entsprechend im Fühlen und Wollen und ihren leiblichen Entsprechungen ein Denken und Wollen beziehungsweise ein Denken und Fühlen.

Verw.: → →.

Lit.: 21, 4: 6; Mötteli.

DREIGLIEDERUNG DER SEELE nach in ihr wirkenden Kräften → **Seelenkräfte.**

DREIGLIEDERUNG DES MENSCHEN

Trichotomie. Die → Anthroposophie faßt den Menschen als dreigliederiges, aus Körper, Seele und Geist bestehendes Wesen auf. «So ist der Mensch», sagt Steiner, «Bürger *dreier Welten.* Durch seinen *Leib* gehört er der Welt an, die er auch mit seinem Leibe wahrnimmt; durch seine *Seele* baut er sich seine eigene Welt auf; durch seinen *Geist* offenbart sich ihm eine Welt, die über die beiden anderen erhaben ist» (9/2).

Steiner nimmt damit ein Menschenbild wieder auf, das in der griechischen und christlichen Antike gültig war, dann aber auf dem achten ökumenischen Konzil in Konstantinopel durch die Lehre von der Zweigliedrigkeit ersetzt wurde, die besagt, daß der Mensch in seinem Körper *eine* Seele besitze, der auch denkende und geistige Eigenschaften zukämen («unam animam rationalem et intellectualem» [zitiert nach Lindenberg: Ursprung der Gegenwart]), was verhängnisvolle Auswirkungen für die Folgezeit hatte.

Durch die Wiedergewinnung der Erkenntnis, daß der Mensch am Geistprinzip Anteil hat, erhält der anthroposophische Erkenntnisweg seine Bedeutung als Wende in der europäischen Geistesgeschichte. Diese Methode auf der Basis einer wissenschaftlich gesicherten Weltanschauung ermöglicht es dem Menschen, sich durch meditative Übungen so zu schulen, daß sich sein Geist mit dem göttlichen Geist der übersinnlichen Welten verbinden kann, was vom traditionellen Christentum als → Selbsterlösung mißverstanden und verurteilt wird.

Die anthroposophische Geisteswissenschaft bleibt nicht bei dieser Dreigliederung des Menschen stehen, sondern gelangt durch weitere Beobachtung zur Einsicht, daß sich die Trichotomie in Leib, Seele und Geist fortsetzt, so daß sich bei genauerer Betrachtung drei leibliche, drei seelische und drei geistige, also insgesamt neun → Wesensglieder unterscheiden lassen, die sich durch Zusammenfassung auf sieben reduzieren lassen.

Eine andere Sichtweise, die die Spiegelung der → Seelenkräfte Denken, Fühlen und Wollen in den Leibespartien und -funktionen ins Auge faßt, führt zur Unterscheidung eines Kopfsystems, eines Brustsystems und eines Stoffwechsel-/Gliedmaßen-Systems im leiblichen Organismus (→ Dreigliederung der leiblichen Struktur des menschlichen Organismus).

Verw.: → →; → **Seele.**

Lit: 9/2; Mötteli.

DREIGLIEDERUNG DES SOZIALEN ORGANISMUS

Nach Steiners Deutung ist der Erste Weltkrieg weder aus militärischer noch aus weltpolitischer Notwendigkeit entstanden, sondern war zu einem großen Teil die Folge unbewältigter sozialer und innenpolitischer Probleme, denen die Regierungen auswichen, indem sie die Auseinandersetzung mit einem äußeren Feind suchten. Als der Zusammenbruch unvermeidlich wurde, wandte sich Steiner 1917 über private Kanäle mit Vorschlägen zur Heilung der kranken innerstaatlichen Verhältnisse an leitende Persönlichkeiten der Donaumonarchie und des Deutschen Reiches. Die Mittelmächte sollten den vom amerikanischen Präsidenten Wilson formulierten 14 Punkten zur Lösung der Weltprobleme aus dem europäischen Kulturerbe hervorgehende eigene Vorstellungen entgegensetzen, die, nach Steiners Absicht, auch als Vorbilder für eine Neuordnung der Strukturen im europäischen Osten hätten dienen können.

Nach Kriegsende trug Steiner, unterstützt von einer Gruppe anthroposophischer und der Anthroposophie nahestehender Sachverständiger, diese Vorschläge durch Vorträge vor Unternehmern und Arbeitern, in Gewerkschaften und Wirtschaftsverbänden in die Öffentlichkeit, fand aber auch hier nicht das nötige Verständnis. Seine Auffassungen für die Kurierung von Rechtsstaat, Wirtschaft und Geistesleben bezeichnete er mit dem Begriff «Dreigliederung des sozialen Organismus».

Wie sich der menschliche Organismus, was Steiner 1917 erstmals in dem Buch «Von Seelenrätseln» (21) ausführte, nur der äußeren Erscheinung nach als einheitliches Gebilde darstellt, von der Funktion her jedoch in drei Teile gegliedert ist (→ Dreigliederung der leiblichen Struktur des menschlichen Organismus), bildet seiner Einsicht nach der heute Staat genannte soziale Zusammenhang kein homogenes Ganzes, sondern ist eine Gestaltung, in der deutlich drei ihrem Wesen nach verschiedene Kräfte durcheinanderwirken: wirtschaftliche Interessen, die Anforderungen des kulturellen Lebens (Wissenschaft, Kunst, Religion, Erziehung) und das Bedürfnis nach Regelung von Rechtsfragen. Diese Kräfte waren zu jeder Zeit da; sie wurden nie bewußt erkannt, haben nie unvermischt gewirkt, konnten sich aber teilweise doch ihre Organe schaffen. Seit dem Aufkommen des absolutistischen Denkens wurden solche Ansätze jedoch durch das Überhandnehmen des politischen Machtstrebens gestört, das, gestützt auf Gesetze, Verwaltungen und Militär, sowohl das wirtschaftliche Leben wie auch die geistigen Institutionen dem Staat weitgehend unterwarf.

So entstand der politische Einheitsstaat, und an ihn hat sich das Denken von Regierungen und Völkern so gewöhnt, daß sich die Meinung gebildet hat, er sei die einzig mögliche Form des öffentlichen menschlichen Zusammenlebens überhaupt. (Der von Steiner verwendete Begriff «Einheitsstaat» meint dieses von der Politik und der Gesetzgebung beherrschte Konglomerat wirtschaftlicher, kultureller und staatlicher Kräfte und nicht etwa den staatsrechlich gleich genannten, von einem Machtmittelpunkt geleiteten Zentralstaat, wie er zum Beispiel in Frankreich ausgeprägt realisiert ist.)

In der Französischen Revolution artikulierten sich die von Steiner gemeinten sozialen Grundkräfte in der Devise «Freiheit, Gleichheit, Brüderlichkeit», konnten jedoch nicht verwirklicht werden, weil auch das Denken der Republikaner wie gebannt auf das Suggestivbild eines einheitlichen Staates gerichtet war. Dieser aber kann seinem Wesen nach immer nur für Rechtsbeziehungen zuständig sein, wofür der Grundsatz der Gleichheit maßgebend ist. Wir haben darum seither die Gleichheit bis zum Überdruß und bis zu neuen Ungleichheiten vollstreckt, während Freiheit und Brüderlichkeit im öffentlichen Leben weitgehend leere Worte geblieben sind.

Die drei Forderungen sind weder polare Gegensätze wie etwa rechts und links, oben und unten, kalt und warm, hell und dunkel, noch laufen sie parallel. Widerspruch und Einvernehmen halten sich sozusagen die Waage. Sie sind nicht die Vektoren eines Kräfteparallelogramms — sonst müßten zwei zusammen in die gleiche Richtung wirken. Sie sind, um die Sache mit einem Denkbild zu verdeutlichen, drei von einem Punkte mit gleicher Stärke in verschiedenen Richtungen (das heißt gegenüber den anderen je in einem Winkel von 120 Grad) auseinanderstrebende Kräfte, woraus schließlich ein gleichseitiges Dreieck resultiert.

Freiheit ist erforderlich, denn sie erlaubt jedem Menschen, sich nach seinen Kräften zu entwickeln und zu entfalten. Gleichheit ist berechtigt, weil sie jedem gewährt, was auch dem anderen zusteht. Brüderlichkeit ist notwendig, weil sie jedem nach seiner Art und dem Maß seines Bedarfs zukommen läßt, was er braucht: nicht jedem das gleiche, sondern jedem das Seine.

Wie sich so jede der drei Kräfte geltend macht und ihr Recht beansprucht, ziehen sie nach verschiedenen Seiten und verlangen doch auch wieder nacheinander. Absolute Freiheit kann sich keiner wünschen, denn sie vernichtet den anderen und macht sich den Nächsten zum Feind, statt zum Bruder. Die Garantie gleicher fundamentaler Rechte für alle begrenzt die individuelle Freiheit, und anderseits schützt der Anspruch des Bruders, den er stellen darf, auch wenn es ihm schlecht geht, das Zusammenleben vor der Vereisung des vollständigen Individualismus.

Absolute Gleichheit würde die naturgemäßen und naturgegebenen Unterschiede übersehen und Eintönigkeit verbreiten; absolute Brüderlichkeit müßte den Fähigeren beeinträchtigen und den Schwächeren vielleicht auch kränken. Wie die Freiheit müssen auch diese im sozialen Zusammenleben wirkenden Kräfte durch die zwei anderen relativiert und ergänzt werden.

Als Ansprüche an die Welt sind die drei Kräfte in jedem modernen Menschen vorhanden. Wenn äußere Institutionen einen Sinn haben sollen, kann es nur der sein, daß sie ihm helfen, die in diesen Kräften liegenden Erwartungen auch zu verwirklichen. Auf den ersten Blick ist jedoch zu erkennen, daß der Einheitsstaat dafür das untaugliche Instrument ist, weil er weder den Willen noch die notwendigen Organe besitzt, den Bürger in allen seinen Möglichkeiten Mensch werden zu lassen. Dazu bedarf es einer ganz neuen Gestaltung der öffentlichen Institutionen. Mit seinem Vorschlag der «Dreigliederung des sozialen Organismus» weist Steiner den Weg dazu:

Das bisher als Gemenge von Wirtschaft, Staat und Kultur (im weitesten Sinne) durcheinander wirkende, letztlich aber der staatlichen Macht unterstehende öffentliche Leben wird in drei autonome, sich selber verwaltende Gebiete mit eigener Organisation gegliedert. Der *Wirtschaftsorganismus* sorgt für brüderlichen Anteil aller Menschen an den materiellen Gütern dieser Erde; das *Rechtssystem* (der auf seine eigentlichen Funktionen zurückgeführte bisherige Staat) garantiert Gleichheit, wo Gleichheit sein muß, bei jenen fundamentalen Rechtsnormen nämlich, die für jedermann ohne Unterschied Gültigkeit haben müssen; das *Freie Geistesleben,* die Organisation, worin Schulen, Forschungsstätten, Kirchen, Kunststätten und freiberufliche Künstler, Museen, Bibliotheken usw. ihre Arbeit ausüben, gewährt Freiheit in der Entfaltung und Ausübung aller kulturellen Fähigkeiten und Tätigkeiten. Jedes Glied des sozialen Organismus bestimmt seine Arbeit nur nach der Eigengesetzlichkeit der ihm anvertrauten Funktionen und der zugehörigen Wirkensgebiete. Die Wirtschaft verhält sich nach den Regeln von Warenproduktion, -zirkulation und -konsum, der Rechtsstaat sorgt für Rechtlichkeit und Rechtsgleichheit, und die Organisation des Geisteslebens hütet die geistige Freiheit.

Jeder Mensch hat, auch wenn er zur Hauptsache in einem Gebiet tätig ist, selbstverständlich Anteil an allen drei Organisationen, wie sich anderseits, so geht es aus Steiners Überlegungen hervor, auch bei diesen sozialen Strukturen im Kleinen das Große, im Teil das Ganze wiederholt. Jedes Glied des sozialen Organismus benötigt nicht nur seine eigene Verwaltung, es bildet darüber hinaus für seine eigenen Belange immer auch eine spezifische interne Dreigliederung aus: Eine Fabrik als Produktionsbetrieb des Wirtschaftslebens hat zum Beispiel ihre eigenen Arbeitsregeln, für die sie nicht den Rechtsstaat zu bemühen braucht, und möglicherweise auch eine eigene kulturelle Abteilung (Vorträge, Bibliothek); eine Bibliothek benötigt ebenfalls ihre besondere geschriebene oder ungeschriebene Ordnung und dazu ein eigenes Finanz- und Rechnungswesen usw.

Die Willensbildung im Rechtsapparat des sozialen Organismus sieht Steiner gemäß den durch den Ersten Weltkrieg im Westen allgemein vorherrschend gewordenen Rechtsanschauungen sich in einem Parlament vollziehen. Hier können durch das Volk gewählte Abgeordnete am besten über die zwischen Mensch und Mensch geltenden allgemeinen Rechtsnormen befinden und die weiteren in den Bereich des Rechtsorganismus fallenden politischen Fragen entscheiden.

In der Wirtschaft kann nicht von der Allgemeinheit über Brot- und Zuckerpreise, Bahntarife, Produktionsvorgänge und dergleichen abgestimmt werden. Nach Steiners Vorstellungen übernehmen hier von Fachleuten der Produktion, der Warenzirkulation und des Warenkonsums gebildete *Assoziationen* die Aufgabe, Beschlüsse zu fassen und Entscheidungen zu treffen, und hiefür sind rein wirtschaftliche Gesichtspunkte maßgebend.

Oberstes Gebot für die Verteilung der Erträge der Wirtschaft ist Brüderlichkeit. Hat sich im Kapitalismus des 18. und des 19. Jahrhunderts als Verhaltensnorm die Regel herausgebildet, daß für alle gesorgt ist, wenn jeder für sich sorgt, so gilt in diesem neuen Wirtschaftsorganismus, daß jeder für den anderen sorgen muß, wenn es allen gut gehen soll.

Die Assoziationen sind etwas ganz anderes als die historisch gewachsenen Gewerkschaften. Gewerkschaften beruhen auf der Vorstellung eines wirtschaftsimmanenten Gegensatzes zwischen Arbeitgebern und Arbeitnehmern, der im letzten, auch wenn verhältnismäßig friedliche Mittel benützt werden, eine Streitmentalität zugrunde liegt. Der Arbeitnehmer glaubt sich höhere Löhne und kürzere Arbeitszeiten erkämpfen zu müssen; der Arbeitgeber anderseits wittert «Begehrlichkeit» und mangelndes Verantwortungsgefühl der Angestellten und wehrt sich dagegen. Assoziationen jedoch sind Vereinigungen aller in der Wirtschaft Tätigen; eine Front zwischen Arbeitgebern und Arbeitnehmern existiert nicht; das Wort und die Stimme des Arbeiters haben in der Assoziation ebensolches Gewicht wie die Meinung des Unternehmers, denn es stehen nur wirtschaftliche Sachfragen zur Behandlung und keine Probleme, in die der persönliche Egoismus hineinspielt.

Einkommen, Arbeitszeit und andere Arbeitsbedingungen sind nach Steiner keine aus der Wirtschaft selber kommenden Fragen. Sie sind darum auch nicht von der Wirtschaft zu lösen, sondern von der Rechtsorganisation des sozialen Organismus.

Die Träger des Freien Geisteslebens nennt Steiner *Korporationen.* Man hat sich darunter Schulen und Schulverbände, Kirchen, Bibliotheken, Museen, Künstlervereinigungen und dergleichen vorzustellen.

Diese sorgen für Willensbildung und Verwaltungstätigkeit innerhalb der von ihnen betreuten speziellen Sparten des Geisteslebens entsprechend der diesen gemäßen Eigengesetzlichkeit, berücksichtigen dabei aber das Recht jeder in ihr tätigen oder ihr anvertrauten Person, ihre Fähigkeiten frei zu entwickeln und auszuüben.

Auf dem Gebiet der → Pädagogik hat Steiner mit den → Waldorfschulen ein praktisches Beispiel geliefert. Sie bilden im sozialen Organismus und für ihn Menschen aus, die sich frei entwickeln können, lassen aber nicht zu, daß Staat und Wirtschaft mit ihren Ansprüchen diese Erziehung zur Freiheit beeinträchtigen.

Für seine materiellen Bedürfnisse stützt sich der Rechtsstaat auf das Steuerrecht. Das Geistesleben finanziert sich für seine Leistungen durch tariflich festgesetzte oder freie Beiträge, durch Zuwendungen von Wirtschaft und Privaten, Erträge von Stiftungen, Vermächtnisse, durch gemäß einem zu revidierenden Erbrecht an die Allgemeinheit übergehende Vermögen usw.

Als Organ für gemeinsame Angelegenheiten der drei Glieder des sozialen Organismus sah Steiner zunächst noch «eine Art Senat, gewählt aus den drei Körperschaften» [24/4: 1. Memorandum 1917] vor. In seiner Hauptschrift zur Dreigliederung, den «Kernpunkten der sozialen Frage» [23], erwähnt er keine solche übergeordnete Behörde mehr, was offensichtlich bedeutet, daß er sie nicht mehr für nötig hält. Wo übergreifende Fragen auftauchen, werden sie von den davon berührten Stellen der drei Organisationen in direkten Kontakten gelöst.

Auch die internationalen Beziehungen sind dreigliederig. Das heißt, der Wirtschaftsorganismus des einen Landes verkehrt direkt mit dem Wirtschaftsorganismus des anderen, der Rechtsorganismus mit dem Rechtsorganismus, des Geisteslebens mit dem Geistesleben. In gemeinsamen Verhandlungen sich entsprechender Organisationen werden Probleme geklärt, Vereinbarungen getroffen und Grundlagen für gemeinschaftliche Unternehmungen gelegt.

So entstehen «*vielgestaltige* Zusammenhänge zwischen Völkern, Staaten und Wirtschaftskörpern» [23/4], wie sie eben die Anforderungen der Wirtschaft, des Rechts und vor allem des geistigen und kulturellen Lebens wünschenswert machen. Direkte Beziehungen zwischen den Völkern bilden sich aus, die eine künstliche, rein aus dem juristischen Denken geborene Mammutorganisation, die damals Völkerbund genannt wurde und heute UNO heißt, überflüssig machen. Diese Beziehungen wären überschaubarer und arbeiteten wirksamer, weil sie aus den wirklichen Notwendigkeiten des Zusammenlebens hervorgingen.

Aus der Menge weiterer Fragen, die sich in Zusammenhang mit der Dreigliederungsidee stellen, seien einige von Steiner besonders erwähnte Probleme herausgegriffen:

Arbeit: Als besonders schmerzliche Erscheinung der neueren Sozialgeschichte betrachtet Steiner die Tatsache, daß der Arbeiter des Industriezeitalters, durch die als wissenschaftliche Erkenntnisse ausgegebenen Ansichten von Karl Marx und anderen sozialistischen Theoretikern bestärkt, die Auffassung vertritt, er sei gezwungen, seine Arbeitskraft wie eine Ware auf dem Markt zu verkaufen. Diese Meinung, sagt Steiner, verletze den Arbeiter tief in seiner Menschenwürde und sei die Ursache für soziale Konflikte.

Steiner möchte die Arbeit aus dem Wirtschaftsprozeß herausziehen und sie in die Kompetenz des Rechtslebens stellen. Als menschliche Leistung, sagt er, könne sie gar keine Ware sein und darum auch keinen wirtschaftlichen Wert haben, sie sei eine rechtliche Größe. Wie der arbeitende Mensch für seine Arbeit entschädigt werde, sei deshalb eine Frage des Rechtssystems des sozialen Organismus, das seine Vorschriften nach dem Prinzip der Gleichheit festsetze. Das bedeutet nicht gleichen Lohn für alle, sondern gleiches menschenwürdiges Entgelt für gleiche oder vergleichbare Arbeit. Die Arbeit wird für die Wirtschaft so zu einer Produktionsbedingung, auf die die Wirtschaftsorganisation keinen Einfluß hat.

Eigentum: Die Dreigliederung des sozialen Organismus will das Privateigentum nicht abschaffen, sondern es in die Verfügungsberechtigung jener stellen, die es auf Grund ihrer Fähigkeiten am besten für einen bestimmten Zweck nutzen können. Verfügungsberechtigt kann der Eigentümer selber sein, das Verfügungsrecht kann aber auch einer von ihm bestimmten Person oder Personengruppe übertragen werden. In diesem Sinne kann dieses Recht zu Lebzeiten des Eigentümers oder auch nach seinem Tode weitergegeben werden. Es erlischt aber oder geht, zusammen mit dem Eigentumsrecht, an die Öffentlichkeit über, wenn es seine ursprüngliche oder eine ihm neu gesetzte, ebenso nützliche Aufgabe nicht mehr erfüllt, sondern Gefahr läuft, rein zu Machtzwecken oder für den persönlichen Profit mißbraucht zu werden.

Vor allem für Eigentum und Nutznießung, die durch Erbgang weitergegeben werden, hält Steiner von Gesetzes wegen eine ähnliche Regelung für nötig, wie sie heute schon für das geistige Eigentum besteht: Eine bestimmte Zeit nach dem Tode des ursprünglichen Eigentümers sollen Kapital und Nutznießung an die Allgemeinheit übergehen und, beispielsweise in Form einer Stiftung, weiterarbeiten oder aber, was auch denkbar wäre, in irgendeiner Weise dem Geistesleben zur Verfügung gestellt werden. Ganz unterschiedliche Lösungen können vorgesehen werden, wenn sie nur die allgemeine Regel erfüllen, daß privates Eigentum einer wirtschaftlichen Aufgabe dienen und irgendwann später der Allgemeinheit zufließen soll.

Geld: Entsprechend Steiners Vorstellung von der sozialen Dienstbarkeit des Eigentums kann Geld nur ein Wertmaßstab für Waren sein und eine Art «Anweisung auf Waren, die von anderen erzeugt sind und die man aus dem Gesamtgebiet des Wirtschaftslebens deshalb beziehen kann, weil man selbst erzeugte Waren an dieses Gebiet abgegeben hat» [23/3]. Geld ist vor allem kein Wertgegenstand, der sich als dauernder Schatz horten läßt. Damit das nicht geschieht, sieht Steiner vor, daß es von Zeit zu Zeit neu gedruckt oder umgeprägt wird.

Grund und Boden: Das irdische Fundament aller leiblichen Tätigkeit eines Menschen wird nicht produziert, sondern ist als Existenzgrundlage von Mensch, Tier und Pflanze einfach vorhanden, von der Natur geschenkt, wenn man will, und kann nach Steiners Soziallehre auch nicht verkauft, gekauft und besessen werden. Boden ist keine Ware und hat keinen Preis, sondern ist ein von der Natur geliehenes Produktionsmittel.

Damit ist jenen Kritikern des kapitalistischen Systems widersprochen, die aus Einsicht in die Schäden des privaten Grundbesitzes Grund und Boden verstaatlichen oder sonstwie in Gemeineigentum überführen möchten. Grund und Boden kann ebensowenig jemandes Eigentum sein wie das Wasser unserer Meere, Seen und Flüsse, die Luft, die wir atmen, und der Sonnenschein, der uns Licht, Wärme und Wachstum spendet. Grund und Boden in öffentlichem Besitz würde neue Machtverhältnisse schaffen, die die Möglichkeit gäben, Benützer zu bevorzugen oder zu benachteiligen, und wäre — wie heute schon öffentlicher Grundbesitz — Anlaß für die Erhebung von Steuern und Abgaben jeder Art.

Boden kann nur *benützt* werden, entweder für wirtschaftliche, kulturelle, private Zwecke oder für den Verkehr. Die Zuteilung für diese Benützung ist, wie sich Steiner äußert, «zunächst» (das heißt wohl zur Festlegung eines Ausgangszustandes beim Übergang zur Dreigliederung) eine demokratische Angelegenheit der Rechtsorganisation. Der Übergang von einem Benützer zum anderen aber vollzieht sich dann nach den Regeln der Organisation für das Freie Geistesleben, die aus Einsicht in die jeweiligen Verhältnisse am besten beurteilen kann, nach welchen Notwendigkeiten ein frei werdendes Grundstück oder eine Liegenschaft in neue Nutzung gegeben werden soll. (Steiner/Boos: Bodenrecht/16. 6. 20.)

Rechtsprechung: Gemäß der Grundidee der Dreigliederung kommt die Willensbildung auf dem Gebiet des öffentlichen Rechts und die Handhabung dieses Rechts dem politisch-rechtlichen Teil des sozialen Organismus zu. Privat- und Strafrecht, die mit individuellen Beziehungen und Tatbeständen zu tun haben, fallen dagegen in die Domäne des Freien Geisteslebens, weil zur Beurteilung von Rechtsfällen aus diesen Gebieten immer auch Einblick in die persönlichen Verhältnisse genommen werden muß. Darum soll die Rechtsfindung hier auch der Anonymität des Generellen entzogen werden. Sie vollzieht sich womöglich schon geographisch in einem überschaubaren Raum, wo dem Beklagten bzw. Angeklagten bekannte Persönlichkeiten — die ihn unter Umständen auch kennen — aus den verschiedensten geistigen Berufen zu Richtern bestimmt sind. In gewissen Grenzen kann der Beklagte oder Angeklagte frei unter ihnen wählen. Damit darf er darauf vertrauen, daß mit Sachkunde und vor allem mit dem nötigen Verständnis für seine individuelle Situation eine Entscheidung gefunden wird. Das Verfahren selber vollzieht sich in «lebendigem Zusammenwirken des Klägers, des Richters und des Angeklagten» (328/12. 2. 19).

Vor allem in Strafprozessen böte «Sinn und Verständnis ... für die individuelle Lage eines zu Richtenden» bei der

Urteilsfindung endlich Gelegenheit, vom vorchristlichen und unchristlichen Prinzip der Vergeltung abzurücken, mit dem der Staat heute in der Seele des Übeltäters und bei den von ihm Abhängigen oft mehr Schaden stiftet, als die Straftat verursacht hat. Beim Täter Einsicht in die Folgen zu wecken, ihn zu ehrlicher Reue und tätiger Buße anzuregen, wären erstrebenswertere Ziele der Justiz als Aburteilung nach dem Grundsatz der Rache.

Steiner wollte mit seinen Vorschlägen zur Lösung der sozialen Frage, wie er mehrmals hervorhebt, die Richtung weisen, aber kein fertiges Programm vorlegen. Manches ist Torso geblieben, vieles konnte nur versuchsweise gesagt oder angedeutet werden, zu anderem fehlen überhaupt Angaben. Wichtiger sind die Grundgedanken, das Detail ließe sich wohl so oder so verwirklichen.

Ist Steiner mit seinen Vorschlägen für unsere Zeit zu weit gegangen? Wir beginnen heute zum Beispiel die Nachteile des bisher verwirklichten Wohlfahrtsstaates mit seiner Minderung des Leistungswillens und der Selbstverantwortung zu erkennen. Wo Steiners Vorstellungen in die Richtung eines solchen Sozialstaates gehen, wollte er, dem ein ausgeprägter Sinn für das geschichtliche Werden eigen war, gewiß nicht von heute auf morgen den noch überall vorhandenen Egoismus als wirtschaftlichen Antrieb radikal austilgen.

Zum Verständnis der Dreigliederungsidee ist ein neues, wacheres Bewußtsein nötig. Daß Steiner mit seinen Vorschlägen nicht durchdrang, ist der allgemeinen Bequemlichkeit, den eingewurzelten Denkgewohnheiten, dem enormen Beharrungsvermögen etablierter Institutionen und vor allem dem Fehlen einer erhöhten Einsichtskraft zuzuschreiben. Ohne Zweifel hat Steiner die im sozialen Ganzen wirksamen Kräfte deutlich wahrgenommen und vor allem erkannt, daß sie nicht von einheitlicher Natur sind, sondern aus drei Quellen gespeist werden. Die meisten unserer ungelösten sozialen Erscheinungen und Probleme, wie Jugendunruhen, Arbeitslosigkeit, Arbeitskämpfe, Fremdarbeiterfragen, Umweltgefährdung, Bodenspekulation, Wohnungsnot und zu hohe Mietzinse, Mängel im Sanitätswesen und viele andere Schwierigkeiten, haben ihre

Ursache darin, daß der politische Staat nicht erkennt, welches sein eigenes Aufgabengebiet ist, und sich darauf zurückzieht. Ungenügend qualifizierte Leute in Politik und Verwaltung glauben noch immer, man könne vom Staat aus das Geschehen in der Wirtschaft und die Aufgaben des Geisteslebens verordnen und steuern. Die Methode ist untauglich. Wirtschaft und Geistesleben haben ihre eigenen Funktionsweisen, die sich, zum Wohle des sozialen Gesamtorganismus, nur dann richtig entfalten können, wenn auch diese beiden Organismen autonom arbeiten.

Verw.: → →.

Lit.: 23; 24; 328—334; Steiner/Boos: Bodenrecht — Kühn: Dreigliederungs-Zeit; Lindenau: Dreigliederung.

DYNAM(E)IS, Geister der Bewegung, Mächte. Rangordnung geistiger Wesenheiten aus den → **Hierarchien.**

EIGENBEWEGUNGSSINN → **Sinneslehre.**

EIGENTUM → **Dreigliederung des sozialen Organismus.**

EINWEIHUNG oder Initiation ist für Steiner nicht nur ein Vorgang, sondern auch die durch diesen erreichte Erkenntnisstufe. Sie ist mehr als bloße Hellsichtigkeit (→ Hellsehen). Wer eingeweiht ist, macht nicht nur übersinnliche Wahrnehmungen wie der Hellseher, er kann sie auch verstehen und beurteilen. Auf dem anthroposophischen Erkenntnisweg entspricht das, was man gemeinhin Hellsehen nennt, einigermaßen der Stufe der → Imagination. Der Unterschied besteht darin, daß das gewöhnliche Hellsehen ohne eigenes Zutun, als eine Art Naturgabe, auftritt, während die imaginative Schau willentlich erarbeitet wird. Auf den darüber liegenden Stufen → Inspiration und → Intuition tritt der Mensch mit den geistigen Wesenheiten direkt in Beziehung und lernt durch sie den Sinn der imaginativen Bilder erkennen. Damit erlangt er das Wissen der Einweihung.

Verw.: → →; → **Schulungsweg.**

ELEMENTARGEISTER → **Elementarwesen.**

ELEMENTARISCHER LEIB → **Ätherleib.**

ELEMENTARISCHE WELT, in anderer Betrachtungsweise von Steiner auch «Seelenwelt» genannt, heißt die unmittelbar an die Physische Welt grenzende unterste Region der höheren Welten. → **Geistige Welt.**

ELEMENTARWESEN, Elementargeister, Naturgeister. Die sichtbare Welt ist nur ein Ausschnitt des ganzen Kosmos. Seine immateriellen Sphären, denen der Mensch mit dem geistigen Teil seines Wesens angehört, sind auf allen Stufen erfüllt von unsichtbaren Wesen, die nie einen irdischen Körper annehmen. Über dem Menschen erheben sich die Engel, Erzengel, Archai usw. (→ Hierarchien) in die geistige Welt hinauf. Diese sind vollkommener als der Mensch. Es gibt jedoch auch körperlose Wesen, die auf einer niedrigeren Stufe stehen. Sie leben in der elementarischen oder mit einem anderen Ausdruck «ätherischen» (→ Äther) Welt, die für unseren Planeten dieselbe Bedeutung hat wie der Ätherleib für unseren physischen Körper. Steiner nennt sie Elementarwesen, übernimmt aber auch gelegentlich die bekannteren Ausdrücke «Elementargeister» und «Naturgeister», wiewohl diese Namen, wie er sagt, «so ungeschickt wie möglich» sind, denn die Ele-

mentargeister haben kein Ich, das heißt «gerade keinen Geist» (102/16.5.08). Er beschreibt sie folgendermaßen: «Diese Wesenheiten unterscheiden sich von dem Menschen dadurch, daß sie nicht so wie der Mensch sichtbar sind in ihrer Leiblichkeit; und auch noch ganz wesentlich dadurch, daß ihnen vernünftigerweise niemals irgendeine moralische Verantwortlichkeit zugesprochen werden könnte. Das also, was man beim Menschen moralische Verantwortlichkeit nennt, haben sie nicht. Was sie tun, tun sie wie automatisch. Dabei aber ist das, was sie tun, durchaus nicht unähnlich dem, was zum Beispiel der menschliche Verstand tut, die menschliche Intelligenz. Sie haben sogar im höchsten Grade das, was man ‹Witz› nennt, und wer mit ihnen in Berührung kommt, kann gute Proben dieses Witzes verspüren, weil sie dem Menschen allerlei Schabernack spielen können ...» (102/16.5.08).

Die Elementarwesen wirken in den Elementen der Erde: im Festen, im Flüssigen, im Luftigen und in der Wärme bzw. dem Feurigen. Steiner unterscheidet vier Gruppen: *Gnomen* (Erdwesen, Erdseelen, auch Wurzelgeister); *Undinen* (Wasserwesen, Wasserseelen). *Sylphen* (Luftwesen, Luftseelen) und *Salamander* (Wärmewesen, Wärmeseelen bzw. Feuerwesen, Feuerseelen).

Mit den als Zwerge, Kobolde, Elfen, Feen und mit anderen Namen bezeichneten «Geistern» unserer Sagen sind solche Elementarwesen gemeint. Die Erzählungen stammen aus einer Zeit, in der vielen Menschen noch ein angeborenes, instinktives → Hellsehen eigen war, mit dem sie diese Wesen in den Naturreichen wahrnehmen konnten.

Verw.: → →; → **Wesensglieder.**

Lit.: 16/3; 17/3; 102/16.5.08, 1.6.08, 4.6.08; 230/2.—4.11.23; Mötteli.

Elemente

Die Anthroposophie führt die von den Griechen gepflegte phänomenologische Naturbetrachtung weiter. Sie untersucht die Materie nicht nach ihr zugrunde liegenden Bausteinen — chemischen Elementen, Atomen und Atombestandteilen —, wie das die moderne Chemie und Physik tun, sondern hält sich an die den Sinnen wahrnehmbaren Erscheinungsformen Erde, Wasser, Luft und Feuer. Unter den Begriff Erde fallen alle festen Bestandteile, Wasser ist alles Flüssige, Luft alles Gasförmige, und als Feuer ist alles zu verstehen, was den Charakter des Feurigen und der Wärme hat.

ELOHIM ist der hebräische Name für die griechisch «Exusiai», deutsch «Geister der Form» oder «Gewalten» genannten Wesenheiten der → **Hierarchien.**

EMPFINDUNGSLEIB, Seelenleib, Astralleib (im engeren Sinne) → **Wesensglieder.**

EMPFINDUNGSSEELE → **Wesensglieder.**

ENGEL, Angeloi, Geister des Zwielichts usw. Eine Bewußtseinsstufe über dem Menschen stehende geistige Wesenheiten. → **Hierarchien.**

ERDE, vergangene und zukünftige Planetarische Verkörperungen (oder: Planetarische Zustände) → **Welt- und Menschheitsentwicklung.**

ERD- UND MENSCHHEITSENTWICKLUNG (bis zur Atlantischen Epoche). Der heutigen Erde sind drei andere Planetarische Verkörperungen vorausgegangen: der alte Saturn, die alte Sonne und der alte Mond (→ Welt- und Menschheitsentwicklung). Nach einem sogenannten → Pralaya, das der letzten dieser Verkörperungen folgte, ist in dem großen kosmischen Schöpfungsprozeß als weitere Planetarische Verkörperung die Erde entstanden. Auf ihr wiederholten sich zunächst alle früheren Zustände, bevor die Entwicklung weiterschreiten konnte. Dann folgte die Phase, welche die Erde gegenwärtig durchläuft. Sie gliedert sich in sieben «Zeitalter» oder «Epochen» (→ Sieben):

1. Polarisches Zeitalter
2. Hyperboräisches Zeitalter
3. Lemurisches Zeitalter
4. Atlantisches Zeitalter
5. Nachatlantisches Zeitalter
6. und 7. zwei zukünftige Zeitalter

Der Entwicklungsgang der Erde durch die ersten dieser Epochen bis zu unserem heutigen Nachatlantischen Zeitalter ist als eine fortschreitende Verdichtung zu verstehen. Die Erde war ein Gebilde von feinstem → Äther — ohne jede Spur von heutiger physischer Materie —, als sie das **Polarische Zeitalter** durchlief. Erde und Menschen aus dieser Zeit beschreibt Steiner so: «Sie ist eine Kugel, die sich wieder aus unzähligen kleinen Ätherkugeln — den Äthermenschen — zusammensetzt, und ist von einer (→) *astralen* Hülle umgeben, wie die gegenwärtige Erde von einer Lufthülle umgeben ist. In dieser astralen Hülle (Atmosphäre) leben die Astralmenschen und wirken von da aus auf ihre ätherischen Abbilder. Die astralen Menschenseelen schaffen in den Ätherabbildern Organe und bewirken in diesen ein menschliches Ätherleben. Es ist innerhalb der ganzen Erde nur *ein* Stoffzustand, eben der feine lebendige Äther, vorhanden» (11/9).

In der **Hyperboräischen Epoche** verdichtete sich ein Teil des Äthers zu Luft und ein Teil dieser Luft später bis zu wässeriger Substanz. Auch Tiere (ganz anderer Art, als wir sie heute kennen) und pflanzenähnliche Wesen hatten in dieser Materialität nun die Möglichkeit zu irdischer Existenz. Der Mensch selber bestand seiner physischen Leiblichkeit nach aus verschiedenen Ätherarten, aber noch nicht aus physischer Stofflichkeit.

Damit eine stärkere Verkörperung der genannten Wesen möglich wurde, zogen sich nun aus der Erde der Hyperboräischen Zeit feinere ätherische Kräfte, vor allem «Lichtätherkräfte», heraus und bildeten ihren eigenen Weltenkörper, die Sonne, um die die Erde (noch verbunden mit dem heutigen Mond) fortan kreiste.

Für alle Gruppen von Erdenwesen hatte dieser *Austritt der Sonne* und der mit ihr verbundenen geistigen Wesen eine radikale Änderung und Umgestaltung zur Folge. Die im Inneren tätig gewesenen Lichtkräfte wirkten nun von außen: Pflanzen, Tiere und Menschen wurden von äußerem Licht beschienen. Beim Menschen, der für sein sich ausbildendes Innenleben bis dahin eine Art Gehör- und Tastempfindung besessen hatte, entwickelten sich nach dem Sonnenaustritt die ersten Anlagen für die Augen.

Nach der Abspaltung der Sonne konnte sich die Erde weiter verdichten. Aus dem Flüssigen bildete sich ein fester Stoff, und ein Teil des Äthers kondensierte sich zu Wärme. Damit ergab sich die Möglichkeit für die Existenz von vier Schöpfungsreichen auf der Erde: Mineral-, Pflanzen-, Tier- und Menschenreich. Der Mensch als höchstes Geschöpf war in einer Art Feuernebel oder Feuerwolke verkörpert.

Im folgenden **Lemurischen Zeitalter** fand ein anderes kosmisches Ereignis statt: die *Abspaltung des Mondes* von der Erde.

Eine weitere Entwicklung wäre nämlich nicht möglich gewesen, wenn die Erde nicht von den gröbsten Stoffen und Kräften, die ihrer Evolution und der ihrer Bewohner im Wege standen, befreit worden wäre. In der Mitte der erwähnten Epoche lösten sich diese Substanzen und die mit ihnen verbundenen Wesenheiten als ein eigener Himmelskörper von der heutigen Erde los und wirken seither von außen auf sie ein.

Durch dieses zweite kosmische Geschehnis änderten sich die Lebensbedingungen des Menschen wieder von Grund auf. Hatte er sich vorher in schwimmender Bewegung, fischähnlich, über die Erde bewegt, so faßte er nun auf ihr Fuß und *richtete sich in die Senkrechte auf.*

Eine weitere Folge der Abspaltung des Mondes war die *Trennung der Geschlechter.* Bis zu diesem Ereignis war der Mensch ein zweigeschlechtiges Geschöpf gewesen, das sich durch Zusammenwirken der beiden Geschlechtskräfte im eigenen Wesen selber fortpflanzen konnte. Jetzt übernahmen männliche Menschen die eine und weibliche die andere Geschlechtsfunktion. Die durch diese Trennung der Aufgaben freiwerdenden Kräfte ermöglichten es, daß der Mensch zwei weitere bedeutsame Fähigkeiten ausbilden konnte: *Sprechen* und *Denken*.

Aufrichten, Sprechen und Denken sind Äußerungen des Ichs, das sich nach dem Mondenaustritt mehr und mehr mit der irdischen Leiblichkeit verbinden konnte. Träger dieses neuen persönlichen Ich-Gefühls wurde das rote, warme Blut, das sich jetzt als neues Organ ausbildete.

Bis zum Austritt des Mondes wirkte das Ich, noch wenig differenziert von anderen Ichs, als → Gruppen-Ich oder Gruppen-Seele in zusammengehörigen Menschenverbänden und von Generation zu Generation. Starb einer der menschlichen Körper ab, so war das nicht mehr als der Tod eines Gliedes aus dem Gesamtorganismus. Das Gruppen-Ich lebte in den Nachkommen immer wieder auf, so daß über Generationen hinweg eine Art Unsterblichkeit vorhanden war. Diese Gruppenseelenhaftigkeit hat im Lauf der Jahrtausende, insbesondere seit dem → Mysterium von Golgatha, immer mehr an Verbreitung und Intensität verloren, wirkte aber in diesen oder jenen Gruppenzusammenhängen und Individuen noch lange Zeit weiter und ist auch heute noch da und dort, deutlich erkennbar oder mehr im Untergrund tätig, wahrzunehmen.

Mit der durch den Mondaustritt gegebenen Möglichkeit des Einzugs eines individuellen Ichs in den Körper schwand für den nun ganz zur Erde herabgestiegenen Menschen mehr und mehr das Bewußtsein des Zusammenhangs mit der geistigen Welt. Der Mensch auf der Erde erlebte von Geburt an sein Ich im Leibe, und mit der Auflösung dieses Gefäßes erlosch auch das Ich-Bewußtsein. Erde und Himmel, an denen beiden der Mensch immer Anteil gehabt hatte, ob er sich im Pendelschlag dazwischen nun mehr hier oder dort aufhielt, traten auseinander. Der Mensch wurde auf der Erde geboren, ohne daß er ein Bewußtsein von der geistigen Welt behielt, und er kehrte ohne Erinnerung an die Erde in die geistige Welt zurück. Dieses Kommen und Gehen ohne Wissen im einen Zustand von dem anderen wurde seine neue Existenzweise. Die Reinkarnation entstand und damit auch das Erlebnis eines zwar von den früheren Erdenaufenthalten abhängigen, aber im einzelnen Erdendasein nicht ergründbaren Schicksals (→ Wiederverkörperung und Schicksal).

Diesen ganzen Vorgängen parallel lief ein Eingreifen übermenschlicher Wesenheiten in das Innenleben des Menschen, was eine dauernde Veränderung seines → Astralleibes zur Folge hatte. Man muß diese Veränderung als Schädigung betrachten, wenn man sie nur in Bezug auf den Verlust des Zusammenhangs mit der geistigen Welt betrachtet; sie erscheint als notwendige Beeinträchtigung, wenn sie im Hinblick auf die dadurch möglich werdende Selbständigkeit des Menschen gesehen wird.

In der Entwicklung zurückgebliebene Wesen («gefallene Engel»), die man als luziferische Geister oder mit dem Sammelnamen kurz als Luzifer (→ Ahriman und Luzifer) bezeichnet, bedienten sich des erwachenden menschlichen Selbstbewußtseins sowohl zu ihrem persönlichen Nutzen wie auch dazu, dem Menschen in seiner Individuation weiterzuhelfen. Sie stellten sich sozusagen in die Lücke, die durch den gelockerten Zusammenhang zwischen dem sich seines Eigenseins bewußt gewordenen Ich und der göttlichen Welt entstanden war, und verschafften dem Menschen Gelegenheit, sich als sein eigener Gott zu empfinden, der auch unabhängig von den geistigen Mächten denken und handeln kann. Damit brachten sie dem Menschen die → Freiheit. Auf sittlichem Gebiet bekam er die Möglichkeit, zwischen Gut und Böse zu unterscheiden; er konnte von nun an aber auch dem Irrtum verfallen und Böses tun. Diese Loslösung von der geistigen Welt nennt die Bibel «Sündenfall» und «Vertreibung aus dem Paradies».

Wie Steiner schildert, standen dem Menschen der Lemuria die Willenskräfte in enormem Maße zur Verfügung. In der damals noch dünneren Materialität von Erde, Wasser und Luft konnte er mit seinem Willen magische Wirkungen ausüben, die sich auf das Wachstum von Tieren und Pflanzen auswirkten und sogar die Gestaltung der noch stark vulkanischen Erde beeinflußten. Der Masse niedriger stehender Menschen gelang es damals nicht, den starken Versuchungen Luzifers zu widerstehen. Sie entfesselten durch ihre ungezügelten Begierden und Leidenschaften die noch überall tätigen Feuerkräfte der Erde. Gewaltige Vulkanausbrüche und Feuerstürme waren die Folge, in denen der Kontinent Lemuria, im Gebiet des heutigen Indischen Ozeans (im Süden von Asien, zwischen Indien, Ceylon und Afrika bis etwa nach Madagaskar) gelegen, unterging. Verkümmerte Reste der lemurischen Bevölkerung haben sich in Afrika, in Südostasien und in Australien erhalten.

In Voraussicht der kommenden Feuerkatastrophe hatten Führer von übermenschlicher Weisheit die entwicklungsfähigsten Menschen der Lemuria um sich versammelt und sie quer durch Afrika in einen Raum geführt, der von solchen Zerstörungen verschont blieb. Es war ein Landgebiet, das damals den Raum zwischen Afrika, Europa und Amerika ausfüllte: der Kontinent Atlantis. Damit begann eine neue Phase der Menschheitsgeschichte: das **Atlantische Zeitalter.**

Für die geisteswissenschaftliche Forschung werden in der Atlantischen Epoche auch die Entwicklungsabschnitte erkennbar, in die sie sich gliederte. Es sind sieben «Kulturepochen» oder «Kulturen». In dem Aufsatz «Unsere atlantischen Vorfahren» (11/3) benützte Steiner noch die in der Theosophie geläufigen Begriffe und benannte die einzelnen Abschnitte gemäß den sie prägenden Volkszusammenhängen als «Unterrassen». Guenther Wachsmuth gebraucht in seinem Buch «Werdegang der Menschheit» das Wort «Unterrasse» nicht mehr, schließt sich jedoch bei den Bezeichnungen der damit gemeinten Völkerschaften eng an Steiner an. Werden die von beiden verwendeten Ausdrücke zusammengenommen, so ergibt sich folgende Gliederung:

1. Atlantische Kulturepoche / 1. Unterrasse: Rmoahals
2. Atlantische Kulturepoche / 2. Unterrasse: Tlavatli-Völker
3. Atlantische Kulturepoche / 3. Unterrasse: Tolteken (Wachsmuth: Ur-Indianer und Ur-Tolteken)
4. Atlantische Kulturepoche / 4. Unterrasse: Ur-Turanier
5. Atlantische Kulturepoche / 5. Unterrasse: Ur-Semiten

6. Atlantische Kulturepoche / 6. Unterrasse: Akkadier (Wachsmuth: Ur-Sumerer)
7. Atlantische Kulturepoche / 7. Unterrasse: Mongolen

In der «Geheimwissenschaft» (13/4) verzichtet Steiner auf theosophische Begriffe und stellt die Entwicklung, ohne exakt zu gliedern, mehr berichtend dar. Er erwähnt in seiner Schilderung sieben «Orakel» – «Oraculum im Sinne eines Ortes, wo die Absichten geistiger Wesen vernommen werden» –, von denen die Leitung dieser Kulturen ausging: die Saturn-, Jupiter-, Mars-, Christus- oder Sonnen-, Venus-, Merkur- und Vulkanorakel. Es liegt nahe, diese Mysterienstätten direkt den erwähnten Unterrassen zuzuordnen. Indessen dürften die meisten Orakel in der ersten Hälfte des Atlantischen Zeitalters entstanden sein und dann im Wechsel den Haupteinfluß auf je eine Kulturepoche genommen haben.

Im Lemurischen Zeitalter waren Willen und Phantasie vorherrschend, aber die Menschen besaßen noch keine Erinnerung. In der Atlantischen Epoche bildete sich nun das Gedächtnis zu großer Vollkommenheit aus. Im Zusammenhang damit stand die Entstehung der artikulierten Sprache. Diese wob nicht nur ein Band von Mensch zu Mensch, sondern schuf auch Beziehungen zwischen Menschen und Dingen. Was der Atlantier mit leiblichen Sinnen wahrnahm, konnte er auch benennen. Das Wort war jedoch noch nicht Zeichen der Dinge, sondern Naturkraft, mit der der Mensch in magischer Weise Macht über seine Umwelt ausübte.

Die Atlantier hatten auch die Möglichkeit, die Lebens- und Fortpflanzungskräfte von Pflanzen, Tieren und sogar von Menschen in ihren Dienst zu stellen. Es gab auf diesem Kontinent schon eine Art Technik. Wie wir heute die Heizkraft von Kohle und Erdöl einsetzen, konnten die Menschen damals die organische Samenkraft von Pflanzen für Verkehr und Industrie nutzbar machen, beispielsweise dazu, «die in geringer Höhe über dem Boden schwebenden Fahrzeuge», Flugmaschinen also, fortzubewegen (11/3).

Ein großer Teil der atlantischen Menschheit erlag der Gefahr, die ihr über die Natur verliehene Macht zu mißbrauchen.

Steiner weist insbesondere auf die ungünstigen Wirkungen hin, die der Verrat der in den Vulkanorakeln gehüteten Geheimnisse zeitigte, weil der Blick der ihnen angeschlossenen Menschen «am meisten auf die irdischen Verhältnisse gerichtet» war (13/4).

Nicht nur die seit der Lemuria im Menschen eingenisteten luziferischen Mächte benützten seine Verwundbarkeit, um ihm Trugbilder von der Allmacht seiner Freiheit vorzugaukeln, sondern auch Geister, die schon früher als die luziferischen in der Entwicklung zurückgeblieben waren, die aber seit dem Sündenfall mit diesen zusammengewirkt hatten, erlangten nun in der Mitte der Atlantischen Epoche einen verderblichen Einfluß auf ihn, indem sie seinen → Ätherleib schädigten. Die Geisteswissenschaft bezeichnet diese Wesen nach ihrem Anführer — dem biblischen Satan — als *Ahriman.* Der Name stammt von den alten Persern, die in diesem Wesen den Widersacher des Lichtgottes Ormuzd sahen (→ Nachatlantisches Zeitalter). Ahriman verbindet den Menschen zwar mit der irdischen Welt, aber er versucht auch, ihn ganz von der geistigen abzuschneiden, indem er in ihm den Gedanken groß werden läßt, das Leben auf der Erde und ihre Stofflichkeit seien das einzig Wirkliche.

Der Mißbrauch der vitalen Kräfte führte zum Untergang von Atlantis: «Den Versuchungen von seiten niederer Geistwesen unterlagen nicht nur gewöhnliche Menschen, sondern auch ein Teil der Eingeweihten. Sie kamen dazu, die genannten übersinnlichen Kräfte in einen Dienst zu stellen, welcher der Entwicklung der Menschheit zuwiderlief. Und sie suchten sich zu diesem Dienst Genossen, welche nicht eingeweiht waren und welche ganz im niederen Sinne die Geheimnisse des übersinnlichen Naturwirkens anwandten. Die Folge war eine große Verderbnis der Menschheit. Das Übel breitete sich immer mehr aus. Und weil die Wachstums- und Fortpflanzungskräfte dann, wenn sie ihrem Mutterboden entrissen und selbständig verwendet werden, in einem geheimnisvollen Zusammenhang stehen mit gewissen Kräften, die in Luft und Wasser wirken, so wurden durch die menschlichen Taten gewaltige verderbliche Naturmächte entfesselt. Das führte zur allmählichen Zerstörung des atlantischen Gebietes durch Luft- und Wasserkatastrophen der Erde. Die atlantische Menschheit mußte auswandern, insofern sie in den Stürmen nicht zugrunde ging» (13/4).

Am wenigsten wurden die Angehörigen der unter der Führung des Sonnenorakels stehenden Fünften Atlantischen Kulturepoche in diesen allgemeinen Niedergang hineingezogen. Diese Ur-Semiten zeichneten sich dadurch aus, daß sie die Denkkraft in sich ausbildeten. Den Menschen der früheren Kulturen waren die Gedanken etwas von außen Gegebenes, an dessen Entstehung sie keinen Anteil hatten. Bei den Ur-Semiten jedoch verlegte sich das Denken nach innen; es wurde zu ihrer eigenen Tätigkeit. Das Denken sagte ihnen, wie sie sich verhalten sollten, und gab ihnen Urteilskraft. Das Ich wurde nun als ganz im eigenen Leibe wohnend erlebt, und erst jetzt erwachte auch ein persönliches Selbstbewußtsein. Die Entwicklung der Denkkraft ging auf Kosten des hochentwickelten Gedächtnisses der frühen Atlantier und der Herrschaft über die Lebenskraft. Dafür bewahrten sich diese Menschen auch vor dem Überhandnehmen selbstsüchtiger Triebe und Wünsche und vor dem Mißbrauch der Naturkräfte.

Menschen dieser Prägung gab es, wenn auch nicht mehr in großer Zahl, bis zum Ende der Atlantischen Epoche. Mit ihnen zog der höchste Eingeweihte des Sonnenorakels (der Mysterienstätte, wo man bereits die spätere Herabkunft des Christus voraussah), der große Führer *Manu,* der mit dem Noah des Alten Testamentes identisch ist, beim Untergang des atlantischen Kontinents — in der biblischen «Sintflut» — nach Osten. In Innerasien legte er mit seinen fähigsten Schülern den Grund für unser heutiges **Nachatlantisches Zeitalter** (in theosophischer Sprache: das Zeitalter der «arischen» Wurzelrasse), das sich seither in sieben Kulturepochen entfaltet. Vier davon gehören bereits der Vergangenheit an; unserer eigenen Fünften nachatlantischen Kultur werden noch zwei weitere Kulturepochen folgen.

Verw.: → →; → **Akasha, Akasha-Chronik;** → **Weltentwicklungsstufen;** → **Platonisches Jahr.**

Lit.: 11; 13/4 — Wachsmuth: Werdegang.

Erinnerungstableau, auch Bildertableau oder Lebenstableau genannt.

Unmittelbar nach dem Tode zeigt der vom → Physischen Leib freigewordene → Ätherleib der Seele und dem mit ihr verbundenen Ich das vergangene Leben in einer Art von großem Bildertableau. Nach zwei, drei Tagen löst sich der Ätherleib auf, und das Erinnerungsgemälde verschwindet. Macht der Mensch eine esoterische Schulung (→ Schulungsweg) durch, dann erlebt er, wenn er die sogenannte Stufe der → Imagination erreicht, als erstes einen ähnlichen bilderartigen Rückblick auf das eigene Leben.

Verw.: →→ ; → **Leben zwischen Tod und neuer Geburt.**

Erkenntnisarten, Erkenntnisstufen.

Je nach dem Grad der Wachheit, in der ein Mensch sich mit der eigenen Individualität und der Welt auseinandersetzt, unterscheidet Steiner in der Regel vier Erkenntnisarten oder Erkenntnisstufen:

1. das materielle oder gegenständliche Erkennen im gewöhnlichen Wachbewußtsein.
2. das imaginative Erkennen, bei dem der Mensch bewußt erzeugte innere Bilder wahrnimmt. Ihnen gegenüber muß er zunächst lernen, Wirklichkeit von Täuschung zu unterscheiden.
3. das inspirative Erkennen. Steiner spricht von einem «geistigen Hören», einem «geistigen Tönen», dem «geistigen Wort» und einem «Lesen der verborgenen Schrift»: «Die Welt beginnt der Seele gegenüber ihr Wesen wirklich selbst auszusprechen» (12/1).
4. die intuitive Erkenntnis, ein Einswerden mit den Dingen und Vorgängen der übersinnlichen Welten.

In der «Geheimwissenschaft» führt Steiner diese Erkenntnisstufen bis zur Siebenheit fort:

5. die Erkenntnis der Verhältnisse von Mikrokosmos und Makrokosmos.
6. das Einswerden mit dem Makrokosmos.
7. das Gesamterleben der vorherigen Erfahrungen als eine Grund-Seelenstimmung.

Das materielle Erkennen ist die dem heutigen Normalbewußtsein entsprechende Erkenntnisart. Die darüberliegenden Stufen müssen durch geistige Schulung (→ Schulungsweg) erst erworben werden.

Verw.: →→; → **Bewußtseinszustände.**

Lit.: 12; 13/5.

ERKENNTNISGRENZEN Von jeder dualistischen Weltanschauung wie auch von der Sinnesphysiologie des 19. Jahrhunderts behauptete, in der Struktur der Welt beziehungsweise in der Natur des Menschen liegende Schranken, die dem Menschen den Zugang zur absoluten Wirklichkeit unmöglich machen sollen. In seiner monistischen → Erkenntnistheorie hat Steiner die Existenz solcher Erkenntnisgrenzen verneint.

Verw.: →→.

Lit.: 4/7; 21/4:2; Mötteli.

ERKENNTNISTHEORIE Es gibt verschiedene Zugänge zur → Anthroposophie. Heute lassen sich viele Interessenten zuerst durch die → Pädagogik, die Medizin (→ Heilkunst), die biologisch-dynamische Landwirtschaftsweise (→ Landwirtschaft), die → Eurythmie oder andere praktische Aktivitäten ansprechen. Alle diese Leistungen beruhen auf einem gedanklichen Fundament, das Steiner am Ende des letzten Jahrhunderts, noch vor Beginn seiner eigentlich anthroposophischen Wirksamkeit, geschaffen hat. Diese erkenntnistheoretische Grundlegung findet sich in den Einleitungen zu Goethes Naturwissenschaftlichen Schriften (1), in den Büchern «Grundlinien einer Erkenntnistheorie der Goetheschen Weltanschauung» (2), in «Wahrheit und Wissenschaft» (3) und in «Die Philosophie der Freiheit» (4). Wer durch diese Pforte zur Anthroposophie gelangt, geht den gleichen Weg wie Steiner selbst, der von einer akademisch geprägten Gelehrsamkeit philosophischer und naturwissenschaftlicher Art zu einer spirituellen, nach praktischer Verwirklichung drängenden Weltauffassung kam.

Steiner weist nach, daß die Teilung der Welt in Subjekt und Objekt, wie sie Kants Erkenntniskritik zugrunde liegt, als voreilige Annahme zu gelten hat, weil diese Spaltung das Denken bereits voraussetzt.

Als Ausgangspunkt für seine Untersuchungen ist Steiner auf das verwiesen, was dem Menschen vor aller denkerischen Tätigkeit Kunde von der Welt gibt. Das sind die durch seine Sinne von außen und durch das Gefühl aus dem Körper kommenden Eindrücke. Steiner faßt sie zusammen in dem Ausdruck «Wahrnehmung». Er bezeichnet damit nicht den Vorgang des Wahrnehmens, sondern den wahrgenommenen Inhalt. (Im Buch 2 gebraucht er für «Wahrnehmung» auch das Wort «Erfahrung».)

Die Wahrnehmung erklärt sich nicht selber. Sie ist ein zusammenhangloses Konglomerat von Eindrücken jeder Art. Diese dringen ins Bewußtsein ein und werden hier vom Denken ergriffen. Das Denken ordnet die tausenderlei Dinge, Eigenschaften und Beziehungen und gibt dafür die Begriffe. Erkennen ist für Steiner die Vereinigung von Wahrnehmung und Begriff im Bewußtsein.

Es liegt nicht im Wesen der Welt, sondern an unserer Organisation, daß uns die Wirklichkeit in zwei Teile, Wahrnehmung und Begriff, zerfällt, die im Erkenntnisakt wieder zusammengefügt werden müssen. Von großer Bedeutung ist aber, daß das Denken beim Erkennen keine passive Rolle spielt. Es liefert nicht einfach die verbalen Bezeichnungen für die wahrgenommenen Dinge, sondern die begriffliche Seite der Wirklichkeit. Das heißt, es reicht in die geistigen Realitäten der Welt hinauf und holt aus dieser Sphäre jene Hälfte der Dinge, die sie uns als Wahrnehmung nicht verraten. Das Dreieck, von allen Menschen gleich wahrgenommen, sagt nichts aus über die in ihm liegende Gesetzlichkeit. Letztere, der Begriff, muß von einzelnen Menschen gefunden werden. Die im Denken erfaßte Wahrheit ist jedoch allgemeingültig; es gibt keine verschiedenen Begriffe des Dreiecks.

Die Begriffe «Subjekt» und «Objekt», «subjektiv» und «objektiv» verlieren damit ihre landläufige Bedeutung. «Objektiv» kann nur noch heißen: «im wahrgenommenen Objekt erscheinend», «als Wahrnehmung gegeben». «Subjektiv» bedeutet: «im Subjekt auftretend»; jeder Gedanke an «einseitig», «unsachlich», «willkürlich» ist hierbei auszuschließen. Unsachlich verhält sich der Mensch nur, wenn er seine Sinnesorgane oder sein Denken nicht richtig zu gebrauchen weiß oder sich als Begriffsverdreher mit Absicht unter seinem Stande als erkennendes Wesen verhält.

Aus der von Steiner vertretenen monistischen (das heißt von einer Einheit der Welt ausgehenden) Philosophie (→ Monismus) geht hervor, daß es keine in der menschlichen Natur oder im Wesen der Welt liegenden *Erkenntnisgrenzen* gibt, wie sie Kant und die Sinnesphysiologie des 19. Jahrhunderts aus ihrer Sichtweise annahmen. Wo keine Zweiheit vorhanden ist, gibt es auch keine Grenze. Zwischen innen und außen besteht eine nur durch die menschliche Organisation gegebene Trennung der Welt; diese wird im Erkenntnisakt ständig überwunden.

Die anthroposophische Erkenntnistheorie ist also grundsätzlich zuversichtlich. Trotzdem vertritt Steiner keinen leichtfertigen Erkenntnisoptimismus. Es gibt immer wieder Hindernisse des Ortes, der Zeit und der Umstände, die einen Menschen hindern können, die volle Wirklichkeit zu erkennen, und zum anderen hängt es von der Entwicklung der inneren Fähigkeiten ab, wie weit es gelingt, die zu jeder Wahrnehmung gehörenden Begriffe zu finden. Außerdem läßt sich jeder wesentliche Begriff immer weiter vertiefen.

Für die Ausbildung der individuellen Erkenntnisfähigkeiten bietet sich der anthroposophische → Schulungsweg an, durch den es möglich wird, die Kraft für die Erfahrung der Begrifflichkeit der Welt so zu steigern, daß sich die Begriffsseite der irdischen Wirklichkeit schließlich als eine Welt geistiger Wesen zu erkennen gibt.

Große Mühe hat Steiner darauf verwendet, die Sonderstellung des Denkens herauszuarbeiten. Dem Denken offenbaren sich Begriffe, durch die die Dinge und Vorgänge erst ihre volle Wirklichkeit gewinnen. Der denkende Mensch kann auch das Denken selber zum Gegenstand des Denkens machen. Er fügt dann den gegebenen Wahrnehmungen eine weitere Wahrnehmung hinzu, die sonst der Aufmerksamkeit entgeht, und er beobachtet etwas, «dessen Hervorbringer er selber ist; er sieht sich nicht einem zunächst fremden Gegenstande, sondern seiner eigenen Tätigkeit gegenüber. Er weiß, wie das zustande kommt, was er beobachtet. Er durchschaut die Verhältnisse und Beziehungen» (4/3). Hat das Denken sich selber und seine Leistungsfähigkeit in dieser Selbstbestimmung erkannt, dann hat es auch Gewißheit gewonnen über seine Eignung zum Verständnis der übrigen Wahrnehmungen. Im Denken hat Steiner sozusagen den archimedischen Punkt gefunden, von dem aus sich die Welt zwar nicht aus den Angeln heben, doch in ihrem Wesen verstehen läßt.

Wer Steiners Erkenntnistheorie akzeptieren kann, weiß, daß mit dieser wissenschaftlichen Leistung ein entwicklungsgeschichtlicher Markstein gesetzt ist. Die mit dem Erwachen des modernen Denkens in Griechenland möglich gewordene philosophische Bemühung um das Erkennen der Welt ist in Bezug auf die entscheidende Grundfrage, ob absolute Erkenntnis möglich sei, zu einem Ziel gekommen. Steiner stößt mit dem Kopf sozusagen durch die Wand, welche Wissen und Glauben, Erde und Himmel, Diesseits und Jenseits trennt. Ihm gelingt der Durchbruch zur Einsicht, daß der denkende Mensch seine Gedanken nicht selber bildet, sondern im Denken nur das Organ darbietet, durch das sich die Weltsubstanz aussprechen kann. «Nicht ich denke bloß, sondern es denkt in mir» (17/1) wird zur persönlichen Erfahrung. Durch die Lösung des Grundproblems der Erkenntnis ist das geistige Bemühen des Menschen um das Wissen von der Schöpfung auf eine höhere Stufe gehoben worden: die Philosophie genannte Wissenschaft geht in die anthroposophische Geisteswissenschaft über.

Das Eindringen in den Grund der Welt mittels eines so geschulten Denkens führt zu einer neuen Ethik. Der im Sinne von Steiners Erkenntnistheorie denkende Mensch ist frei geworden. Er kann die Impulse seines Handelns direkt aus der geistigen Welt schöpfen (→ Freiheit). Die Wissenschaft führt vom Erkennen zum Tun; Erkenntnistheorie wird zur Erkenntnispraxis. Denkerisch vollzieht Steiner diesen Schritt vom gedanklichen Verstehen zum freien Handeln im zweiten Teil der «Philosophie der Freiheit» (4/8—14).

Hinweise: →→.

Lit.: 1; 2; 3; 4; 17/1; 18/17; 21/4, 35/12.

ERKENNTNISWEG, ERKENNTNISPFAD → **Schulungsweg.**

ERZENGEL

Archangeloi, Feuergeister usw. sind bewußtseinsmäßig zwei Stufen über dem Menschen stehende Wesenheiten aus den → Hierarchien. Dieser Rangordnung angehörige geistige Wesen wirken als Volksgeister oder, was das gleiche bedeutet, als Volksseelen; das heißt, daß sie als die «Individualitäten» ganzer Völkerschaften oder Völkergruppen tätig sind. Besonders weit fortgeschrittene Erzengelwesen übernehmen, neben ihrem Wirken als Volksgeister dieser oder jener Nation, im Wechsel untereinander auch die Leitung von rund 300 Jahre dauernden Zeitabschnitten, die nicht Unterabschnitte der sogenannten Kulturepochen (→ Weltentwicklungsstufen) des → Platonischen Jahres sind, sondern ihren eigenen Rhythmus haben.

Nach Notizen Steiners sind die neueren «Regierungszeiten» der Erzengel wie folgt begrenzt:

Oriphiel	200 v. Chr. bis 150 n. Chr.
Anael	150 bis 500
Zachariel	500 bis 850
Raphael	850 bis 1190
Samael	1190 bis 1510
Gabriel	1510 bis 1879
Michael	1879 bis ca. 2300

Vor Oriphiel war eine Michaelzeit, und seit 1879 leben wir wieder unter der Zeitenlenkung des Erzengels → Michael, von dem Steiner sagt, er sei als der am weitesten fortgeschrittene der genannten sieben Erzengel schon fast in den Rang der → Archai aufgerückt. Diese eine Stufe über den Erzengeln stehenden Wesenheiten wirken als eigentliche Zeitgeister und lenken die erwähnten über 2000 Jahre dauernden Kulturepochen.

Verw.: →→.

Lit.: 245/4 + Hinweise; Mötteli.

ERZIEHUNGSKUNST → **Pädagogik.**

ESOTERISCHE SCHULUNG
→ **Schulungsweg.**

«ETHISCHER INDIVIDUALISMUS»
Steiners philosophisch begründete ethische Haltung
→ **Freiheit.**

EURYTHMIE
(Aus griech. *eu* = wohl, schön, gut und *rhythmos* = gleichmäßig gegliederte Bewegung. Das Wort wird nur mit «r» geschrieben, im Gegensatz zu «Rhythmus» und «Rhythmik».) Aus den Quellen der anthroposophischen Lebensgestaltung schuf Rudolf Steiner die Eurythmie, eine Ausdrucksweise durch die körperliche Bewegung, die als selbständige neue Kunst neben Tanz, Musik, Dichtung, Theater, Malerei und Plastik getreten ist. Um ihre Prinzipien zu erklären, berief er sich auf Goethes Metamorphosenlehre. Wie im einzelnen Teil eines Organismus das Ganze enthalten ist, im Blatt beispielsweise die Pflanze, so steckt im Kehlkopf und in den zugehörigen lautbildenden Organen auch der ganze Mensch. Somit läßt sich aus dem Teil auch das Ganze gestalten, und das tut die Eurythmie. Die durch die Sprech- und Gesangsorgane in der Luft und im → Äther er-

zeugten Bewegungen und Formen können durch Mitwirkung des Körpers auf den ganzen Menschen erweitert werden.

Laut und musikalischer Klang werden dabei allerdings nicht in ihrer alltäglichen Funktion als Kommunikationsmittel verstanden. Denn sie sind darüber hinaus ja auch akustische Kundgebung innerer Vorgänge. Vokale verkünden rein innerseelisches Erleben, zum Beispiel das Staunen, die Furcht, die Besinnung auf die eigene Wesenheit; Konsonanten und Konsonantengruppen sprechen vom Erleben äußerer Geschehnisse, vom Wehen und Sausen des Windes, dem Rollen eines Rades, dem Fließen und Wellen des Wassers. Diese Äußerungen der Sprache in Lyrik, Dramatik, Epik wie auch Betonung, Rhythmus, Reim, Strophe, Grammatik und ähnliche Elemente macht die Eurythmie durch die Bewegung des Körpers, Formen im Raum und das Zusammenwirken einer Gruppe sichtbar. Dasselbe gilt bezüglich Takt, Melos, Harmonie, Tonart usw. für das Musikalische. Je nachdem, ob Sprachliches oder Musikalisches eurythmisiert wird, spricht man von *Lauteurythmie* oder von *Toneurythmie.*

Die Eurythmie drückt nicht «etwas aus», sie stellt weder allegorisch noch symbolisch «etwas dar», sie spricht, ohne den rationalen Gedanken zu benötigen, ursprünglich und direkt zum Menschen. Eurythmie ist augenfällige Offenbarung eines objektiven ätherischen und seelischen Geschehens. Sie ist darum in keiner Weise Tanz, der eben gerade den subjektiven Ausdruck sucht oder zum mindesten der individuellen Gestaltung durch Tänzer und Choreographen weiten Spielraum läßt.

Zweifel an der Objektivität der Eurythmie kann nur hegen, wer sich darin nie versucht hat. Einige Stunden Unterricht genügen, damit der für körperliche Bewegungen einigermaßen Begabte an der Belebung der Kräfteströme im Körper spürt, wie in dieser Kunst ein vom Menschen Unabhängiges sich im Körper einen Ausdruck sucht. Diese Belebung zeigt sich auch als langzeitige Wirkung auf den ausübenden Künstler. Eurythmistinnen werden in der Regel alt, und sie bewegen sich oft noch in hohen Jahren mit der Anmut und Leichtigkeit junger Mädchen. Der Körper verbraucht sich nicht wie beim Tanz, er verjüngt sich.

Praktiziert wird die Eurythmie auf verschiedene Weise. Sie ist zunächst im erwähnten Sinn künstlerisches Tun und *reine Kunst.* Sie wird aber als *pädagogische Eurythmie* auch im Unterricht eingesetzt. Dabei bleibt sie künstlerische Eurythmie, dient aber, angepaßt an Alter und Individualität, als erzieherisches Mittel zur Entwicklung von Anlagen und zur Harmonisierung des Reifeprozesses. Eurythmie ist an allen → Waldorf-Schulen von der ersten bis zur obersten Klasse obligatorisches Unterrichtsfach (→ Pädagogik).

Dritte Art der Eurythmie ist die *Heileurythmie.* Weil die eurythmische Kunst aus der Bewegung des gesunden menschlichen Organismus hervorgeht, erzeugt sie Kräfte, die bei Erkrankungen und körperlichen Schäden Heilung oder Linderung bewirken können. Die Heileurythmie wird von besonders dafür ausgebildeten Eurythmisten nur in Zusammenarbeit mit dem Arzt angewendet. Die heileurythmischen Übungen werden der normalen Eurythmie entnommen, zu therapeutischen Zwecken aber so abgeändert, daß sie auf den kranken Organismus wirken können.

Zur **Ausbildung** in Eurythmie ist ein mehrjähriges Studium erforderlich; pädagogische und Heileurythmie werden in einer zusätzlichen Spezialschulung erlernt. Heute gibt es in Europa und in Übersee eine ganze Anzahl von Ausbildungsstätten für Eurythmie, die vom → Goetheanum anerkannt sind.

Geschichte der Eurythmie: Wie die Pädagogik, die → Landwirtschaft, die Medizin (→ Heilkunst) und anderes ist die Eurythmie aus einer Notwendigkeit entstanden, mit der Steiner konfrontiert wurde. 1911 verlor die 18jährige Lory (Eleonore) Smits (von 1917 an Maier-Smits), deren Eltern der anthroposophischen Bewegung angehörten, den Vater und sah sich vor die Aufgabe gestellt, die Familie finanziell zu unterstützen. Sie hegte die Absicht, sich in rhythmischer Gymnastik oder in Tanzkunst ausbilden zu lassen. Steiner gab der Mutter zu bedenken, daß durch eine Schulung in den herkömmlichen Sparten der Körperbewegung keine Impulse für eine spirituelle Lebensweise gewonnen werden könnten, dagegen lasse sich aus der Anthroposophie eine geisteswissenschaftliche Bewegungskunst entwickeln.

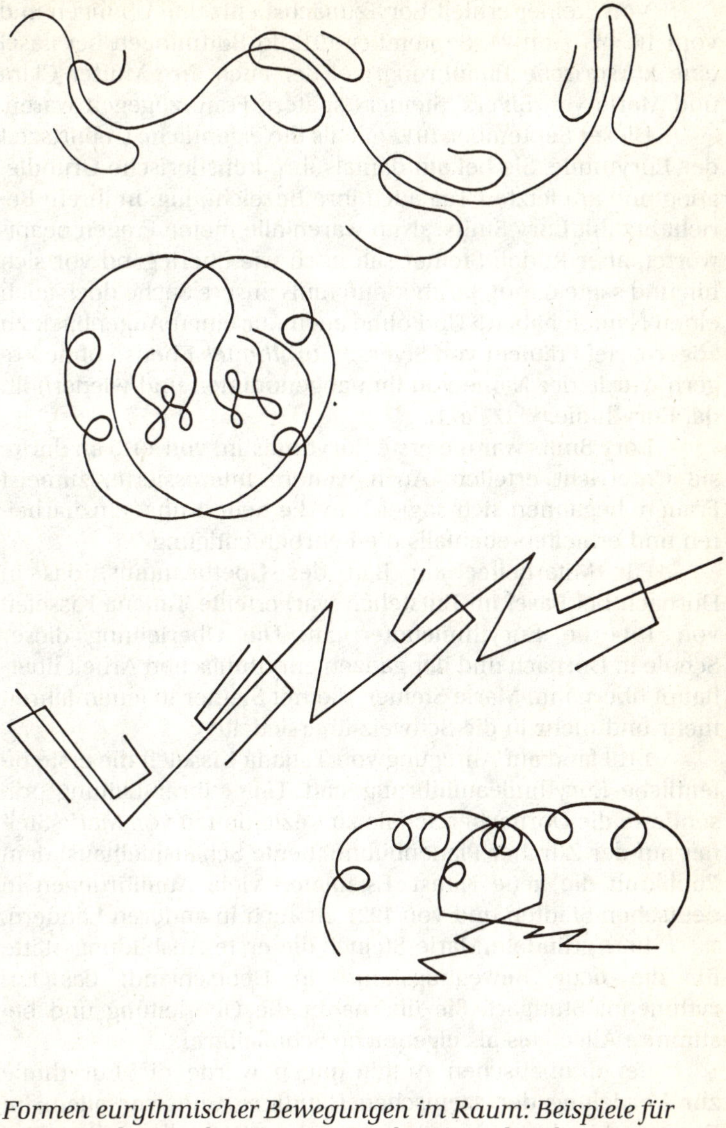

Formen eurythmischer Bewegungen im Raum: Beispiele für eckige und gerundete Formen. Nach Originalzeichnungen von Rudolf Steiner.

Von Steiner erhielt Lory zunächst einzelne Übungen und vom 16. bis zum 24. September 1912 in Bottmingen bei Basel eine kursorische Einführung, bei der auch ihre Mutter Clara und Marie von Sivers, Steiners spätere Frau, zugegen waren.

Dieser September 1912 gilt als die eigentliche Geburtszeit der Eurythmie. Sie bekam damals ihre künstlerische Grundlegung und am letzten Tag auch ihre Bezeichnung. In ihrem Bericht erzählt Lory Smits: «Nun waren alle meine Fragen beantwortet, aber Rudolf Steiner sah noch wie überlegend vor sich hin und sagte dann: ‹Ja, aber nun muß unsere Sache doch auch einen Namen haben!› Und ohne auch nur einen Augenblick zu zögern, rief Fräulein von Sivers: *‹Eurythmie!›* Ebenso ohne Zögern wurde der Name von ihm angenommen und wiederholt: ‹Ja, Eurythmie.›» [277 a/1].

Lory Smits war die erste Eurythmistin; von 1913 an durfte sie Unterricht erteilen. Auch weitere Interessierte, zumeist Frauen, begannen sich sogleich in die neue Kunst einzuarbeiten und erhielten ebenfalls die Lehrberechtigung.

Für Mitarbeiter am Bau des Goetheanums, das in Dornach bei Basel im Entstehen war, erteilte Tatjana Kisseleff von 1914 an Eurythmieunterricht. Die Oberleitung dieser Schule in Dornach und der ganzen eurythmischen Arbeit überhaupt übernahm Marie Steiner, die mit Steiner in jenen Jahren mehr und mehr in die Schweiz übersiedelte.

1919 fand auf Anregung von Tatjana Kisseleff die erste öffentliche Eurythmieaufführung statt. Unter ihrer Leitung präsentierte die Dornacher Schule zu Rezitationen von Marie Steiner auf der Zürcher Pfauenbühne (heute Schauspielhaus) dem Publikum die neue Kunst. Es folgten viele Aufführungen in deutschen Städten und von 1921 an auch in anderen Ländern.

1922 gründete Marie Steiner die erste Ausbildungsstätte für die neue Bewegungskunst in Deutschland: das Eurythmeum Stuttgart. Sie übernahm die Oberleitung und bestimmte Alice Fels als eigentliche Schulleiterin.

Bei dramatischen Aufführungen wurde die Eurythmie zur Vertiefung der szenischen Handlung und, vor allem im Faust und in den Mysteriendramen, zur Darstellung übersinnlicher Vorgänge gebraucht.

1921/22 sprach Steiner vor Ärzten über «Heileurythmie» (315). Im Februar 1924 hielt er in Dornach für die etwas später als die Lauteurythmie entstandene Toneurythmie den grundlegenden Kurs «Eurythmie als sichtbarer Gesang» (278), und im gleichen Sommer faßte er in dem Kurs «Eurythmie als sichtbare Sprache» (279) das in zwölf Jahren Lauteurythmie Geleistete zusammen und gab ihr zugleich neues Arbeitsmaterial mit auf den Weg.

Steiners reiche Angaben und Arbeitsunterlagen wollen die neue Kunst keinesfalls in eine dogmatisch fixierte Form pressen. Innerhalb der von ihm gezogenen Grenzen, welche die Eurythmie als selbständige Disziplin einerseits vom Tanz und anderseits von der Pantomime trennen, bleibt sie beweglich, entwicklungsfähig und gewährt weiten Raum für die freie künstlerische Entfaltung.

Verw.: → →; → **Kunst, Künste;** → **Sprachgestaltung;** → **Heilpädagogik.**

Lit.: 277; 277a; 278; 279 — Pals: Was ist Eurythmie?; Eva Froböse: Eurythmische Kunst; Dubach: Grundelemente der Eurythmie; Maier-Smits: Anfänge der Eurythmie (In: Wir erlebten); Kirchner: Grundelemente der Heileurythmie; Baumann: Praxis der Heileurythmie.

EVANGELIEN

Um dem Wunsch aus Mitgliederkreisen der → Theosophischen Gesellschaft nach geisteswissenschaftlicher Deutung biblischer Stoffe zu entsprechen, hielt Steiner auch Vorträge über Themen der heiligen Schrift, vor allem über die Evangelien. Er deutete nicht, wie in der Kirche üblich, von den Texten als historischen Dokumenten, als Geschichtsquellen, ausgehend, die überlieferten Tatsachen, sondern berichtete, was sich ihm bei seinen Forschungen in der Akasha-Chronik (→ Akasha, Akasha-Chronik) über die damaligen Ereignisse ergab. Mit den Forschungsergebnissen verglichen, lassen sich die Evangelien als vier verschiedene Berichte von denselben Geschehnissen erkennen, die darum nicht überall übereinstimmen, weil jeder Autor seinen Bericht aus seiner Sicht, mit seiner Fragestellung und vor allem mit der seiner Bewußtseinsentwicklung gemäßen Fassungskraft geschrieben hat. In seiner Betrachtungsweise stimmt jedes Evangelium sozusagen wörtlich mit den Tatsachen überein, und es braucht keine Evangelienharmonie und vor allem auch keine den Sinn abseits vom Wort oder hinter dem Wort suchende Deutung. Alle Widersprüche lösen sich von selber auf.

Als Geistesforscher berichtete Steiner auch über Ereignisse, die nicht in den Evangelien enthalten sind. Zu diesen Mitteilungen gehören beispielsweise die Erzählung von den beiden Jesusknaben (→ Jesus) und die später unter der Bezeichnung «Das fünfte Evangelium» mitgeteilten Forschungsergebnisse. Letztere enthalten vor allem Mitteilungen über Vorkommnisse im Leben des Jesus von Nazareth zwischen seinem 12. und 30. Lebensjahr, beispielsweise seine Beziehungen zu den Essäern.

Verw.: →→; → **Christus.**

Lit.: 103; 114; 123; 139; 148; Mötteli.

EVANGELIUM, FÜNFTES → **Evangelien.**

EX DEO NASCIMUR . . .

Von Steiner oft verwendeter alter Rosenkreuzerspruch. → **Trinität;** → **Grundstein, Grundsteinspruch;** → **Siegel.**

EXUSIAI,

Geister der Form, Gewalten, hebräisch Elohim. Rangordnung geistiger Wesenheiten aus den → **Hierarchien.**

FEGEFEUER,

Läuterungsfeuer, indisch Kamaloka → **Leben zwischen Tod und neuer Geburt.**

FEUERGEISTER,

Erzengel, Archangeloi → **Hierarchien.**

FLEISCHGENUSS Als unbedingte Voraussetzung für Fortschritte auf dem anthroposophischen Erkenntnisweg (→ Schulungsweg) nannte Steiner den Verzicht auf → Alkohol, weil dieser von vorneherein alle Anstrengungen für eine esoterische Entwicklung sinnlos mache. Weniger absolut war er hinsichtlich der Fleischkost. Es habe nicht viel Wert für die innere Entwicklung, sagte er, sich die Fleischnahrung einfach abzugewöhnen. Viel besser sei es, wenn der Anthroposoph eines Tages eine Art Ekel davor empfinde. Der innere Fortschritt zeige ihm so an, daß Fleisch für ihn nicht mehr die richtige Speise sei.

Aus einem falschen Verständnis des Schulungsweges oder aus Übereifer können Anthroposophen in Bezug auf fleischlose Ernährung auch zu weit gehen, worüber sich Steiner manchmal lustig machte. Steiners Schüler Ernst Uehli erzählte einmal im Gespräch: Steiner — der übrigens geraucht und starken Kaffee geliebt habe — sei, wenn es sich so ergeben habe, gelegentlich mit Anthroposophen in ein Restaurant essen gegangen und habe beim Bestellen gerne bis zuletzt gewartet. Wenn die Tischgenossen ihre Gemüseplatte oder Eieromelette bestellt hätten, habe er sich dann zu ihrer Verwunderung manchmal den Spaß gemacht, ein Schnitzel zu verlangen.

Anthroposophie ist keine gewöhnliche Lebensreform-, keine Anti- oder Alternativbewegung. Sie möchte nicht durch → Körperhaltungen, Atemtechniken, Umstellung der Ernährung und der Lebensweise, bloße Veränderungen der materiellen Lebensbedingungen, das heißt durch äußere und äußerliche Verhaltensweisen der Welt das Heil bringen, weil solche Maßnahmen allein, ohne Änderung des Menschen, unwirksam bleiben oder sogar schädlich werden müßten. Der Geistesschüler soll vielmehr durch energische Arbeit an sich selber die eigene Persönlichkeit den geistigen Einflüssen öffnen und sie allmählich umwandeln. Äußere Konsequenzen wie die genannten stellen sich dann von selbst, gleichsam als Begleiterscheinungen, ein.

Verw.: → →.

Lit.: 145/20. und 21.3.13; 348/13.1.23.

FORMZUSTÄNDE Nach der von Steiner vor allem in seiner theosophisch-anthroposophischen Frühzeit dargestellten Weltentstehung gliedert sich die ganze Weltentwicklung in sieben Planetarische Verkörperungen, denen sieben Planetarische Bewußtseinszustände entsprechen. Diese Verkörperungen bzw. Bewußtseinsstufen unterteilen sich wieder in je sieben Lebenszustände, und jeder Lebenszustand durchläuft sieben Formzustände. → **Welt- und Menschheitsentwicklung.**

FREIE HOCHSCHULE FÜR GEISTESWISSENSCHAFT Schon in seiner theosophischen Zeit beschäftigte sich Steiner mit dem Gedanken, für die Pflege und Weiterführung der von ihm geschaffenen → Geisteswissenschaft und der auf ihr beruhenden Kunst (→ Kunst, Künste) eine Hochschule zu gründen. Das Aufblühen der → anthroposophischen Bewegung drängte dann von selber zu einer solchen Institution.

Im 1918 in Dornach eröffneten ersten → Goetheanum erhielt 1920 diese «Freie Hochschule für Geisteswissenschaft» ihren Sitz. Das Wort «frei» will besagen, daß die anthroposophische Geisteswissenschaft, die allein auf Erkenntnissen in der übersinnlichen Welt beruht, sich weder in der Lehre noch finanziell oder in anderer Weise von weltlichen Institutionen wie Staat, Behörden, Wirtschaft oder irgendwelchen anderen äußeren Organisationen abhängig machen kann. Seit seiner Gründung arbeitet das Goetheanum daher ohne öffentliche Beiträge.

Im Eröffnungsjahr und 1921 fanden im ersten Goetheanum sogenannte Hochschulkurse statt. Bei ihnen wirkten auch Referenten mit, die Steiners Hochschulgedanken mißverstanden und Wissenschaftlichkeit alten Stils weiterpflegen wollten. Als Steiner nach dem Brand dieses Goetheanums an der → Weihnachtstagung 1923/24 die → Anthroposophische Gesellschaft neu konstituierte, übernahm er selber ihren Vorsitz. Er verband die Freie Hochschule für Geisteswissenschaft am neu zu errichtenden Goetheanum statutarisch mit der Gesellschaft und ließ sich mit der Einrichtung und Leitung der Hochschule beauftragen. Seit Steiners Tod führt sie der Vorstand der Gesellschaft im Sinne des Gründers weiter.

Mitglied der Anthroposophischen Gesellschaft kann jedermann werden, «der in dem Bestand einer solchen Institution, wie sie das Goetheanum in Dornach als Freie Hochschule für Geisteswissenschaft ist, etwas Berechtigtes sieht» (260 a/2, 20. 1. 24). In den Zweigen und Gruppen der Gesellschaft in vielen Ländern der Welt können die Mitglieder Steiners Geisteswissenschaft «in der Ideenform» (260 a/2, 20. 1. 24), das heißt gedanklich, pflegen. Die Gesellschaft soll aber auch die geisteswissenschaftliche Forschung und die esoterische Schulung fördern. Diese Forschung und diese esoterische Schulung selber aber sind nicht mehr Sache der Gesellschaft, sondern der «Seele dieser Gesellschaft», nämlich der Hochschule.

Wie eine Universität in Fakultäten ist sie in Sektionen gegliedert. Bei der Neukonstituierung von Gesellschaft und Hochschule 1923/24 waren es neun, nach Steiners Tod ist eine weitere hinzugekommen:

Allgemeine Anthroposophische Sektion
Pädagogische Sektion
Naturwissenschaftliche Sektion
Mathematisch-Astronomische Sektion
Medizinische Sektion
Sektion für Sozialwissenschaft (später begründet)
Sektion für Redende und Musizierende (früher: Musikalische) Künste
Sektion für Bildende Künste
Sektion für das Geistesstreben der Jugend

Diese Sektionen werden von Mitgliedern des Vorstandes und von anderen für ihre Aufgabe befähigten Persönlichkeiten geleitet. Sie veranstalten öffentliche oder auf bestimmte Personenkreise bezogene Vorträge, Kurse und Tagungen und bieten Gelegenheit zur Ausbildung in ihrem Zuständigkeitsbereich. Für die auf esoterischem Gebiet weiterstrebenden Mitglieder der Anthroposophischen Gesellschaft sah Steiner drei übereinandergestufte *Klassen* der Hochschule vor. Es war ihm jedoch nur noch möglich, die 1. Klasse einzurichten. So ist diese esoterische Schule wie auch anderes in Steiners Lebenswerk ein Torso geblieben.

Verw.: →→; → **Anthroposophie.**

Lit.: 36/4: 14.1.24, 4.2.24, 18.2.24, 4.3.24, 18.3.24; 260; 260 a.

FREIES GEISTESLEBEN Die Kunst, Wissenschaft, Kirchen, Schulen usw. umfassende selbständige Organisation in dem von Steiner vorgeschlagenen dreigliederigen sozialen Organismus (→ **Dreigliederung des sozialen Organismus**).

FREIHEIT ist ein zentraler Begriff in Steiners Weltanschauung (→ Erkenntnistheorie). Als moralische Idee, wie sie Steiner verstanden haben will, ist die Freiheit eng mit dem Tun verbunden. In seiner «Philosophie der Freiheit» formuliert Steiner: «Frei ist der Mensch, insofern er in jedem Augenblick seines Lebens sich selbst zu folgen in der Lage ist» (4/9).

Kants Verherrlichung der Pflicht hält Steiner seine Freiheitsethik entgegen: «Freiheit! du freundlicher, menschlicher Name, der du alles sittlich Beliebte, was mein Menschentum am meisten würdigt, in dir fassest und mich zu niemandes Diener machst, der du nicht bloß ein Gesetz aufstellst, sondern abwartest, was meine sittliche Liebe selbst als Gesetz erkennen wird, weil sie jedem nur auferzwungenen Gesetze gegenüber sich unfrei fühlt» (4/9).

Steiner bezeichnet seine Haltung als «ethischen Individualismus». Daß sie nicht zur sittlichen Anarchie führt, beruht darauf, daß jeder Mensch im Denken an der gleichen geistigen Welt teilhat. Der Pythagoreische Lehrsatz zum Beispiel muß von jedem Lernenden individuell eingesehen werden, aber er beansprucht allgemeine Gültigkeit. So werden auch moralische Ideen zwar durch das einzelne Individuum gewonnen; sie fließen aber für jeden aus derselben Quelle, sind substanzeins und können sich daher nicht widersprechen.

Auf dem Feld der Sittlichkeit führt das Denken jedoch nicht zu einem zwingenden wissenschaftlichen Gesetz, sondern zu Impulsen, die nach Situation, Ort, Zeit und Mensch verschieden sein können. Steiners Freiheitslehre begründet kein normatives Verhalten, sondern eine ethische Kunst. Wie jede andere Kunst auch bedarf diese der individuellen, aus dem Geiste stammenden Schöpferkraft. Steiner nennt sie «moralische Phantasie» (4/12).

Dieser philosophisch erarbeitete Freiheitsbegriff wurzelt stark im deutschen Idealismus. Mit dem ausgeprägten Freiheitssinn verbindet sich jedoch von Anfang an ein paulinisches «Nicht ich, sondern es in mir».

Nach der Jahrhundertwende verwirklichte sich Steiners Freiheitsverständnis in der stark von christlicher Spiritualität erfüllten → Anthroposophie. Sein schöpferischer Freiheitswille drückt sich vor allem in seinen zahlreichen Impulsen wissenschaftlicher, künstlerischer und sozialer Art aus.

In seiner Soziallehre ist die Freiheit eine der Grundkräfte, auf die der soziale Organismus und das soziale Leben auszurichten sind: Gleichheit gilt im Rechtsleben, Brüderlichkeit im Wirtschaftsleben und Freiheit im Geistesleben (→ Freiheit, Gleichheit, Brüderlichkeit; → Dreigliederung des sozialen Organismus).

Verw.: →→.

Lit.: 4.

FREIHEIT, GLEICHHEIT, BRÜDERLICHKEIT In der Französischen Revolution als Forderung an den Staat formulierte Devise. Die untereinander teilweise widersprüchlichen Begriffe fanden bis in die Gegenwart im staatlichen und sozialen Leben nicht die geeigneten Strukturen, worin sie sich hätten realisieren können.

Zur Verwirklichung der jedem modernen Menschen als lebensnotwendig empfundenen Ansprüche an die Öffentlichkeit empfahl Steiner am Ende des Ersten Weltkrieges eine Zerlegung des Staates in drei voneinander weitgehend unabhängige Glieder (→ Dreigliederung des sozialen Organismus): die Rechtsorganisation, die Wirtschaft und die Organisation für das Geistesleben. Gemäß den unterschiedlichen Aufgaben würde jeder dieser Teile eines der drei Prinzipien verwirklichen: Gleichheit die Rechtsorganisation, Brüderlichkeit die Wirtschaft, Freiheit das Geistesleben.

Verw.: →→; → **Freiheit.**

FÜHLEN, eine der drei → **Seelenkräfte.**

FÜNFTES EVANGELIUM → **Evangelien.**

GEBURT → **Leben zwischen Tod und neuer Geburt.**

GEDANKENSINN → **Sinneslehre.**

GEGENWÄRTIGE KULTUR(-EPOCHE)
= Fünfte nachatlantische Kultur(epoche)
→ **Nachatlantisches Zeitalter.**

GEHEIMSCHULUNG → **Schulungsweg.**

GEHEIMWISSENSCHAFT Das Wort gehört eher Steiners theosophischer Zeit an und tritt in den späteren Jahren zurück. Steiner gebrauchte es synonym mit *«Okkultismus»*, wobei beide Begriffe und ihre Adjektive, soweit sie Steiner für seine eigenen Mitteilungen gebrauchte, nie mit im verborgenen gepflegten dunklen Praktiken, wie man sie etwa in der Magie und im Spiritismus vermuten kann, zu tun hatten.

Im Rahmen des Gesagten ist aber «Geheimwissenschaft» eines der schillernden Wörter in Steiners Sprachgebrauch, und man kann sich fragen, weshalb er es überhaupt in seinem Wortschatz mitführte und vor allem im Titel eines Hauptwerkes verwendete: «Die Geheimwissenschaft im Umriß» (13). Genauerer Aufschluß könnte vielleicht erwartet werden, wenn einmal die Ausdrucksweise des Buches mit den in der → Theosophischen Gesellschaft gängigen Vorstellungen und Begriffen verglichen würde. Und die Nuancierung des Begriffs bei Steiner selbst läßt sich wohl besser feststellen, wenn eine — sehr notwendige — historisch-kritische Ausgabe der «Geheimwissenschaft» es einmal gestattet, die verschiedenen zeitlichen Schichten dieses an manchen Stellen umgearbeiteten und vielfach ergänzten Buches gesondert zu betrachten.

Bis es soweit ist, können an Hand des bis jetzt vorliegenden Materials im großen und ganzen etwa folgende, zeitlich zum Teil etwas gestaffelte Bedeutungsgeschichten unterschieden werden:

1. Geheimwissenschaft ist nichts Neues, sondern die Bezeichnung für ein uraltes Wissen, das schon immer von einzelnen Menschen und in geschlossenen Zirkeln im verborgenen gepflegt wurde. Sinn der Geheimhaltung war vor allem der Schutz dieses Wissens vor mißbräuchlicher Verwendung. Im 19. Jahrhundert kam jedoch die Zeit, da solches Wissen, das traditionellerweise noch immer als «geheim» bezeichnet wurde, breiteren Kreisen zugänglich gemacht werden sollte. In diese Richtung wiesen beispielsweise der in der westlichen Welt entstehende Spiritismus wie auch die Gründung der Theosophischen Gesellschaft durch die mit starken medialen Fähigkeiten begabte Helena Petrowna Blavatsky (1831—1891). Mit ihren Schriften brachte sie solches Wissen an die Öffentlichkeit.

1902 wurde Steiner Generalsekretär der damals gegründeten deutschen Sektion dieser Gesellschaft. Er stellte den Anspruch, daß er in dieser Funktion nur die Ergebnisse seines «eigenen forschenden Schauens vorbringen werde» (28/30). 1910 veröffentlichte er als Generalsekretär das umfangreichste seiner eigenen grundlegenden Werke, «Die Geheimwissenschaft im Umriß» (13). Ohne Zweifel wollte er damit H. P. Blavatskys «Geheimlehre» und ihren anderen Schriften sein eigenes «geheimes» Wissen entgegenstellen, ihre Lehren durch Wissenschaftlicheres und Gültigeres zurechtrücken und ergänzen. Da Steiner das nicht ausdrücklich sagte, sah er sich, wie die Vorworte und vor allem das erste Kapitel erkennen lassen, öfter veranlaßt, den Titel seines Buches, der paradox wirkte, zu erläutern und zu verteidigen.

2. Zu dieser Steiners fachliche Zuständigkeit herausstellenden Bedeutung kommt eine wichtigere, weil zum Wesen der Sache vorstoßende: «Alle Geheimwissenschaft muß aus zwei Gedanken hervorkeimen, die in jedem Menschen Wurzel fassen können. Für den Geheimwissenschafter, wie er hier gemeint ist, drücken diese beiden Gedanken Tatsachen aus, die man erleben kann, wenn man sich der rechten Mittel dazu bedient (13/1).

Diese beiden Gedanken sind, daß es hinter der sichtbaren Welt eine unsichtbare, eine *zunächst* für die Sinne und das an diese Sinne gefesselte Denken *verborgene* Welt gibt und daß es dem Menschen durch Entwicklung von Fähigkeiten, die in ihm schlummern, möglich ist, in diese verborgene Welt einzudringen» (13/1). (→ Schulungsweg)

3. Um den Begriff auch in eine Kontinuität mit der Goetheschen Denkweise zu stellen, bringt er ihn in Zusammenhang mit Goethes «offenbarem Geheimnis»: «Man wird dem hier gemeinten Wortgebrauche gerecht werden, wenn man an dasjenige denkt, was Goethe im Sinne hat, wenn er von den ‹offenbaren Geheimnissen› in den Welterscheinungen spricht. Was in diesen Erscheinungen ‹geheim›, unoffenbar, bleibt, wenn man sie nur durch die Sinne und den an die Sinne sich bindenden Verstand erfaßt, das wird als der Inhalt einer übersinnlichen Erkenntnisart angesehen» (13/1).

4. In einer späteren Phase Steiners verbinden und läutern sich diese drei im ersten Kapitel der «Geheimwissenschaft» nebeneinanderstehenden und sich überschneidenden Bedeutungen. Geheimwissenschaft wird synonym mit → Anthroposophie und mit → Geisteswissenschaft. Durch offensichtlich spätere Ergänzungen in dem Buch wird das ausdrücklich bestätigt: «Das Buch enthält ja die Umrisse der Anthroposophie als eines Ganzen» (13/V) und: «Geisteswissenschaft wird hier, wie aus dem Zusammenhang ersichtlich ist, gleichbedeutend mit ‹Geheimwissenschaft›, mit übersinnlicher Erkenntnis gebraucht» (13/4, Fußnote).

Verw.: →→ ; → **Theosophie;** → **Goetheanismus.**

Lit.: 13; 254.

GEHÖRSINN → **Sinneslehre.**

GEIST Der unsterbliche Teil des dreigliederig verstandenen Menschen. → **Dreigliederung des Menschen.**

GEISTER DER (ALL-)LIEBE, Seraphim → **Hierarchien.**

GEISTER DER BEWEGUNG, Dynam(e)is → **Hierarchien.**

GEISTER DER FINSTERNIS, Geister der Persönlichkeit, Archai → **Hierarchien.**

GEISTER DER FORM, Exusiai → **Hierarchien.**

GEISTER DER HARMONIEN, Cherubim → **Hierarchien.**

GEISTER DER PERSÖNLICHKEIT, Geister der Finsternis, Archai → **Hierarchien.**

GEISTER DER WEISHEIT, Kyriotetes → **Hierarchien.**

GEISTER (SÖHNE) DES FEUERS, Erzengel, Archangeloi → **Hierarchien.**

GEISTER DES WILLENS, Throne → **Hierarchien.**

GEISTER (SÖHNE) DES ZWIELICHTS, Geister der Dämmerung, Engel, Angeloi → **Hierarchien.**

GEISTERLAND, von Steiner in der «Theosophie» (9/4) verwendete Bezeichnung für das in der übersinnlichen Welt über der «Seelenwelt» liegende «Geistgebiet». → **Geistige Welt.**

GEISTESLEBEN, FREIES → **Freies Geistesleben.**

GEISTESMENSCH, Atma → **Wesensglieder.**

GEISTESSCHULUNG, GEISTIGE SCHULUNG → **Schulungsweg.**

GEISTESWISSENSCHAFT

Steiner gebraucht das Wort gleichbedeutend mit → Anthroposophie. Sein Begriff ist streng zu trennen von dem, was man seit Wilhelm Dilthey unter den akademischen Disziplinen als Geisteswissenschaft bzw. Geisteswissenschaften versteht. In dieser heute gebräuchlich gewordenen Ausdrucksweise sind Geisteswissenschaften, im Gegensatz zu den Naturwissenschaften, jene Fächer, «welche die geschichtlich-gesellschaftliche Wirklichkeit zu ihrem Gegenstand haben» (Dilthey).

Die Steinersche Geisteswissenschaft wird so bezeichnet, weil sie in ihren Forschungen über die dem naturwissenschaftlichen Denken und Experimentieren durch die Sinneswelt gesetzten Grenzen hinaus in das Gebiet des Über-sinnlichen, des Geistigen vordringt (→ Geistige Welt). Steiner betont überall, wenn auch die anthroposophische Geisteswissenschaft über Dinge und Vorgänge Aussagen mache, die sich den gewöhnlichen Sinnen des Menschen entziehen, so stelle sie an Genauigkeit und Zuverlässigkeit ihrer Forschungen doch die gleichen hohen Ansprüche wie die herkömmliche Naturwissenschaft. Aus diesem Grunde setzte er schon seiner «Philosophie der Freiheit» (4), der «voranthroposophischen» erkenntnistheoretischen Grundlegung seiner Geisteswissenschaft, das Motto voran: «Seelische Beobachtungs-Resultate nach naturwissenschaftlicher Methode.»

Verw.: →→; → **Erkenntnisgrenzen;** → **Geheimwissenschaft;** → **Freie Hochschule für Geisteswissenschaft.**

GEISTGEBIET

Anderer Ausdruck für die auch als «Geisterland» bezeichnete Region der übersinnlichen Welt. → **Geistige Welt.**

GEISTIGE WAHRNEHMUNGS-ORGANE → **Höhere Organe.**

GEISTIGE WELT In zahlreichen Äußerungen, bei denen es nur darum geht, die nichtphysische von der physischen, die übersinnliche (über-sinnliche) von der sinnlichen Welt zu unterscheiden, gebraucht Steiner den Ausdruck *«geistige Welt» in einer sehr umfassenden Bedeutung* für die den leiblichen Sinnen nicht zugänglichen Bereiche der Wirklichkeit. Oft aber ist ihm dieser Ausdruck zu unpräzis – denn das, was jenseits der physischen Welt liegt, ist ein vielfach gestufter Kosmos –, und er zieht dann den Plural *«geistige Welten»* oder *«höhere Welten»* (10; 13/5) vor.

In verschiedenen Darstellungen werden diese «höheren Welten» eingehender beschrieben, vor allem in dem grundlegenden Werk «Theosophie» (9/4). Steiner unterscheidet hier zwischen der an die physische Welt grenzenden *«Seelenwelt»* und dem darüberliegenden *«Geisterland»* (später gelegentlich auch als *«Geistgebiet»* bezeichnet). Hier wie auch in der «Geheimwissenschaft» (13/3) schildert er diese Gebiete so, wie sie der Mensch nach dem Tode erlebt (→ Leben zwischen Tod und neuer Geburt). Einen anderen Standpunkt nimmt er in der späteren Schrift «Die Schwelle der geistigen Welt» (17) sowie in dem etwa gleichzeitig gehaltenen Vortragszyklus «Die Geheimnisse der Schwelle» (147) ein. In den darin gegebenen Beschreibungen betrachtet er die übersinnlichen Welten so, wie sie schon im irdischen Leben von einem Menschen erfahren werden können, der sich durch geistige Schulung (→ Schulungsweg) so entwickelt hat, daß er schon im irdischen Leben Hellsichtigkeit (→ Hellsehen) erworben hat. Damit ändert sich bei Steiner auch die Terminologie. Was in der «Theosophie» «Seelenwelt» hieß, wird in diesen späteren Darstellungen als *«elementarische Welt»* bezeichnet, und was dort als «Geisterland» beschrieben wurde, wird hier *im engeren Sinne «geistige Welt»* genannt.

In diesen Beschreibungen aus späteren Jahren beschäftigt sich Steiner auch ausführlich mit diesem «Geisterland»; er gliedert es in eine *«geistige Welt» im engsten Sinne* und in eine *«übergeistige Welt».*

In anderen Ausführungen Steiners entsprechen dieser letztgenannten Unterscheidung die Ausdrücke *«untere geistige Welt»* und *«obere geistige Welt».* In früheren Vorträgen in der → Theosophischen Gesellschaft, wo er sich noch weitgehend der dort geläufigen indischen Terminologie bediente, sagte Steiner dafür *«unteres Devachan»* oder *«Rupa-Devachan»* und *«oberes Devachan»* oder *«Arupa-Devachan».* Den Oberbegriff *«Devachan»,* der dem «Geisterland» in der «Theosophie» entspricht, setzt Steiner mit dem christlichen Begriff *«Himmel»* oder «Himmelreich» gleich. – Statt von «elementarischer Welt» spricht er in diesen Vorträgen auch von *«astraler»* oder *«astralischer Welt».*

Damit differenziert sich der Begriff «Geistige Welt» in seinem weitesten Sinne der Sache und den Bezeichnungen nach wie folgt:

- Geistige Welt (im weitesten Sinn), Geistige Welten, Höhere Welten
  - Seelenwelt, Elementarische Welt, Astralische Welt
  - Geistige Welt (im engeren Sinn), Geisterland, Geistgebiet, Devachan, Himmel
    - Geistige Welt (im engsten Sinn), Untere geistige Welt, Unteres Devachan, Rupa-Devachan
    - Übergeistige Welt, Obere geistige Welt, Oberes Devachan, Arupa-Devachan

Verw.: →→; → **Ich;** → **Gruppen-Ich, Gruppenseele.**

Lit.: 9/4; 13/3; 99/25.5., 26.5., 28.5.07; Mötteli.

GEISTORGANE, SEELENORGANE
→ **Höhere Organe.**

GEISTSELBST, Manas → **Wesensglieder.**

GELD → **Dreigliederung des sozialen Organismus.**

GEMÜTSSEELE, Gemüt oder Verstandesseele
→ **Wesensglieder.**

GERUCHSSINN → **Sinneslehre.**

GESCHLECHTERTRENNUNG
Entwicklungsgeschichtlicher Vorgang in der Lemurischen Epoche. → **Erd- und Menschheitsgeschichte.**

GESCHMACKSSINN → **Sinneslehre.**

GLASFENSTER, FARBIGE Für das erste Goetheanum ließ Steiner von Künstlern geisteswissenschaftliche Motive, die er selber entwarf, in farbige Glasplatten radieren. Diese Fenster gingen beim Brand des Goetheanums zugrunde. Mit einer ähnlichen Technik wurden für das zweite Goetheanum wieder die gleichen Motive in farbiges Glas radiert. Die Fenster geben dem Goetheanum im westlichen Aufgang zum Theatersaal und im Saal selber eine zur Besinnlichkeit führende, geheimnisvolle Beleuchtung. → Kunst, Künste; → Goetheanum.

Erstes Goetheanum: Violettes Fenster im Süden, nach einem Kupferstich von Assia Turgenieff. Für das gleiche Fenster im zweiten Goetheanum sind dieselben Motive verwendet worden.

GLEICHGEWICHTSSINN → **Sinneslehre.**

GLOBEN

Theosophischer Ausdruck für die von Steiner meist «Formzustände» genannten Phasen der Weltentwicklung. → **Welt- und Menschheitsentwicklung.**

GNOMEN,

Erdwesen → **Elementarwesen.**

GOETHEANISMUS

Von Steiner geschaffener Ausdruck für Goethes Erkenntnisart und die Weise seiner künstlerischen Produktivität. Der Goetheanismus steht im Gegensatz zu der von der Aufklärung, von Immanuel Kant und der Naturwissenschaft des 19. und 20. Jahrhunderts vertretenen Auffassung, daß sich im Erkenntnisakt das erkennende Bewußtsein (Subjekt) und das zu erkennende Ding (Objekt) bzw. eine Vorstellung davon gegenüberstehen. Mit anderen Worten heißt das, das Objekt komme von außen und bleibe Außenwelt, das Subjekt aber bilde sich im Innern als gedankliches Abbild davon den Begriff, in dem alle am Objekt erkannten Eigenschaften enthalten seien.

Bei Goethes Erkenntnis- und Schaffensart bietet die menschliche Seele jedoch nur den Schauplatz dar, auf dem sich von außen und von innen Kommendes begegnen: von außen die Sinneswahrnehmung, von innen der Gedanke des wahrgenommenen Dings. Der gedankliche Begriff gehört zur Sache wie die Sinneswahrnehmung. Beides vereinigt sich im erkennenden Menschen zur Totalität des Objekts, wobei sich bei Goethe die so erkannte Wirklichkeit bis zur inneren bildlichen Anschauung steigerte, was Steiner die Erkenntnisart der → Imagination nennt.

In dieser Betrachtungsweise wuchs die lebendige Welt — der Pflanze, des Tiers — in Goethe weiter und brachte Begriffe hervor, in denen sich das Wesen dieser Dinge selber ausspricht. Solcher Art sind die Begriffe der Urpflanze und des Urtiers. Aus der Quelle, die solche mit inneren Augen anschaubare Begriffe hervorbringt, entspringt auch die Kunst. Goethe war überzeugt davon, daß sich die Natur im Menschen nicht nur in Begriffen weiterbildet, sondern auch im Kunstwerk. «Das Schöne», konnte er darum sagen, «ist eine Manifestation geheimer Naturgesetze, die ohne dessen Erscheinung ewig wären verborgen geblieben.» (Maximen und Reflexionen)

Weil diese erkenntnistheoretische Grundhaltung und die darauf beruhende Wissenschaft und Kunst (→ Kunst, Künste) bahnbrechend sind, sagte Steiner: «Lange vor Kepler und Kopernikus sah man die Vorgänge am gestirnten Himmel. Diese fanden erst die Gesetze. Lange vor Goethe beobachtete man das organische Naturreich. Goethe fand dessen Gesetze. *Goethe ist der Kopernikus und Kepler der organischen Welt»* (1/4). Kopernikus' Lehre ist heute zum allgemeinen Wissensgut geworden; die durch Goethe ermöglichte «kopernikanische Wendung» im Denken ist noch nicht eingetreten.

Die goethesche Denk- und Schaffensweise hat Steiner in seinen Goethestudien und erkenntnistheoretischen Schriften vor der Jahrhundertwende erkannt und dargestellt. Sie wurde die Grundlage für sein Werk, das den Namen → Anthroposophie trägt. Das Zentrum der anthroposophischen Bewegung in Dornach heißt nach Steiners Willen → Goetheanum. Der Name soll an den Dichter erinnern und ausdrücken, daß dort mit der Methode seines Denkens gearbeitet wird.

Steiner hat der Imagination noch weitere Stufen der höheren Erkenntnis (→ Erkenntnisstufen) beigefügt, die heute durch besondere Schulung (→ Schulungsweg) zu erreichen sind, Goethe jedoch noch nicht voll zugänglich waren. Steiner nennt sie → Inspiration und → Intuition. (Diese von Steiner gebrauchten Begriffe sind nicht zu verwechseln mit den entsprechenden umgangssprachlichen Wörtern. Sie bezeichnen bei Steiner nicht irgendwelche unbestimmten Eingebungen, sondern präzis beschriebene höhere Erkenntnisweisen.) Auf der Grundlage dieser erweiterten Erkenntnismöglichkeiten hat Steiner beispielsweise die von Goethe wohl eher geahnte als gewußte Tatsache der Reinkarnation (→ Wiederverkörperung und Schicksal) denkerisch begründet. Aus seinen geisteswissenschaftlich erweiterten Kenntnissen entstanden später die → Eurythmie, die anthroposophische → Pädagogik und andere Leistungen Steiners.

Sein Goetheanismus ist also nicht nur Bewahrung und Pflege, sondern auch Fortentwicklung der goetheschen Geistesart. Steiner verwaltete nicht einfach ein Erbe, sondern hob Prinzipien, die in Goethe wohl noch mehr im Gefühl wirksam gewesen waren, ins helle Bewußtsein, entwickelte sie fort und stellte darauf ein großes, aus seiner eigenen Aktivität hervorgehendes Werk. Der historische Goethe hätte es vielleicht abgelehnt; seine in der geistigen Welt weiterschreitende Individualität aber kann sich, wie Steiner annimmt, damit einverstanden erklären.

Verw.: → → ; → **Erkenntnistheorie**; → **Geheimwissenschaft.**

Lit.: 1; 2; 3; 4; 6; 36/4; 185/1.11.18; 188/11. und 12.1.19; Mötteli.

GOETHEANUM

Der von Steiner geschaffene monumentale Betonbau im schweizerischen Dornach, südlich von Basel, ist Sitz der weltweiten → Anthroposophischen Gesellschaft und ihrer Hochschule für Geisteswissenschaft (→ Geisteswissenschaft; → Freie Hochschule für Geisteswissenschaft). Es ist Theater für die Aufführung von Steiners → Mysteriendramen, von anderen anspruchsvollen Bühnenwerken, insbesondere der ungekürzten Fassungen beider Teile von Goethes Faust, und von Albert Steffens Dramen. Weiter ist es auch eine moderne Mysterienstätte, in der auf Grund der anthroposophischen Geisteswissenschaft und Kunst (→ Kunst, Künste) die Öffnung des Menschen zur geistigen, das heißt göttlichen Welt angestrebt wird.

Der Bau trägt seinen Namen nicht nur als Huldigung an den überragenden Menschen Goethe, dem Steiners erste wissenschaftliche Arbeiten und Bücher gegolten haben, sondern auch deshalb, weil Steiners Weltanschauung, wie er überzeugend darlegt, auf der goetheschen Erkenntnisweise beruht (→ Goetheanismus).

Der Gedanke des Goetheanums geht hauptsächlich auf die Jahre 1910 bis 1913 zurück. Steiner führte damals an der jährlichen theosophischen bzw. anthroposophischen Sommertagung in München erstmals speziell für diese Anlässe verfaßte Mysteriendramen auf. Diese Spiele fanden in gemieteten Theatern statt, deren Räume in Bauweise und Einrichtungen nicht diesen eigenartigen neuen Bühnenwerken entsprachen.

Führende Mitglieder der → anthroposophischen Bewegung faßten darum den Plan, in München ein passendes Theater zu bauen. Nach einer Hauptfigur der Mysteriendramen, dem Maler Johannes Thomasius, sollte das Haus «Johannesbau» heißen.

Steiner äußerte schon für dieses Projekt die Vorstellung eines Baues mit zwei ineinandergreifenden Kuppeln, unter denen einerseits die Bühne und anderseits der Zuschauerraum plaziert werden sollten. Die Behörden legten dem ungewöhnlichen Vorhaben jedoch Schwierigkeiten in den Weg.

Da bot sich die Gelegenheit, diesen Doppelkuppelbau, eine architektonische Novität, in der Schweiz auszuführen. Der Zahnarzt Emil Grosheintz schenkte Steiner dafür seinen Landbesitz auf dem Hügel über dem Dorf Dornach südlich von Basel. Im Herbst 1913 legte Steiner an diesem Ort den Grundstein für den Bau, der auf seinen Wunsch den Namen «Goetheanum» erhielt. Nach seinen Intentionen mußte das von Westen nach Osten gerichtete Gebäude außen wiedergeben, was im Innenraum lebte. Gedanken, Sprache und Sprachkunst hatten die Wände gleichsam innen zu modellieren, und diese konkaven Innenformen sollten zu einer konvexen Gestaltung der Außenseite führen. Auf diese Weise machte Steiner die Wände sozusagen durchlässig. Dabei waren und sind diese organisch-plastischen Formen ebensowenig wie die Malereien und Plastiken im ersten und im zweiten Goetheanum symbolisierende oder allegorische Elemente, sondern quellen aus dem gleichen Grund hervor wie die anthroposophische Gedankenwelt. Sie sind als irdische Form gewordene seelische und geistige Wirklichkeit gemeint. Dadurch unterscheidet sich Steiners organisch-plastischer Baustil wesentlich von den dekorativen Gestaltungen des Jugendstils.

Der Raum für die Zuschauer war außen zu beiden Seiten von je sieben Säulen umstellt, deren Sockel und Kapitäle wie die darüber verlaufenden Architrave sich nach vorn, gegen den Bühnenraum, ständig umwandelten. Ein Formmotiv führte zum anderen über, das erste zum zweiten, das zweite zum dritten und so fort bis zur siebenten Säule. Auch dieses goethesche Prinzip der Metamorphose, ein weiteres Merkmal der Unterscheidung vom Jugendstil, hat Steiner neu in die Architektur eingeführt.

Vom Zuschauerraum im Westen über die Bühne sollte der Blick auf die neuneinhalb Meter hohe plastische Gruppe «Der Menschheitsrepräsentant (das heißt Christus) zwischen Luzifer und Ahriman» fallen. Diese → *Holzplastik*, an der Steiner seit 1914 mit der Bildhauerin Edith Maryon arbeitete, «eine Art Krönung des ganzen Baues», stand beim Brand des *ersten Goetheanums* noch in der sogenannten Schreinerei und entging so der Zerstörung. Im heutigen Goetheanum ist sie, noch immer unvollendet, in einem besonderen Raum im Obergeschoß des südlichen Treppenhauses aufgestellt und kann bei Führungen besichtigt werden.

Baugestaltung, Formen und Farben, die besonderen *Glasfenster*, auf der Bühne die dieser Umgebung entsprechende Dramatik, die künstlerisch geschulte Sprache und die Bewegungsformen der → Eurythmie machten den Bau zum Gesamtkunstwerk. Auch die umgebenden Gebäude wie das «Glashaus», das «Heizhaus» und das Haus «Duldeck» waren ganz darauf abgestimmt. Dieses erste Goetheanum fiel in der Silvesternacht 1922 der Brandstiftung zum Opfer.

An der → Weihnachtstagung vom 24. Dezember 1923 bis zum 1. Januar 1924 zur Neubegründung der Anthroposophischen Gesellschaft gab Steiner seine Absicht bekannt, auf demselben Platz ein neues Goetheanum zu bauen. Er äußerte den Willen, die Gestaltung des Baues selbst in die Hand zu nehmen, und bestimmte sogleich auch das Material: den damals

Oben: *Erstes, 1913 begonnenes und 1922 abgebranntes Goetheanum von Südwesten.*

Unten: *Das zweite, 1928 eröffnete Goetheanum von Südwesten.*

noch verhältnismäßig neuen Werkstoff Beton. Schon für das erste Goetheanum wäre ihm ein beständigeres Material lieber gewesen; er hatte jedoch den Wünschen der führenden Mitglieder des Bauvereins nach einem Holzbau nachgegeben.

Während der Weihnachtstagung sprach er auch über seine Grundvorstellungen für die Gestalt des neuen Gebäudes. Es sollte im Prinzip kein Rundbau mit Kuppeln mehr werden, sondern ein eher eckiges, einer runden Form angeglichenes Haus, dessen Abschluß nach oben eine durch zusammenstoßende Flächen gebildete Bedachung sein würde. Von außen nach innen habe dieser Raum so zu wirken, daß sich ein Mensch, der sich ihm anvertraue, darin geborgen fühle: «... ich möchte erreichen, daß gleichzeitig auch innerlich geistig zum Vorscheine kommt, daß man es zu tun hat mit etwas, was einen als Portal aufnimmt, oder was als Fenster Licht aufnimmt, um es in den Innenraum hineinzulassen. Ich möchte aber zugleich mit dieser Form erreichen, daß in gewisser Weise daran zur Offenbarung kommt, wie das Goetheanum sein soll eine Art Schutz für den, der Geistiges in diesem Goetheanum sucht» (260/1.1.24, 10 Uhr).

Infolge der Weiterentwicklung der Anthroposophie seit dem Bau des ersten Goetheanums mußte das neue Haus auch für weitere Aufgaben vorgesehen werden. Es sollte zunächst wieder einen großen Theater- und Vortragssaal enthalten, aber es waren auch weitere Vortragssäle nötig, ebenso Räume für die Eurythmie, Verwaltungszimmer für die Anthroposophische Gesellschaft, Arbeitssäle für die Hochschule und deren Sektionen und dergleichen.

In der inneren Anordnung bestimmte Steiner im großen ganzen das Erdgeschoß für Neben- und Arbeitsräume, die Etage darüber für wissenschaftlichen und künstlerischen Arbeiten dienende Räume und das oberste Hauptgeschoß für den großen Theater- und Vortragssaal.

Im März 1924 schuf er in dreitägiger Arbeit ein Plastilinmodell für das *zweite Goetheanum* im Maßstab 1:100. Es zeigt die wesentlichen Bauformen. Mit der Ausgestaltung im Innern konnte er sich nicht mehr eingehend beschäftigen. Im Herbst begann sein Krankenlager, von dem aus er noch die ersten Arbeiten an dem neuen Bau begleiten konnte, das er aber nicht mehr verließ. Am 30. März 1925 ist er gestorben. «Er sollte nicht mehr mit physischen Augen sehen, wie der Bau sich wölbte.» (Steffen: Begegnungen)

Im großen ganzen ist es gelungen, das neue Goetheanum in seinem Sinne auszuführen. 1928 fand die Eröffnung des noch unfertigen Baues statt; an der Innengestaltung wird auch heute noch da und dort gearbeitet. 1952 wurde im Erdgeschoß die Probebühne als kleiner Theatersaal (Grundsteinsaal) ausgebaut. 1956/57 erhielt der große Saal seine Ausgestaltung, doch fehlt darin noch immer die von Steiner vorgesehene Ausmalung der Decke.

Für das große Fenster im Westen und die je vier Fenster zu beiden Seiten des großen Saales griff man auf Steiners Motive für die Fenster des ersten Goetheanums und die von ihm dafür entwickelte Glasradierungstechnik zurück. Die Farben und die Farbabfolge Grün, Blau, Violett, Rosa (von hinten nach vorn, der Bühne zu) entsprechen der Anordnung im alten Goetheanum. Von 1927 bis 1946 radierte Assia Turgenieff, die schon an den Fenstern des ersten Baues mitgearbeitet hatte, die neuen Scheiben.

Verw.: →→; → **Grundstein, Grundsteinspruch;** → **«Goetheanum», Wochenschrift,** → **Kunst, Künste.**

Lit.: 36/4; 84/9.4.23; 260/31.12.23 vorm. und 1.1.24 vorm.; 286 — Raab/Klingborg/Fant: Sprechender Beton; Biesantz/Klingborg: Goetheanum; Hartmann: Glasfenster; Steffen: Begegnungen.

«GOETHEANUM», WOCHENSCHRIFT

Im August 1921 gründete Steiner die Wochenschrift «Das Goetheanum» und bestimmte als ersten Redaktor den Schweizer Dichter Albert Steffen, der sich während seiner Lehr- und Wanderjahre in Deutschland schon früh mit der anthroposophischen Bewegung verbunden hatte. Steffen übte dieses Amt bis zu seinem Tod im Jahre 1963 aus. Seitdem lag die Redaktion in den Händen verschiedener Nachfolger.

Steiner hat zu Lebzeiten viele Beiträge an das «Goetheanum» und die später beigelegten «Nachrichten» für die Mitglieder der → Anthroposophischen Gesellschaft beigesteuert: Aufsätze, Berichte, Mitteilungen, vom Dezember 1923 an in Fortsetzungen auch Erinnerungen aus seinem Leben, die später unter dem Titel «Mein Lebensgang» (28) als Buch erschienen sind, und ab Februar 1924 die «Anthroposophischen Leitsätze» mit den zugehörigen Briefen an die Mitglieder (26).

Oben: *Rudolf Steiners Vorentwurf (1921) für den Kopf der Wochenschrift «Das Goetheanum», noch ganz in den organischen Formen des ersten Goetheanums gehalten.*

Unten: *Titelseite der Wochenschrift 1921, Zeichnung von Rudolf Steiner. Der Kopf ist bis heute gleich geblieben, nur heißt der Untertitel jetzt «Wochenschrift für Anthroposophie». Die eckiger, gleichsam mineralischer gewordenen Formen lassen die Gestalt des zweiten Goetheanums vorausahnen.*

Nach Steiners Tod hat die Wochenschrift die Verbreitung von Steiners Lehrgut in den Mittelpunkt ihrer Aufgabe gestellt. Außerdem haben die Redaktoren und zahlreiche andere Autoren viele Aufsätze mit einschlägigen Themen im «Goetheanum» veröffentlicht.

In den an der → Weihnachtstagung 1923/24 angenommenen «Prinzipien der Anthroposophischen Gesellschaft» aus Steiners Feder wurde das «Goetheanum» zum Gesellschaftsorgan erklärt und für Mitglieder durch die oben erwähnten, nur für Mitglieder bestimmten Nachrichten «Was in der Anthroposophischen Gesellschaft vorgeht» erweitert. Seitdem erscheint das «Goetheanum» in einer allgemeinen Ausgabe ohne diese Beilage und einer erweiterten Ausgabe mit Beilage.

Verw.: →→; → **Goetheanum**; → **«Lucifer-Gnosis»**.

Lit.: Steffen: Begegnungen.

GOLDENE REGEL

GOLDENE REGEL der wahren Geheimwissenschaften nennt Steiner den Satz: «Wenn du *einen* Schritt vorwärts zu machen versuchst in der Erkenntnis geheimer Wahrheiten, so mache zugleich *drei* vorwärts in der Vervollkommnung deines Charakters zum Guten.» (10/2) → Geistesschulung.

GOLGATHA, MYSTERIUM VON

→ **Mysterium von Golgatha.**

GRIECHISCH-LATEINISCHE KULTUR(EPOCHE)

→ **Nachatlantisches Zeitalter.**

GROSSER HÜTER DER SCHWELLE

→ **Hüter der Schwelle.**

GRUNDSTEIN, GRUNDSTEIN-SPRUCH In kleinem Kreise vollzog Steiner am 20. September 1913 auf dem Dornacher Hügel die Grundsteinlegung für das erste → Goetheanum. An der Stelle, wo später das Rednerpult zu stehen kam, versenkte er zwei miteinander verbundene Pentagondodekaeder von unterschiedlicher Größe in die Erde — geometrische Körper, deren Oberflächen je zwölf gleichseitige Fünfecke bilden. In seiner «doppelten Zwölfgliedrigkeit», mit der «Mikrokosmos» und «Makrokosmos» angedeutet sind, sollte dieser Grundstein «Sinnbild der Menschenseele» sein. Das Goetheanum als Bau war damit ein für allemal begründet; der Brand des Gebäudes in der Silvesternacht 1922/23 änderte an dieser Tatsache nichts. Es blieb, wie sich Steiner ausdrückte, «seelisch bestehen», weshalb eine neue Grundsteinlegung beim Beginn der Arbeiten am zweiten Bau unnötig war.

Der Grundstein, der dann bei der → Weihnachtstagung 1923/24 gelegt wurde, galt nicht dem Goetheanum, obwohl mit der Annahme der Statuten auch die Errichtung eines neuen Gebäudes beschlossen wurde, sondern der Neubegründung der → Anthroposophischen Gesellschaft. Dieser Grundstein war auch kein materieller Gegenstand, sondern ein Spruch, und er wurde nicht in den Boden, sondern in die «Herzen» der 700 bis 800 anwesenden Mitglieder versenkt.

Dieser sprachliche «Grundstein» (auch «Grundsteinspruch» genannt) ist eine der tiefsten und dichtesten Spruchdichtungen Steiners. Indem er durch das mantrische Gedicht das delphische «Erkenne dich selbst!» von der äußeren Tempelfront gleichsam in die Seele hereinholte, legte er den Grund für eine neue, von innen kommende Mysterienkultur in der zeitgemäßen Form trinitarischen Wissens des Menschen von sich selbst. Der «nach Geist, Seele und Leib» (260/25.12.23, 10 Uhr) gegliederte Mensch (→ Dreigliederung des Menschen) wird zu der göttlichen → Trinität und den drei → Hierarchien in Beziehung gesetzt. Diese neue Mysterienkultur hat ihren Hauptsitz am Goetheanum. Wie die Flammen beim Brand des Artemistempels in Ephesus den Zerfall des alten Mysterienwesens anzeigten, beleuchteten die Flammen des brennenden ersten Goetheanums den neuen christlichen Mysterienweg, der gewissermaßen durch das zweite Goetheanum in die Zukunft führt.

Es gibt zwei Fassungen des Grundsteinspruchs. Die eine hat Steiner bei der «Grundsteinlegung der Allgemeinen Anthroposophischen Gesellschaft» am 25. Dezember 1923 vorgetragen und dann während der verschiedenen Sitzungen der «Gründungsversammlung der Allgemeinen Anthroposophischen Gesellschaft», die sich bis zum Vormittag des 1. Januar 1924 hinzogen, immer wieder stückweise gelesen, an die Wandtafel geschrieben, erläutert und mit den Anwesenden sozusagen eingeübt. In ihrer endgültigen Version wurde diese erste Fassung dann von Rudolf Steiner im Abendvortrag des 1. Januar 1924 rezitiert. Damit schloß die Weihnachtstagung.

In dieser *ersten Fassung* (siehe Anhang zu diesem Artikel) werden die Wesenheiten der Hierarchien in den Strophen 2, 4 und 6 mit ihren antiken hebräischen bzw. griechischen Namen angerufen. In den gleichen Strophen erscheint etwas später, gleichsam wie in Gold gefaßt, je eine Verszeile des von Steiner so oft verwendeten Rosenkreuzerspruches

«Ex Deo nascimur,
In Christo morimur,
Per spiritum sanctum reviviscimus.»

Im Nachrichtenblatt für die Mitglieder der Anthroposophischen Gesellschaft vom 13. Januar 1924 veröffentlichte Steiner dann eine *zweite Fassung* des Grundsteinspruchs (siehe Anhang zu diesem Artikel). Steiners Änderungen betreffen in der Mehrzahl Einzelheiten. Ins Gewicht fällt jedoch, daß die Wesen der Hierarchien in diesem neuen Wortlaut nicht einzeln mit ihren antiken Bezeichnungen, sondern deutsch in zusammenfassenden Formeln angerufen werden und daß der Rosenkreuzerspruch ebenfalls ins Deutsche übertragen ist.

In der vierten Auflage des Bandes «Die Weihnachtstagung zur Begründung der Allgemeinen Anthroposophischen Gesellschaft, 1923/24» (260, 4. Auflage: «Sonderhinweis zu den Sprüchen» im «Anhang») wird dafür eine Erklärung gegeben. Sie besagt dem Sinne nach, daß Rudolf Steiner die aufs Kultische ausgerichtete erste Fassung für den allgemeinen Gebrauch in Mitgliederkreisen zu stark war, weshalb er sie durch eine rein deutsche Fassung abschwächte.

Verw. → → ; → **Kunst, Künste;** → **Dreigliederung der leiblichen Struktur des menschlichen Organismus.**

Lit.: 260, 4. Auflage; 260 a/1: 13. 1. 24 – Zeylmans: Grundstein.

ANHANG

Grundsteinspruch (in der Fassung der Weihnachtstagung 1923/24)

Menschenseele!
Du lebest in den Gliedern,
Die dich durch die Raumeswelt
Im Geistesmeereswesen tragen:
Übe Geist-Erinnern
In Seelentiefen,
Wo in waltendem
Weltenschöpfer-Sein
Das eigne Ich
Im Gottes-Ich
Erweset;
Und du wirst wahrhaft leben
Im Menschen-Welten-Wesen.

Denn es waltet der Vater-Geist der Höhen
In den Weltentiefen Sein-erzeugend.
Seraphim, Cherubim, Throne,
Lasset aus den Höhen erklingen,
Was in den Tiefen das Echo findet;
Dieses spricht:
Ex Deo nascimur.
Das hören die Elementargeister
Im Osten, Westen, Norden, Süden:
Menschen mögen es hören.

Menschenseele!
Du lebest in dem Herzens-Lungen-Schlage,
Der dich durch den Zeitenrhythmus
Ins eigne Seelenwesensfühlen leitet:
Übe Geist-Besinnen
Im Seelengleichgewichte,
Wo die wogenden
Welten-Werde-Taten
Das eigne Ich
Dem Welten-Ich
Vereinen;
Und du wirst wahrhaft fühlen
Im Menschen-Seelen-Wirken.

Denn es waltet der Christus-Wille im Umkreis
In den Weltenrhythmen Seelen-begnadend.
Kyriotetes, Dynamis, Exusiai,
Lasset vom Osten befeuern,
Was durch den Westen sich gestaltet;
Dieses spricht:
In Christo morimur.
Das hören die Elementargeister
Im Osten, Westen, Norden, Süden:
Menschen mögen es hören.

Menschenseele!
Du lebest im ruhenden Haupte,
Das dir aus Ewigkeitsgründen
Die Weltgedanken erschließet:
Übe Geist-Erschauen
In Gedanken-Ruhe,
Wo die ew'gen Götterziele
Welten-Wesens-Licht
Dem eignen Ich
Zu freiem Wollen
Schenken:
Und du wirst wahrhaft denken
In Menschen-Geistes-Gründen.

Denn es walten des Geistes Weltgedanken
Im Weltenwesen Licht-erflehend.
Archai, Archangeloi, Angeloi,
O lasset aus den Tiefen erbitten,
Was in den Höhen erhöret wird;
Dieses spricht:
Per spiritum sanctum reviviscimus.
Das hören die Elementargeister
Im Osten, Westen, Norden, Süden:
Menschen mögen es hören.

*

In der Zeiten Wende
Trat das Welten-Geistes-Licht
In den irdischen Wesensstrom;
Nacht-Dunkel
Hatte ausgewaltet;
Taghelles Licht
Erstrahlte in Menschenseelen;
Licht,
Das erwärmet
Die armen Hirtenherzen,
Licht,
Das erleuchtet
Die weisen Königshäupter.

Göttliches Licht,
Christus-Sonne,
Erwärme
Unsere Herzen;
Erleuchte
Unsere Häupter;

Daß gut werde,
Was wir aus Herzen
Gründen,
Aus Häuptern
Zielvoll führen wollen.

Grundsteinspruch (im Nachrichtenblatt vom 13. Januar 1924 veröffentlichte Fassung)

Menschenseele!
Du lebest in den Gliedern,
Die dich durch die Raumeswelt
In das Geistesmeereswesen tragen:
Übe ***Geist-Erinnern***
In Seelentiefen,
Wo in waltendem
Weltenschöpfer-Sein
Das eigne Ich
Im Gottes-Ich
Erweset;
Und du wirst wahrhaft ***leben***
Im Menschen-Welten-Wesen.

Denn es waltet der Vater-Geist der Höhen
In den Weltentiefen Sein-erzeugend:
Ihr Kräfte-Geister
Lasset aus den Höhen erklingen,
Was in den Tiefen das Echo findet;
Dieses spricht:
Aus dem Göttlichen weset die Menschheit.
Das hören die Geister in Ost, West, Nord, Süd:
Menschen mögen es hören.

Menschenseele!
Du lebest in dem Herzens-Lungen-Schlage
Der dich durch den Zeitenrhythmus
Ins eigne Seelenwesensfühlen leitet:
Übe ***Geist-Besinnen***
Im Seelengleichgewichte,
Wo die wogenden
Welten-Werde-Taten
Das eigne Ich
Dem Welten-Ich
Vereinen;
Und du wirst wahrhaft ***fühlen***
Im Menschen-Seelen-Wirken.

Denn es waltet der Christus-Wille im Umkreis
In den Weltenrhythmen Seelen-begnadend.
Ihr Lichtes-Geister
Lasset vom Osten befeuern,
Was durch den Westen sich formet;
Dieses spricht:
In dem Christus wird Leben der Tod.
Das hören die Geister in Ost, West, Nord, Süd:
Menschen mögen es hören.

Menschenseele!
Du lebest im ruhenden Haupte,
Das dir aus Ewigkeitsgründen
Die Weltgedanken erschließet:
Übe ***Geist-Erschauen***
In Gedanken-Ruhe,
Wo die ew'gen Götterziele
Welten-Wesens-Licht
Dem eignen Ich
Zu freiem Wollen
Schenken;
Und du wirst wahrhaft **denken**
In Menschen-Geistes-Gründen.

Denn es walten des Geistes Weltgedanken
Im Weltenwesen Licht-erflehend.
Ihr Seelen-Geister
Lasset aus den Tiefen erbitten,
Was in den Höhen erhöret wird;
Dieses spricht:
In des Geistes Weltgedanken erwachet die Seele.
Das hören die Geister in Ost, West, Nord, Süd:
Menschen mögen es hören.
*
In der Zeiten Wende
Trat das Welten-Geistes-Licht
In den irdischen Wesensstrom;
Nacht-Dunkel
Hatte ausgewaltet;

Taghelles Licht
Erstrahlte in Menschenseelen;
Licht,
Das erwärmet
Die armen Hirtenherzen;
Licht,
Das erleuchtet
Die weisen Königshäupter.

Göttliches Licht,
Christus-Sonne
Erwärme
Unsere Herzen;
Erleuchte
Unsere Häupter;

Daß gut werde,
Was wir
Aus Herzen gründen,
Was wir
Aus Häuptern führen
Wollen.

GRUND UND BODEN → **Dreigliederung des sozialen Organismus.**

GRUPPEN-ICH, GRUPPENSEELE

Das → Ich ist das letzte Wesensglied (→ Wesensglieder), das sich auf dem langen Weg der physischen Menschwerdung inkarnierte (→ Mensch, doppelter Ursprung). Auf dem Alten Mond (→ Welt- und Menschheitsentwicklung) besaß der Mensch diesen höchsten Wesensteil noch nicht. Erst als er auf dem Planeten Erde ein Stück weiter in die Materialität eintauchte, wurde auch sein früher in der geistigen Sphäre zurückgebliebenes Ich in die Körperlichkeit aufgenommen. Ganz allmählich erst ist er im irdischen Menschen im Verlauf einer langen Entwicklung und über verschiedene Stufen zur Klarheit des heutigen individuellen Ichbewußtseins erwacht (→ Erd- und Menschheitsentwicklung). Von Rasse zu Rasse und von Volk zu Volk dauerte diese Geburt des Ichs über lange Zeiträume. Deutlich wahrnehmbar als Menschheitsereignis wird sie erst seit dem Erdenleben Christi (→ Christus).

Noch in den germanischen Völkern der ersten nachchristlichen Jahrhunderte lebte der Rest eines kollektiven Ichbewußtseins. Der Einzelne fühlte sich als Glied eines Stammes, und wenn er von sich sprach, meinte er nicht so sehr seine eigene Person als den Blutszusammenhang seines Stammes oder seiner Sippe. Anstelle eines individuellen, nur ihm zugehörigen Ichs wohnte in ihm ein Gruppen-Ich (eine Gruppenseele), das auch die anderen Angehörigen des Stammes oder der Sippe erfüllte. In noch früherer Zeit reichte die Gemeinsamkeit des Erlebens bei allen Völkern bis in die Erinnerung hinein. Der einzelne Mensch wußte nicht nur, was er selber getan hatte; sein Gedächtnis enthielt, ohne daß eine äußerliche Überlieferung nötig gewesen wäre, auch die Taten der Ahnen, so als ob es die eigenen gewesen wären. Solche Gruppenseelenhaftigkeit kommt noch gelegentlich bei Zigeunern vor.

Aus diesem überpersönlichen Langzeitgedächtnis entstand da und dort eine irrtümliche Vorstellung von der Wiederverkörperung. Der Nachkomme glaubte, daß er schon früher einmal in einem Ahnen inkarniert gewesen sei.

Das Wissen von einem früheren Kollektiverleben liefert auch den Schlüssel zum Verständnis einer schwer zugänglichen Aussage der Bibel. Mit dem im 1. Buch Mose erwähnten hohen Alter der Patriarchen ist nicht etwa die Lebensdauer einzelner Menschen gemeint, sondern die Länge der kollektiven Erinnerung durch die einzelnen Geschlechter. Die Individuen empfanden sich so lange dem Ichbewußtsein eines Ahnen zugehörig, das heißt mit ihm identisch, bis eine kraftvolle Persönlichkeit einen neuen Einschlag in die Folge der Generationen brachte.

Das individuelle Ich, das im Gang der Geschichte aus den geistigen Welten immer mehr auf die Erde herabgestiegen ist, lebt heute als oberstes Wesensglied in jedem Menschen

(→ Wesensglieder). Ein Ich haben jedoch auch die Tiere, die Pflanzen und die Mineralien, nur ist es nicht im Physischen inkorporiert, sondern wohnt dauernd in den höheren Welten. Von diesen tierischen, pflanzlichen und mineralischen Gruppenseelen aus werden die auf der Erde unter dem Menschen stehenden → Naturreiche zu Gattungen zusammengefaßt und, wo es sich um Leben handelt, auch gesteuert. In Bezug auf die Tiere hat Steiner öfters den Vergleich mit Fingern gebraucht, die durch die Löcher einer Wand gestreckt werden. Sie bewegen sich und können gesehen werden, der Mensch aber, der sie lenkt, bleibt unsichtbar. So sind die Tiere, wie zum Beispiel Bienen, Krokodile, Löwen usw., lediglich eine Art lebendiger Glieder eines aus der jenseitigen Welt wirkenden Gruppen-Ichs. Tod und Geburt eines Tieres bedeuten für die Gruppenseele nicht mehr als der Verlust eines Gliedes und das Nachwachsen dieses verlorenen Teils durch die Regenerationskräfte: «Es ist gerade so, wie wenn, gesetzt daß das möglich wäre, der Mensch eine Hand verlöre und die Fähigkeit hätte, diese Hand wieder anzusetzen. Sein Ich würde nicht sagen: Ich bin gestorben durch den Verlust der Hand; sondern es würde fühlen, wie es ein Glied erneuert hat. So erneuert das Gruppen-Ich der Löwen ein Glied, wenn ein einzelner individueller Löwe stirbt und durch einen anderen ersetzt wird» (102/1.6.08).

Nach Steiners Forschungen lebte das Gruppen-Ich der Tiere eine Stufe über der Physischen in der «Astralischen Welt», dasjenige der Pflanzen wieder eine Stufe höher in der «Unteren geistigen Welt», das Gruppen-Ich der Mineralien noch eine Stufe höher in der «Oberen geistigen Welt». (Für die verschiedenen Regionen der übersinnlichen Welten gebraucht Steiner verschiedene Bezeichnungen; die «Astralische Welt» nennt er zum Beispiel auch «Seelenwelt» oder «Elementarische Welt», die beiden Sphären des Geistgebietes heißen statt «Untere» und «Obere geistige Welt» auch «Geistige Welt» und «Übergeistige Welt». Dazu gibt es indische Ausdrücke. Über diese Terminologie → Geistige Welt.)

Verw. → →.

Lit.: 13/4; 102/6.1.08, 24.3.08, 16.5.08, 1.6.08, 4.6.08; Mötteli.

GURU → **Lehrer.**

HAUPTRASSEN

Theosophischer Ausdruck für die Menschen der sieben Zeitalter im gegenwärtigen Formzustand unserer Erde. → **Erd- und Menschheitsentwicklung;** → **Weltentwicklungsstufen.**

HAUPTÜBUNGEN

in der esoterischen Schulung → **Schulungsweg.**

HEILEURYTHMIE → **Eurythmie.**

HEILKUNST

Das von der Anthroposophie vertretene ärztliche Wissen und Können steht nicht im Gegensatz zu der anerkannten, an unseren Universitäten gelehrten Medizin, sondern möchte diese mit ihren eigenen Einsichten in das Wesen des Menschen und der Natur fortsetzen und erweitern. Voraussetzung für das Arbeiten als anthroposophischer Arzt ist deshalb ein abgeschlossenes staatliches Medizinstudium. Die zusätzlichen Kenntnisse zur Ausübung der geisteswissenschaftlichen Heilkunst im Sinne Rudolf Steiners erwirbt er sich durch das Studium von Steiners medizinischen Schriften und Vorträgen, den Besuch von Kursen und durch praktische medizinische Arbeit in einer einschlägigen Klinik oder bei einem anthroposophischen Arzt.

Wie Steiner dem Wort «Pädagogik» den Ausdruck «Erziehungskunst» vorzieht, spricht er auch lieber von «Heilkunst» als von «Medizin», weil Heilen im Verständnis der Anthroposophie keine Technik des Behandelns, sondern ein physisches wie seelisches und geistiges Mitgestalten an der Gesundung des Patienten bedeutet.

Der anthroposophischen Heilkunst liegt die von der allgemeinen → Anthroposophie gelehrte Struktur des Menschen als eines viergliederigen Wesens zugrunde, das aus Physischem Leib, Ätherleib, Astralleib und Ich besteht (→ Wesensglieder). Physischer Leib und Äther- oder Lebensleib bilden die Grundlage dafür, daß die oberen Wesensglieder Astralleib und Ich in einem irdischen Leib Bewußtsein und Selbstbewußtsein entfalten können.

Leiblich-Vegetatives im Physischen und im Ätherleib, Seelisches im Astralleib und Geistiges im Ich wirken nach Steiners Erkenntnissen nicht in allen Organen und Organgruppen in gleicher Art zusammen. Im Nerven-Sinnessystem herrscht das Geistige als Bewußtsein und Denken vor; Seelisches und Vegetatives entfalten hier nur eine untergeordnete Wirksamkeit. Das rhythmische System des Menschen, das heißt sein Atem und seine Herztätigkeit, ist die physische Basis des Seelischen; das Fühlen hat in diesem Bereich die Hauptzone seiner Wirksamkeit; Denken und Wollen treten ihm gegenüber zurück. Im Stoffwechsel-/Gliedmassensystem schließlich ist das Leiblich-Vegetative am stärksten verankert; in Stoffwechsel und Bewegung wirkt (hier fast unbewußt) zur Hauptsache der Wille, während Denken und Fühlen in diesem System eine untergeordnete Rolle spielen (→ Dreigliederung der leiblichen Struktur des menschlichen Organismus).

Aufgabe des Arztes ist es, unharmonisches Zusammenspiel der vier Wesensglieder wie auch Unregelmäßigkeiten im Wirken und Zusammenwirken der drei Systeme des physischen Menschen wie auch andere Abnormitäten in den Organfunktionen des so verstandenen Menschen zu erkennen — denn solche Unregelmäßigkeiten sind die Ursachen der Krankheiten. Aus dem diagnostischen Bild ergeben sich die therapeutischen Maßnahmen. Sie bestehen darin, zu schwache Funktionen zu unterstützen, zu starke zu dämpfen und das durch die Struktur des Menschen veranlagte harmonische Zusammenwirken von Wesensgliedern und Organsystemen wiederherzustellen.

Es ist selbstverständlich, daß der anthroposophische Arzt bei einer Anzahl von Verletzungen und Erkrankungen für die gleiche Behandlung sorgt wie der Schulmediziner. Er wird einen Beinbruch in Gips legen oder eventuell operativ behandeln lassen und bei einer Blinddarmentzündung die Operation anordnen. Außerdem braucht er grundsätzlich auf keines der von der Schulmedizin verwendeten Medikamente zu verzichten. Maßgebend sind immer seine therapeutische Einsicht und sein medizinisches Gewissen. So wird sich ein liberaler anthroposophischer Arzt bei einer schweren Lungenentzündung unter Umständen zur Behandlung mit einem Antibiotikum entschließen, während der orthodoxere unter Einrechnung des größeren Risikos eher auf die streng anthroposophische Therapie setzt, weil eine damit überwundene Pneumonie den Patienten in seiner seelischen und geistigen Entwicklung besser fördert.

In der Regel wird sich der geisteswissenschaftlich orientierte Arzt jedoch an die anthroposophische Heilmethode halten. Hier gilt es, das Mißverständnis zu klären, goetheanistisches Heilen decke sich mit der homöopathischen Therapie. Steiner lehnt weder die allopathische Bekämpfung von Krankheitserscheinungen grundsätzlich ab, noch sind die von ihm in Zusammenarbeit mit der Ärztin Dr. Ita Wegman und den Mitarbeitern des pharmazeutischen Labors am → Goetheanum (aus dem die → Weleda AG hervorgegangen ist) entwickelten Medikamente ausschließlich homöopathische Heilmittel (→ Heilmittel).

Gemeinsam ist ihnen allerdings, daß sie menschengemäße Heilmittel sind, das heißt, sie sind einem der drei Naturreiche Mineral- und Metallreich, Pflanzenreich und Tierreich entnommen, an denen der Mensch als Glied der Schöpfung ebenfalls teilhat. Sie werden nach den Methoden der herkömmlichen Pharmazeutik verarbeitet, was eine chemische Behandlung der Substanzen, die künstliche Synthese in der Natur vorkommender Stoffe, wie beispielsweise der Ameisensäure, oder gar die Produktion von ganz naturfremden Medikamenten ausschließt.

Außer medikamentöser Behandlung umfaßt die anthroposophische Therapie künstlerische und physikalische Behandlungsarten wie Heileurythmie (→ Eurythmie), → Sprachgestaltung, Farb- und Maltherapie, Plastizieren, Massage und dergleichen.

Verw.: → → ; → **Ita-Wegman-Klinik.**

Lit: 27; 312; 313; 314; 316; 319 — Wegman: Im Anbruch des Wirkens für eine Erweiterung der Heilkunst.

HEILMITTEL

Die Ausgangsstoffe für die nach Steiners Angaben hergestellten oder entwickelten Medikamente sind dem Mineral-, dem Pflanzen- oder dem Tierreich entnommen und werden nach den Naturprozessen verwandten Methoden verarbeitet. Solche Verfahren sind das Mazerieren (Herstellen von Kaltauszügen), Digerieren (Verarbeiten bei Körperwärme, das heißt etwa 37°), Infundieren (Heiß-Überbrühen), Kochen, Destillieren, Rösten, Verkohlen und Veraschen, das Aufschließen von Wirksamkeiten mineralischer und metallischer Substanzen durch Bindung an die Lebensvorgänge der Pflanze (durch Düngung, Verkompostierung und neue Düngung mit dem erhaltenen Kompost) und durch Potenzierung.

Aus exakterer Erkenntnis der Vorgänge, als sie dem Begründer der Homöopathie, Samuel Hahnemann (1755—1843), zugänglich war, akzeptierte Steiner das Verfahren der Potenzierung für die Zubereitung von Heilmitteln. Potenzieren heißt die Heilkräfte des Medikaments verstärken. Das geschieht auf paradoxe Weise in einem mehrmaligen Verdünnungsvorgang. Diese Verdünnungen bzw. Verstärkungen nennt man Potenzen. Sie werden mit dem Buchstaben **D** (als Kennzeichen der Vermischung mit einer Trägersubstanz im dezimalen Verhältnis) und der Zahl der Verdünnungsschritte bezeichnet.

D 1 meint eine Verdünnung der Heilsubstanz durch die Trägersubstanz im Verhältnis von 1 : 10. Verdünnt man die erhaltene Lösung weiter, so entsteht die Potenz **D 2** mit einer Verdünnung von 1 : 100.

D 3 bezeichnet eine Verdünnung	von 1:1000
D 4	von 1:10 000
D 5	von 1:100 000
D 6	von 1:1 000 000
usw.	

Als Trägersubstanz («Medium»), mit der der Heilstoff verdünnt wird, dienen in der Regel Wasser oder Alkohol und Milchzucker, wenn es sich um die Verarbeitung von fester Substanz handelt. Was für die Befreiung der Heilkräfte aus den Substanzen eine Rolle spielt, ist dabei nicht der Vorgang der Verdünnung, sondern die Aufschließung der materiellen Substanz durch gründliches Verschütteln bzw. Verreiben bei jedem Verdünnungsschritt. Höhere und hohe Potenzen wie beispielsweise **D 12** (1 : 1 Billion) oder gar **D 30** sind so gewaltige Verdünnungen, daß nach mathematischer Berechnung eine medizinisch angewandte Quantität eines Heilmittels mit größter Wahrscheinlichkeit kein einziges Atom der potenzierten Heilsubstanz mehr enthält. Aus seiner geisteswissenschaftlichen Forschung bestätigt Steiner jedoch, daß besonders in so hohen Potenzen starke geistige Kraftwirkungen der verdünnten physischen Substanz freigesetzt sind. Er erklärt sie als eine Art geistige Essenz der materiellen Substanzen, welche ihrerseits wieder nichts anderes als in einem langen Prozeß der Erdentwicklung zu irdischer Dichte geronnene geistige Kräfte sind.

Nach naturwissenschaftlichen Untersuchungsmethoden, die von Steiner angeregt wurden, sind diese Wirkungen potenzierter Substanzen seither experimentell bestätigt worden.

Phänomenologisch wirken die homöopathischen Heilmittel im Sinne des von Hahnemann eher instinktiv als durch wissenschaftliche Einsicht verstandenen Prinzips «Similia similibus curentur», was heißt: «Das Gleiche soll durch Gleiches geheilt werden.» Steiners Bestätigung dieses medizinischen Grundsatzes beruht nicht, wie die Ergebnisse der bis dahin angewandten Fahndung nach homöopathischen Heilmitteln, auf empirischen Versuchen, sondern auf einem unmittelbaren ganzheitlichen Einblick in die Kräftewirkungen in der Natur und im Menschen. Mit anderen Worten: Steiner besaß die Gabe, das Kräftebild eines erkrankten Organs direkt mit Kräftewirkungen in den Naturreichen zu vergleichen und so die spezifisch heilkräftigen Wirksubstanzen zu erkennen.

Aus solcher Einsicht stammt auch Steiners Hinweis auf die Mistel als Heilmittel bei Krebs. Auf Grund seiner Angaben wurde von Ärzten an der Entwicklung von Präparaten zur Krebstherapie weitergearbeitet. Das bekannteste durch diese Forschungen entstandene Medikament ist *Iscador*. Es wird unter ärztlicher Überwachung gespritzt zur Vorbeugung gegen Krebs, gegen die bereits körperlich manifest gewordene Krankheit und auch parallel zur operativen und radiologischen Behandlung sowie als Nachkur auf solche Eingriffe. «Die Anwendung führt in einem hohen Prozentsatz zu einer echten Lebensverlängerung», schreibt Otto Wolff, «und bei akutem Krebs häufig zu einer Verlangsamung des Tumorwachstums oder dessen Stillstand, zum Teil sogar zu totalen Rückbildungen der Geschwülste.» Doch muß trotz dieser günstigen Ergebnisse vor der Ansicht gewarnt werden, Iscador sei ein Zaubermittel, mit dem der Krebs endgültig besiegt sei. Krebs ist unter anderem wegen seiner Verknüpfung mit seelischen Vorgängen eine so komplexe Krankheit, daß die körperliche Erkrankung bereits als fortgeschrittenes Stadium zu betrachten ist, in dem ein solches Medikament oft zu spät kommt.

Die Heilmittel der anthroposophischen Medizin werden zum Großteil auf ärztliche Verordnung eingesetzt und sind teilweise rezeptpflichtig. Hergestellt werden sie von der → Weleda AG, Arlesheim, und in ihren Zweigbetrieben in anderen Ländern. Sie werden durch die Apotheken und, wenn für die Selbstmedikation geeignet, zum Teil auch durch Drogerien vertrieben.

Verw.: → → ; → **Heilkunde;** → **Ita-Wegman-Klinik.**

Lit.: Weleda-Festschrift; Weleda-Almanache; Wolff: Anthroposophische Medizin/Heilmittel; Potenzierte Heilmittel.

HEILPÄDAGOGIK

Auf der Suche nach einer sinnvollen Lebensaufgabe beschlossen drei junge Männer, Albrecht Strohschein, Siegfried Pickert und Franz Löffler, nach dem Ersten Weltkrieg, sich in Jena der Pflege und der Erziehung psychopathischer Kinder zu widmen. Sie wandten sich um Rat an Steiner, der ihnen ohne Zögern seine geisteswissenschaftlichen Einsichten zur Verfügung stellte. Auf der Durchreise besuchte er am 17./18. Juni 1924 ihr eben eingerichtetes Erziehungsheim auf dem Lauenstein bei Jena, sprach mit den Leitern über jedes einzelne ihm vorgeführte Kind und erteilte aus seinen Erkenntnissen der Krankheitsbilder und Schicksalszusammenhänge Ratschläge für die pädagogische und therapeutische Betreuung. Auf seinen Vorschlag hin erhielt das Heim den Namen «Heil- und Erziehungsinstitut für seelenpflegebedürftige Kinder». Seither gehört das Wort «seelenpflegebedürftig» (wofür Steiner sogar die Schreibung «Seelenpflegebedürftig» vorschlug) als Bezeichnung für Kinder, die Mühe haben, ihr Geistig-Seelisches ganz mit einem irdischen Leib zu verbinden, zum Wortschatz der anthroposophischen Heilpädagogik und erscheint in der Bezeichnung manches im Sinne Steiners arbeitenden Instituts.

Vom 25. Juni bis zum 7. Juli 1924 hielt Steiner dann in Dornach vor einem kleinen Kreis von künftigen Heilpädagogen und von Ärzten seinen «Heilpädagogischen Kurs» (317), den der Arzt Dr. Karl König, der Begründer der bekannten Camphill-Bewegung in England, später einen «Katechismus für werdende Heilpädagogen» nannte. In der anthroposophischen Heilpädagogik wirken Erzieher, die durch ein heilpädagogisches Sonderstudium speziell geschult sind, immer mit Medizinern zusammen.

Aus den praktischen Anfängen auf dem «Lauenstein», in der von Dr. Karl Schubert an der → Freien Waldorfschule Stuttgart geführten Sonderklasse und im Kinderheim «Sonnenhof» (ursprünglich im Landhaus «Holle») in Arlesheim, wo die Ärztin Dr. Ita Wegman ebenfalls psychopathische Kinder aufnahm, entstand auf der Schulungsgrundlage dieses Kurses die Steinersche heilpädagogische Bewegung, die sich später über die ganze Welt verbreitete. In vielen Ländern bestehen Erziehungsheime für seelenpflegebedürftige Kinder, und was dort von opferbereiten Heilpädagogen in Zusammenarbeit mit Ärzten und Heileurythmisten geleistet wird, ist enorm. Selbstverständlich gibt es viele Kinder, die so geschädigt sind, daß sich die Betreuer mit einer Pflege und Linderung zufriedengeben müssen; ideales Ziel ist jedoch, wo es geht, eine Heilung, und sie wird gelegentlich auch in Fällen erreicht, wo die herkömmliche Medizin ein solches Resultat für ausgeschlossen hält. Steiner berichtet in seiner Selbstbiographie (28/6), wie es ihm als Erzieher in einer Wiener Familie gelungen ist, einen in der körperlichen und seelischen Entwicklung stark beeinträchtigten Knaben mit heilpädagogischen Mitteln zu kurieren, und Steiners Schüler, der Pädagoge Rudolf Grosse, erzählt von einem ähnlichen Fall.

Verw.: → →; → **Heileurythmie;** → **Heilkunst;** → **Ita-Wegman-Klinik.**

Lit.: 317 – Strohschein: Entstehung der anthroposophischen Heilpädagogik (In: Wir erlebten); Pickert: Begründung der heilpädagogischen Arbeit (In: Erinnerungen); Grosse: Erlebte Pädagogik; Baumann: Praxis der Heileurythmie.

HELLSEHEN

oder Clairvoyance nennt Steiner die Fähigkeit, in der geistigen Welt in bildhafter Weise wahrzunehmen. In den alten Kulturen, in der Zeit vor der Ausbildung unseres vom Denken getragenen Bewußtseins, war dieses dumpfe, traumhafte Hellsehen eine allgemeine Naturgabe der Menschen. Es tritt auch noch heute bei primitiven Völkern und vereinzelt im abendländischen Kulturkreis als atavistisches Relikt auf.

Dieses naturhafte Hellsehen spielt sich auf der Ebene der imaginativen Wahrnehmung der geistigen Welt ab (→ Imagination) und darf nicht mit der darüberliegenden Stufe der *Einweihung* gleichgesetzt werden. Der Eingeweihte empfängt außer bildhaften Wahrnehmungen auch durch → Inspiration und → Intuition Kundgebungen der übersinnlichen Welten.

In vorchristlicher Zeit waren Hellsehertum und Einweihung oft getrennt. Es konnte jemand hellsichtig und doch nicht eingeweiht sein, und ein Eingeweihter brauchte für seine Erkenntnisse in der geistigen Welt nicht unbedingt die Hellsichtigkeit. Heute müssen diese einst von der Natur geschenkten Fähigkeiten auf der Ebene unseres viel wacheren Bewußtseins durch bestimmte Übungen erst neu erworben werden. Dabei treten Hellsichtigkeit und Einweihung viel näher zusammen.

Die auf diesem Wege erworbene Hellsichtigkeit verlangt nach einer Weiterführung der Schulung bis zur Einweihung; anderseits ist die Einweihung kaum mehr zu erlangen, ohne daß zuvor Erfahrungen auf der Stufe der Hellsichtigkeit, das heißt des imaginativen Erlebens der geistigen Welt, gemacht worden sind.

Im Gegensatz zum alten, naturhaften Hellsehen nennt Steiner die durch die anthroposophische Schulungsmethode zu erlangende Fähigkeit, in den höheren Welten wahrzunehmen, *«exaktes Hellsehen»* oder *«exakte Clairvoyance»*. Der Begriff meint ein übersinnliches Erkennen, bei dem das imaginative Erleben durch inspirative und intuitive Erkenntnisse erhellt wird.

Verw.: → →; → **Schulungsweg.**

Lit.: 15/2; 114/15.9.09; Mötteli.

HIERARCHIEN

Der Christ begegnet sowohl im Alten wie im Neuen Testament Engeln verschiedenster Art. Dionysius Areopagita – ob er der in der Apostelgeschichte 17, 34 genannte Paulusschüler oder ein, womöglich in dessen Tradition stehender, Neuplatoniker war, bleibt hier nebensächlich – brachte diese himmlischen Wesenheiten in die für die christliche Theologie des Mittelalters gültige Ordnung von neun Stufen.

Aus eigener Einsicht in die geistige Welt bestätigt Steiner diese Gliederung, verdeutlicht aber die Benennung. Er vermeidet es, für alle geistigen Wesen die Ausdrücke «Engel», «Engelreiche», «Engelchöre» zu verwenden, weil die Engel in einem engeren Sinne nur eine Rangstufe im Kosmos dieser Geister sind. Er nennt deshalb die Gesamtheit der nach Rangordnungen gestuften Wesenheiten der geistigen Welt die «Hierarchien» und bezeichnet die einzelnen Ränge mit den aus der Antike überlieferten oder auch mit den entsprechenden deutschen Namen. In früheren Texten gebrauchte er dafür gelegentlich auch die in der Theosophischen Gesellschaft gängigen Ausdrücke:

Hebräisch-griechische Namen:	Deutsche Namen (in Klammern gelegentlich vorkommende theosophische Ausdrücke):
1. Seraphim	Geister der (All-)Liebe
2. Cherubim	Geister der Harmonien
3. Throne	Geister des Willens
4. Kyriotetes	Geister der Weisheit, Herrschaften
5. Dynam(e)is	Geister der Bewegung, Mächte (Mahat)
6. Exusiai, hebr. Elohim	Geister der Form, Gewalten
7. Archai	Geister der Persönlichkeit, Geister der Finsternis, Urkräfte, Urbeginne (Asuras)
8. Archangeloi	Erzengel, Feuergeister, Geister (oder Söhne) des Feuers, Erzboten
9. Angeloi	Engel, Geister (oder: Söhne) des Zwielichts, Geister der Dämmerung, Söhne des Lebens, Boten (Lunar Pitris)

Oft faßt Steiner diese neun Hierarchien in drei Gruppen zusammen und nennt dann jede Gruppe eine Hierarchie. Dabei zählt er wieder von oben nach unten:

1. Hierarchie: Seraphim, Cherubim, Throne

2. Hierarchie: Kyriotetes, Dynam(e)is, Exusiai

3. Hierarchie: Archai, Archangeloi, Angeloi

(Im Zyklus über die Volksseelen (121/11.6.10) numeriert Steiner diese drei Gruppen in umgekehrter Reihenfolge, das heißt von unten nach oben: 1. Hierarchie: Engel, Erzengel, Urkräfte usw.)

Über den Hierarchien steht die → Trinität; ihr dienen alle diese den Menschen überragenden Wesen der Hierarchien. Unter dem Menschen, der als eigene Ordnung das → Menschenreich bildet, stehen die drei → Naturreiche: das Tier-, das Pflanzen- und das Mineralreich.

Von planetarischer Verkörperung zu planetarischer Verkörperung und auch während dieser Phasen selber (→ Welt-

und Menschheitsentwicklung) sind die Hierarchien in fortwährender Entwicklung begriffen.

Auf dem alten Saturn haben beispielsweise die Archai ihre Menschheitsstufe erlebt, das heißt, sie standen auf der Bewußtseinsstufe (→ Bewußtseinszustände), die heute dem Menschen eignet; auf der alten Sonne erreichten sie das Bewußtsein der heutigen Engel, auf dem alten Mond das der heutigen Erzengel, und jetzt auf der Erde stehen sie drei Bewußtseinsstufen über dem Bewußtsein der Menschen. Auf der alten Sonne erreichten die Erzengel, auf dem alten Mond die Engel ihre Menschheitsstufe; auf der heutigen Erde stehen sie bewußtseinsmäßig um zwei bzw. eine Stufe über dem Menschen.

Ebenso wie die Hierarchien entwickelte sich auch der Mensch von planetarischer Verkörperung zu planetarischer Verkörperung weiter. Er soll sich jetzt auf der Erde weiter vervollkommnen und wird, wenn er die für ihn vorgesehene Entwicklungshöhe erreicht, in Zukunft noch höher steigen. Als Ziel der Entwicklung ist den Menschen bestimmt, dereinst als «Geister der (→) Freiheit» und als «Geister der Liebe» (je nach Zählung) die zehnte Hierarchie (unter den Engeln) bzw. die vierte Hierarchie (nach der Gruppe der Archai, Erzengel und Engel) zu bilden. Als Wesen der Hierarchien werden sie in dieser fernen Zukunft keinen irdischen Leib mehr annehmen.

Jede Hierarchie erfüllt im Weltganzen ihre Aufgabe. Wesen aus der Ordnung der Engel beispielsweise üben die Funktion von Individualgeistern aus. Jeder Mensch hat seinen Engel, der ihn auf seinem Lebensgang begleitet, der ihn auch mit dem Wissen um die früheren Inkarnationen von Erdenleben zu Erdenleben führt. → Erzengel sind Volksgeister, das heißt, sie wirken so in den einzelnen Menschen eines Volkes, daß dieses nicht einfach als Summe der einzelnen Individualitäten aufgefaßt werden kann, sondern als Gesamtorganismus mit eigener — höherer — Individualität verstanden werden muß. In entsprechender Weise sind über den Erzengeln wiederum die → Archai als Zeitgeister für die Gestaltung längerer geschichtlicher Zeitepochen tätig. Noch höhere Wesenheiten wirken als Sprach- und als Rassegeister. Es wäre indessen eine zu starre

Vorstellung, würde man Wesen einer bestimmten Stufe als absolut gleichrangig ansehen. Wie im Menschenreich gibt es auch in den Ordnungen der Hierarchien höher entwickelte, weniger entwickelte und zurückgebliebene Wesen, und dementsprechend sind dann die Aufgaben von Wesenheiten der gleichen Stufe einfacher oder anspruchsvoller und umfassender.

Steiner betont, daß man sich die Tätigkeit der höheren Wesen als sehr reale Wirksamkeit vorzustellen hat: «Nun wird es unserer Zeit schon ganz besonders schwer, Wesenheiten anzuerkennen, welche für die äußere sinnliche Wahrnehmung, für die äußere materielle Erkenntnis sozusagen gar nicht da sind ... Denn was ist es eigentlich, was man heute da oder dort Volksseele, Volksgeist nennt? Es ist höchstens das, was man gelten läßt als eine Eigenschaft, als eine gemeinschaftliche Eigenschaft von so und so vielen hundert Menschen oder Millionen von Menschen, die auf einem gewissen Boden zusammengedrängt sind. ... Das muß das erste sein, daß man in offener und ehrlicher Weise sich den Gedanken bilden kann, daß es Wesenheiten gibt, die sich ohne weiteres eigentlich nicht sinnlich äußern, dem gewöhnlichen materiellen Wahrnehmungsvermögen sich nicht darbieten, daß es sozusagen zwischen den Wesen, die sinnlich wahrnehmbar sind, andere unsichtbare Wesenheiten gibt, die hereinwirken in sichtbare Wesenheiten wie die menschliche Wesenheit in die menschlichen Hände oder menschlichen Finger, daß man also sprechen kann von dem schweizerischen Volksgeist wie von dem Geiste eines Menschen ...» (121/7.6.10).

Verw.: → → ; → **Asuras.**

Lit.: 11/14—17; 13/4; 99/2.—4.6.07; 121/7.—12.6.10; Mötteli.

HIMMEL, HIMMELREICH

→ **Geistige Welt.**

HOCHSCHULE FÜR GEISTESWISSENSCHAFT

→ **Freie Hochschule für Geisteswissenschaft.**

HÖHERE ORGANE Andere Ausdrücke dafür sind geistige Wahrnehmungsorgane, Geistesaugen und Geistesohren, Seelen- und Geistorgane, Hellseherorgane usw. Durch geistige Schulung bildet der Mensch in seinen höheren Leibern (→ Wesensglieder) Organe aus, die ihn befähigen, in den übersinnlichen Welten wahrzunehmen.

Steiner nennt als solche Organe zunächst die sogenannten → Lotusblumen oder Chakras. Das sind eine Art im Astral- oder Seelenleib veranlagte Wirbel, die sich unter der Wirkung von esoterischen Übungen auszugestalten, aufzuhellen und zu drehen beginnen. Ihre Gliederung erinnert an Blütenblätter oder Speichen.

Entwickelt sich der Schüler noch weiter, so beginnt sich auch der Ätherleib differenzierter zu organisieren. Im Kopf zuerst beginnt sich eine Art Mittelpunkt zu bilden, der dann in die Gegend des Kehlkopfs und schließlich in die Region des physischen Herzens rückt – «in Wirklichkeit kein bloßer Punkt, sondern ein ganz kompliziertes Gebilde, ein wunderbares Organ» (10/6). Von ihm aus gehen Strömungen und Bewegungen zu den übrigen Stellen des Körpers. Die wichtigsten laufen zu den Lotusblumen. «Sie durchziehen die einzelnen Blätter derselben und regeln ihre Drehung; dann strömen sie an den Spitzen der Blätter nach außen, um sich im äußeren Raum zu verlieren» (10/6).

Eine weitere Entwicklung besteht darin, daß sich bestimmte dieser Ströme «in der feinsten Art verästeln und verzweigen und zu einer Art Geflecht werden, das wie ein Netzwerk (Netzhaut) zur Grenze des ganzen Ätherleibes sich umbildet» (10/6). Dadurch wird der Schüler für äußere Strömungen «aus dem allgemeinen Lebensmeer» empfindlich. Er kann sie wahrnehmen.

Erstrebtes Ziel dieser Ausgestaltung höherer Organe ist es, daß der Schüler die Tätigkeit seiner Lotusblumen wie die erwähnten Bewegungen und Strömungen in seinem Ätherleib selber beherrschen lernt, so daß er ihre Funktion mit seinem Bewußtsein lenken kann.

Verw.: → →; → **Schulungsweg.**

Holzplastik

Das erste → Goetheanum war ein hölzerner Doppelkuppelbau mit einem Zuschauerraum unter der größeren und einer Bühne unter der kleineren Kuppel. Ganz im Osten des Gebäudes sollte eine neuneinhalb Meter hohe Holzplastik den Bühnenraum im Hintergrund abschließen. Diese «Gruppe» wurde von Steiner konzipiert, von ihm und der englischen Bildhauerin Edith Maryon in mehreren Entwürfen der Verwirklichung nahegebracht und von den beiden zusammen mit anderen Künstlern von 1917 an in Ulmenholz ausgeführt. Zur Zeit des Brandes des ersten Goetheanums war die Plastik im Hochatelier der sogenannten Schreinerei noch in Arbeit und entging darum als einziges Element dieses Baus der Zerstörung. Das unvollendet gebliebene Bildwerk steht heute im «Gruppenraum» des neuen Goetheanums.

Die Gruppe zeigt als zentrale Figur eine freistehende Gestalt mit erhobenem linkem und nach unten weisendem rechtem Arm. Hinter ihr sind als Reliefdarstellungen in einer als Fels gedachten Szenerie geistige Wesen sichtbar, die durch diese Gebärde in die Schranken gewiesen werden: mit gebrochenen Flügeln aus der Höhe stürzend der zu Schwärmerei und Phantastik verführende Luzifer, unten in einer Höhle, ausgemergelt und gefesselt, Ahriman, der den Menschen zur Überschätzung des Materiellen und der irdischen Macht verleiten möchte (→ Ahriman und Luzifer). Die aufrecht stehende Gestalt im Zentrum will bei aller Entschlossenheit, die Mitte als den einzig menschengemäßen Raum zu schützen, mit ihrer gebietenden Gebärde die extremen Mächte nicht vernichten, sondern hält die Hände halb offen, um sie zur Mitarbeit aufzufordern. Steiner hat die Figur den «Menschheitsrepräsentanten» genannt. Sie verkörpert die in die Zukunft führenden besten Kräfte jedes Menschen und der ganzen Menschheit und ist darum mit → Christus als kosmischem Wesen identisch, der diese Kräfte in seiner Person auf die Erde gebracht und mit ihr verbunden hat (→ Christentum).

Verw.: → →; → **Kunst, Künste.**

Lit.: Fant/Klingborg/Wilkes: Holzplastik.

Legende zum Bild Seite 136: *«Der Menschheitsrepräsentant», die von Rudolf Steiner geschnitzte Holzplastik.*

HÖRSINN → Sinneslehre.

HÜTER DER SCHWELLE

Wenn der Mensch durch geistige Schulung so weit fortgeschritten ist, daß sich die naturgegebenen Verbindungen zwischen Denken, Fühlen und Wollen zu lösen beginnen (→ Spaltung der Persönlichkeit), lernt er am Eingang der geistigen Welt ein übersinnliches Wesen kennen, das Steiner den *«(kleinen) Hüter der Schwelle»* oder den *«Doppelgänger»* nennt. Diese Begegnung, sagt er, sei «ein im höchsten Grade wirkliches Erlebnis des Geheimschülers» (10/10). Es handelt sich um einen Vorgang ernster Selbsterkenntnis, denn die Gestalt ist aus den guten und den häßlichen Taten des Schülers gewoben. Bisher übernahmen höhere Mächte die Aufgabe des schicksalsmäßigen Ausgleichs, nun aber muß der Schüler diese Pflicht in eigener Verantwortung ausüben. Die Gestalt, sagt Steiner, habe der Mensch bis dahin unsichtbar in sich getragen, und nun gehe sie als eine Art Abbild seiner Fehler und Schwächen neben ihm her. Aufgabe des Schülers, der die Schwelle zur geistigen Welt überschreite, sei es, den Doppelgänger zur Vollkommenheit umzuwandeln.

Ein weiterer Schritt in der spirituellen Entwicklung ist die Begegnung mit dem *«großen Hüter der Schwelle»*, die einige Zeit nach der Begegnung mit dem kleinen Hüter eintritt. Als eine «erhabene Lichtgestalt» schildert Steiner den großen Hüter. Er fordere den Menschen auf, nicht mehr nur an seiner eigenen Vervollkommnung und Befreiung aus der Sinnenwelt zu arbeiten, sondern seine Kräfte zur Erlösung aller in der irdischen Welt vorhandenen Wesen einzusetzen. Strebe der Schüler dem Vorbild des großen Hüters der Schwelle nach, so erkenne er auch, wem er folge. Dieser Hüter verwandle sich nämlich «in der Wahrnehmung des Geistesschülers in die Christus-Gestalt» (13, 5) (→ Christus). In seinen → Mysteriendramen (14/2—4) läßt Steiner zwei Hütergestalten auftreten. Die eine heißt «Doppelgänger» und ist identisch mit dem erwähnten kleinen Hüter der Schwelle. Sie tritt der Hauptperson der Tetralogie, Johannes, als Teil seines eigenen Wesens entgegen und begleitet ihn fortan in seiner Entwicklung.

Eine höhere Wächtergestalt ist der «Hüter der Schwelle», nach dem das dritte Drama, in dem er zum erstenmal auftritt, benannt wird. Er ist der «Herrscher» des Doppelgängers, aber noch nicht der große Hüter der Schwelle, wie ihn Steiner in dem Buch «Wie erlangt man Erkenntnisse der höheren Welten?» (10/11) schildert, sondern wohl eine Art Vorläufer dieser «erhabenen Lichtgestalt», denn der Weg in die geistige Welt führt nicht nur über die von kleinen und vom großen Hüter bewachten Schwellen, sondern durch eine ganze Anzahl von Prüfungen.

Verw.: → →; → **Schulungsweg.**

Lit.: 10/10; 13/5; 14/2—4; 16/4; 17/8; 147/30. und 31.8.13.

HYPERBORÄISCHES ZEITALTER

→ **Erd- und Menschheitsentwicklung.**

ICH

Das höchste Wesensglied (→ Wesensglieder) des Menschen, sein Wesenskern, ist das Ich. Es bestimmt seine körperliche Erscheinung, es ist in jeder Äußerung anwesend, und doch ist es als Wahrnehmungsobjekt im gewöhnlichen Selbstbewußtsein nicht zu finden. Körperteile und körperliche Organe dienen dem Ich dazu, sich zu manifestieren, doch sind sie nicht das Ich. Gefühle können den Menschen durchströmen, erfüllen, wärmen oder frieren machen; aber der Mensch ist nicht seine Gefühle, er hat sie. Schließlich zeigt die genaue Beobachtung sogar, daß der Mensch mit seinen Gedanken nicht identisch ist. Schon die intensive Schulung des Denkens durch die Philosophie und die Mathematik, erst recht aber die Verstärkung des Seelenlebens durch meditative Übungen (→ Meditation) führen zur Erkenntnis, daß nicht das Gehirn die Gedanken hervorbringt, sondern nur das Organ ist, die objektiv in der Welt vorhandenen Gedanken aufzufangen. Steiner formulierte diese Erfahrung mit den Sätzen: «Nicht ich denke bloß, sondern es denkt in mir; es spricht das Weltenwerden in mir sich aus; meine Seele bietet bloß den Schauplatz, auf dem sich die Welt als Gedanke auslebt» (17/1).

Sucht man das Ich im gewöhnlichen Alltagsleben und mit den Mitteln, die uns hier zur Verfügung stehen, so zieht es sich gewissermaßen immer weiter ins Unbekannte zurück. Verstärkt und entwickelt der Mensch jedoch durch geistige Schulung (→ Schulungsweg) sein Seelenleben, dann kann er zu wahrer Selbsterkenntnis, das heißt zu immer wesentlicherer Wahrnehmung seines Ichs in den übersinnlichen Welten kommen. Das gewöhnliche Alltags-Ich eingeschlossen, unterscheidet Steiner verschiedene Manifestationsformen des Ichs:

1. Im Leben, das der spirituell ungeschulte Mensch in der *physisch-sinnlichen Welt* führt, steigt das Ich als Selbstbewußtsein aus dem Bewußtsein auf. Es erfüllt sozusagen die Leere, die dadurch entsteht, daß der Mensch Bewußtsein entfaltet und dabei den Physischen und den Ätherleib abbaut. Doch dieses Ich bleibt schattenhaft, ist ein blasser *«gedankenhafter Abglanz»* (26/LS 14) einer höheren, verborgenen Wirklichkeit.

2. Verstärkt der Mensch sein Seelenleben durch meditative Schulung, dann betritt er zunächst mit Bewußtsein die *«elementarische Welt»*, der er mit seinem → Ätherleib angehört. Er holt die sonst nur im Traum oder im Fieber erscheinenden, aber unter der Schwelle des Bewußtseins immer vorhandenen Bilder ins wache Erleben herein und gewahrt nun auch sein Ich als *Bild* unter Bildern. Dieses Bild ist Abbild einer höheren Wirklichkeit, der der Mensch begegnet, wenn er sein Bewußtsein durch fortgesetzte meditative Schulung weiter verstärkt.

3. Gelingt es dem Menschen, auch seinen Astralleib mit Bewußtsein zu durchdringen, so betritt er die *«geistige Welt»* oder das *«Geistgebiet»*. Er findet sich in einer Welt von lauter Gedankenwesenheiten – Wesen, die ganz aus Gedankensubstanz bestehen –, und als ein solches *Gedankenwesen* taucht aus den «Seelenfluten» ein höheres Ich des Menschen auf, das Steiner das *«andere Selbst»* nennt. Dieses «andere Selbst» ist ein

«Dauerwesen», das heißt, es führt den Menschen von Inkarnation zu Inkarnation. Aus dem Wissen um unsere vergangenen Lebensläufe heraus inspiriert es das Schicksal unseres gegenwärtigen Lebens, und aus der Kenntnis der Gegenwart wird es das Schicksal unseres kommenden Daseins auf Erden gestalten (→ Wiederverkörperung und Schicksal).

Die Art, wie dieses andere Selbst sich wesenhaft aus den «Seelenfluten» erhebt, sei für die verschiedenen Menschenindividualitäten ganz verschieden, sagt Steiner. Er belegt das durch Beispiele: «In meinen szenischen Seelengemälden ‹Die Pforte der Einweihung›, ‹Die Prüfung der Seele›, ‹Der Hüter der Schwelle› und ‹Der Seelen Erwachen› versuchte ich darzustellen, wie verschiedene Menschenindividualitäten sich zum Erleben dieses ‹anderen Selbstes› hindurcharbeiten» (17/5).

4. Das «andere Selbst» ist noch nicht die höchste Form der menschlichen Eigenwesenheit, sondern sozusagen nur ihr Statthalter. Führt der Geistesschüler seine meditativen Übungen weiter, so eröffnet sich ihm eine noch höhere Welt, die Steiner die *«übergeistige Welt»* nennt. War er in der «geistigen Welt» noch von seinen Erinnerungen umgeben, so muß er sich jetzt auch von ihnen trennen und alles, was ihn noch an Erlebnissen seines Denkens, Fühlens und Wollens noch mit der irdischen, der elementarischen und der geistigen Welt verbinden könnte, mit dem eigenen Willen austilgen. Er muß sich selber auslöschen. Die Seele steht dann buchstäblich als ein Nichts vor dem Nichts. Hat der Mensch die nötige Seelenstärke erworben, um diesen Schritt bewußt zu tun, «dann taucht ihm aus dem selbst hervorgerufenen Vergessen die wahre Wesenheit des ‹Ich› auf» (17/14). Dieses *«wahre Ich»* existiert in der übergeistigen Welt als eine von seiner Umgebung «relativ unabhängige, selbständige geistige Wesenheit» (28/LS 13). Dieses ohne meditative Schulung nur unbewußt im Schlaf und im Leben nach dem Tod erst in den höchsten erreichbaren Regionen des Jenseits (→ Leben zwischen Tod und neuer Geburt) zu erfahrende Ich ist der wahre Kern des Menschen. Es inkarniert sich nicht, sondern wirft nur seinen als irdisches Ich erscheinenden Schatten in das Leben zwischen Geburt und Tod.

[Mit den Ausdrücken «Elementarische Welt», «Geistige Welt» und «Übergeistige Welt» für die Zonen des Übersinnlichen hält sich die obige Darstellung an die von Steiner 1913 in der Schrift «Die Schwelle der geistigen Welt» [17] und zumeist auch in den Vorträgen «Die Geheimnisse der Schwelle» [147] verwendete Terminologie. In früheren Darstellungen bediente sich Steiner für die gleichen Regionen auch anderer Ausdrücke. Darüber → «Geistige Welt».]

Verw.: → →; → **Gruppen-Ich, Gruppenseele.**

Lit.: 17/3–7, 12–15; 26/LS 11–16; 147/29.–31.8.13.

ICHSINN → **Sinneslehre.**

IMAGINATION

heißt die erste Stufe auf dem Erkenntnispfad. Steiner beschreibt sie als ein «geistiges Schauen». → **Schulungsweg;** → **Erkenntnisarten.**

INDIVIDUALGEISTER

Steiners Forschung bestätigt die traditionelle Ansicht, daß jeder Mensch seinen Schutzengel habe. Geistige Wesenheiten aus der Ordnung der Engel übernehmen die Aufgabe, den Menschen von Inkarnation zu Inkarnation zu leiten und ihn während → des Erdenlebens zu begleiten und zu behüten. → **Hierarchien.**

INITIATION → **Einweihung.**

INSPIRATION

Imagination, Inspiration und Intuition heißen die Stufen der Entwicklung auf dem Erkenntnispfad. Inspiration bezeichnet Steiner als ein «geistiges Hören». → **Schulungsweg;** → **Erkenntnisarten.**

INTUITION ist die höchste der von Steiner beschriebenen Stufen der übersinnlichen Erkenntnis. Sie führt den Schüler ins Innere der in der geistigen Welt existierenden Wesenheiten. → **Schulungsweg;** → **Erkenntnisarten.**

ISRAELITISCHE KULTUR → **Nachatlantisches Zeitalter** (Ägyptisch-chaldäische Kulturepoche).

ITA-WEGMAN-KLINIK Bei der Begründung der anthroposophischen → Heilkunst, die im wesentlichen 1920 mit einem dreiwöchigen Kurs für Ärzte und Medizinstudierende ihren Anfang nahm, war die aus den Niederlanden stammende Medizinerin Dr. Ita Wegman (1876—1943) Steiners hochgeschätzte engste Mitarbeiterin. Auf Java im damaligen Niederländisch-Indien als Kind gutsituierter Eltern geboren, kam sie um das Jahr 1902 nach Berlin und fand dort Anschluß an die von Steiner geleitete Deutsche Sektion der → Theosophischen Gesellschaft. Auf seinen Rat entschloß sie sich, Medizin zu studieren, und zwar in Zürich. Sie nahm am erwähnten Ärztekurs am → Goetheanum teil und entschloß sich danach, in Arlesheim (bei Dornach) eine Klinik zu eröffnen, um Steiners Mitteilungen und Anregungen am Krankenbett praktisch zu erproben. Von Steiner erhielt das Spital seinen ersten Namen: Klinisch-Therapeutisches Institut. 1971, zur Fünfzigjahrfeier des Bestehens, wurde es zu Ehren der Gründerin in Ita-Wegman-Klinik umgetauft.

Das Institut wurde zur Keimzelle der praktischen anthroposophischen Heilkunst. Steiner trat hier selber ans Krankenbett, gab den Ärzten Ratschläge und schuf durch konkrete Anweisungen in einzelnen Krankheitsfällen einen großen Teil der heute von der → Weleda AG hergestellten Medikamente (→ Heilmittel). Aus dem Zusammenwirken mit Ita Wegman entstand als Gemeinschaftsarbeit auch das Buch «Grundlegendes für eine Erweiterung der Heilkunst nach geisteswissenschaftlichen Erkenntnissen» (27), das erst nach Steiners Tod erschien.

Für die Klinik zeichnete Steiner das heute noch verwendete Signet, eine moderne Version des Äskulapstabes, der schon im Altertum als Symbol des Heilens galt:

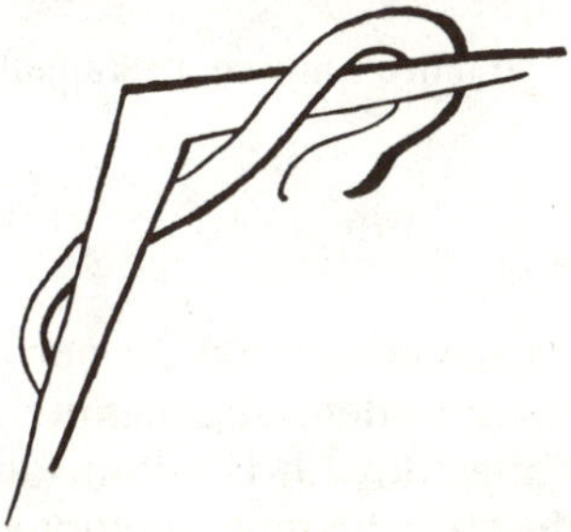

Große Bedeutung erlangte das Institut für die Entwicklung neuer Heilmethoden. Die von Steiner geschaffene Heileurythmie (→ Eurythmie) fand hier eine Pflegestätte und wurde später von Dr. Margarete Kirchner-Bockholt weiter erprobt und ausgebildet. Die Ärzte der Klinik widmeten sich der Erarbeitung von Methoden zur Früherkennung des Krebses, schufen künstlerische Formen der Therapie, vor allem das therapeutische Malen und die rhythmische Massage. Als Mittelpunkt geisteswissenschaftlichen Heilens wurde die Ita-Wegman-Klinik auch eine Schule für die Einführung von Ärzten, Medizinstudenten, Heileurythmisten und Krankenschwestern in die anthroposophische Medizin.

Wie der Lauenstein bei Jena war das Klinisch-Therapeutische Institut ein frühes Zentrum der → Heilpädagogik. Die ersten «seelenpflegebedürftigen» Kinder nahm Ita Wegman zunächst in ihre Klinik auf, dann diente das Holle-Haus in Arlesheim als Pflegeort, und schließlich wurde der 1922 für Patienten und Schwestern erworbene «Sonnenhof» in derselben Gemeinde zum Pflegeheim. Unter direkter Leitung von Ita

Wegman wurden in diesem anfänglich als Abteilung des Klinisch-Therapeutischen Instituts geführten Heil- und Erziehungsheim intern und extern wohnende Kinder nach den von Steiner vertretenen heilpädagogischen Prinzipien betreut. Das heute selbständig geführte «Kinderheim Sonnenhof» wird verwaltungsmäßig noch jetzt vom Verein Klinisch-Therapeutisches Institut in Arlesheim geleitet, der auch als Träger der inzwischen mehrmals erweiterten Ita-Wegman-Klinik wirkt.

Verw.: → →.

Lit.: Jubiläumsschrift «50 Jahre Klinisch-Therapeutisches Institut Arlesheim».

JESUS Entgegengesetzt zu der im 19. Jahrhundert einsetzenden Tendenz der sogenannten Leben-Jesu-Forschung, den Begründer des Christentums auf den «schlichten Mann von Nazareth» zu reduzieren, betonte Steiner die Außergewöhnlichkeit des Menschen Jesus und seine Gottwerdung in der Jordantaufe.

Durch seine Forschungen in der Akasha-Chronik (→ Akasha, Akasha-Chronik) über den geschichtlichen Jesus kam er zur Ansicht, daß von zwei Jesusknaben auszugehen ist. In Bethlehem seien am Beginn unserer Zeitrechnung annähernd zur gleichen Zeit zwei Knaben aus dem Geschlechte Davids geboren worden, die beide Jesus geheißen hätten. Der eine, von dessen Geburt und Stammbaum der Evangelist Lukas berichtet, sei der Sproß aus der mit Nathan beginnenden priesterlichen Linie, der andere, von dem Matthäus erzählt, ein Abkömmling der durch Salomon weitergeführten königlichen Linie der Sippe gewesen.

Das Ich des nathanischen Jesusknaben schildert Steiner als eine «junge Seele», eine Individualität, die sich noch nie in einem irdischen Leibe verkörpert habe. Aus der geistigen Welt habe sie die tiefste Innerlichkeit und innigste Liebesfähigkeit mitgebracht, aber nach außen habe das Kind, in dem dieses Ich gelebt habe, wie ein verhältnismäßig zurückgebliebenes, für irdische Dinge wenig geschicktes Geschöpf gewirkt. Im salomonischen Jesusknaben dagegen habe sich die Individualität des großen Kulturbegründers Zarathustra (→ Nachatlantisches Zeitalter) wiederverkörpert, die sich in ihrer früheren Erdenaufgabe die höchste Weisheit erworben hatte.

Beide Elternpaare, sagt Steiner, hätten Joseph und Maria geheißen, was damals ebenso verbreitet gewesen sei wie der Name Jesus. Sie seien fromme Juden gewesen und jährlich zum Passahfest nach Jerusalem gezogen. Als ihre Söhne zwölf Jahre alt geworden seien, hätten sie sie mitgenommen, wie das der Brauch gewesen sei.

Nun spielte sich ab, was Lukas als die Geschichte vom Zwölfjährigen im Tempel erzählt. Nach Steiners Forschung verbirgt sich darin ein großes Geheimnis. Im Tempel habe nämlich das Zarathustra-Ich den Körper des salomonischen Jesusknaben verlassen und vom Leib des nathanischen Jesusknaben Besitz ergriffen. Als dessen Eltern nun bemerkt hätten, daß aus dem Mund des intellektuell wenig entwickelten Kindes die höchsten Weisheiten flossen, seien sie begreiflicherweise verwundert gewesen und hätten ihren Sohn nicht mehr erkannt. Der ichlose Leib des salomonischen Jesusknaben aber sei dahingesiecht und bald gestorben.

Der nathanische Jesus mit dem Ich des Zarathustra wurde nach Steiners Darstellung im dreißigsten Lebensjahre fähig, das «hohe Sonnenwesen» Christus als neue Individualität in sich aufzunehmen. Von der Jordantaufe bis zur Kreuzigung wandelte nun ein Gotteswesen in einem menschlichen Leib auf der Erde (→ Christus).

Das klingt alles sehr kompliziert und vielleicht sogar konstruiert. In Wirklichkeit waren die Dinge noch viel verwikkelter, als sie in dieser Zusammenfassung erzählt werden können. Steiner, der viel ausführlicher berichtet, erwähnt in einem solchen Zusammenhang einmal den letzten Vers des Johannes-Evangeliums, worin gesagt wird, daß die ganze Welt die Bücher nicht fassen könnte, die man über diese Ereignisse schreiben müßte.

Indessen sind Steiners Aussagen auch nicht komplizierter und für den gewöhnlichen Verstand absurder als manche der Bibelstellen, die er damit erklärt. Die heilige Schrift spricht von einem aus dem Hause Davids erwarteten Messias; die Evangelien muten uns zwei Stammbäume zu; die Weisen aus dem Osten sind einem Stern gefolgt und haben das Kind gefunden; Johannes nennt Christus den Logos, und an mehreren Stellen des Neuen Testamentes heißt er Gottes Sohn. All das sind schwer verständliche Mitteilungen, und interpretiert sie jemand mit Vorstellungen außerhalb der landläufigen Begrifflichkeit, so ist das der Schwierigkeit des Gegenstands angemessen und kein Grund, sie von vorneherein abzulehnen.

Steiner hat in gelegentlichen Äußerungen auch auf mittelalterliche Bilddarstellungen hingewiesen, die ohne die Annahme von zwei Jesusknaben nicht zu erklären sind. Seither haben die kunstgeschichtlichen Forschungen von Hella Krause-Zimmer an Hand eines großen Materials den kaum mehr zu bezweifelnden Beweis erbracht, daß die von Steiner vorgelegten Befunde seiner rein geistigen Forschung, welche unseren Widerspruch herausfordern können, mit einem im Mittelalter und der beginnenden Neuzeit bekannten Wissen übereinstimmen.

Verw.: → →; → **Evangelien;** → **Christentum.**

Lit.: 15/3; 114; 123 — Krause-Zimmer: Jesusknaben.

JÜDISCHE KULTUR → **Nachatlantisches Zeitalter** (Ägyptisch-chaldäische Kulturepoche).

JUPITER, ZUKÜNFTIGER Späterer Verkörperungszustand der Erde. → **Welt- und Menschheitsentwicklung.**

KAMALOKA, das heißt Ort der Begierden: indischer Ausdruck für die in der katholischen Kirche «Fegefeuer» genannte Läuterungszeit, während der die Individualität nach dem Tode von den irdischen Begierden und Leidenschaften gereinigt wird. → **Leben zwischen Tod und neuer Geburt.**

KARMA, indischer Ausdruck für das vom Menschen sich selbst geschaffene Schicksal (→ **Wiederverkörperung und Schicksal**).

KAUSALLEIB, von Steiner in frühen Vorträgen gebrauchter Ausdruck für eine mit dem Ich verbundene Hülle, die den Extrakt der Erfahrungen unterer Wesensglieder nach dem Tode in die geistige Welt mitnimmt und dem Ich für immer angliedert. → **Leben zwischen Tod und neuer Geburt.**

KLANGÄTHER, Tonäther, Schalläther, Chemischer Äther → **Äther.**

KLASSEN der Hochschule → **Freie Hochschule für Geisteswissenschaft.**

KLINISCH-THERAPEUTISCHES INSTITUT ARLESHEIM → **Ita-Wegman-Klinik.**

KONTINUITÄT DES BEWUSSTSEINS

Durch die auf dem anthroposophischen Schulungsweg gepflegten Übungen wird das Bewußtsein wacher. Das zeigt sich zunächst darin, daß sich beim Übenden der Traumzustand (→ Wachen – Träumen – Schlafen – Tod) aufzuhellen beginnt. Aus den wirr auftauchenden Traumbildern entstehen allmählich geordnete Träume, die mehr und mehr auch vom besonnenen Verstand geregelt und überschaut werden. Auch Traumbilder, «die Ausdruck von Dingen und Verhältnissen einer anderen Welt sind» (10/7), mischen sich ein. Mit der Zeit können diese zuerst nur während des Träumens möglichen Beobachtungen auch im gewöhnlichen Wachzustand gemacht werden, so daß der Schüler im Wachen die gewöhnlichen physischen Eindrücke und neben diesen die früher im Traumleben gesehenen Bilder haben kann.

Ist dieses aus dem Traumleben gewonnene Erleben dem *Schauen* ähnlich, so sind die Erlebnisse der nächsthöheren Stufe dem *Hören* zu vergleichen. Je weiter der Schüler in der Entwicklung vorankommt, desto mehr dehnt sich das Bewußtsein auch auf den traumlosen Tiefschlaf aus. Die völlige Bewußtlosigkeit dieses Zustands wird unterbrochen von einzelnen bewußten Erlebnissen, die sich mit Tönen und Worten vergleichen lassen. Diese Schlaferlebnisse werden immer länger und die unbewußten Pausen dazwischen immer kürzer, bis schließlich das ganze Schlafleben wach erfahren wird und das erreicht ist, was man die «Kontinuität (Ununterbrochenheit) des Bewußtseins» nennt. «Man lebt dann, wenn der Körper ruht, ebenso in einer Wirklichkeit, wie dies beim Wachen der Fall ist» (10/8).

Mit der Zeit vermag der Übende, seine «erwachte höhere Seele auch in das Tagesbewußtsein herüberzunehmen». Ist er dazu imstande, «so vermag er auch zwischen und innerhalb der Tageserlebnisse die geistige Welt nach ihrem Charakter wahrzunehmen, das heißt, er kann die Geheimnisse seiner Umgebung seelisch als Töne und Worte erfassen» (10/8).

Um beim Schüler keine falschen Erwartungen aufkommen zu lassen, fügt Steiner dieser Beschreibung in einer Fußnote bei, die angedeutete «Kontinuität des Bewußtseins» liege am Ende eines langen Weges. «Was der Geheimschüler zunächst kennenlernt, sind zwei Zustände: Bewußtsein bei einer seelischen Verfassung, in welcher ihm vorher nur regellose Träume, und in einer solchen, in der nur bewußtloser, traumloser Schlaf möglich war» (10/8).

Offensichtlich können die beiden neuen Bewußtseinszustände, welche nach Steiners Beschreibung durch Aufhellung des Traumlebens und des Schlafens entstehen, mit den Erkenntnisstufen der → «Imagination» und der → «Inspiration» gleichgesetzt werden. Steiner verwendet diese letztgenannten Begriffe jedoch erst in der als Fortsetzung von «Wie erlangt man Erkenntnisse der höheren Welten?» gedachten, jedoch Fragment gebliebenen Schrift «Die Stufen der höheren Erkenntnis» [12] und dann in der «Geheimwissenschaft» [13].

Verw.: → →; → **Bewußtseinszustände;** → **Schulungsweg.**

Lit.: 10/7, 8; 12; 13/5.

KONZENTRATION → **Meditation.**

KOPFSYSTEM oder Nerven-Sinnes-System

→ **Dreigliederung der leiblichen Struktur des menschlichen Organismus.**

KÖRPERHALTUNGEN Atemübungen usw.

Yoga sucht, vor allem in seiner im Westen bekanntesten Art, dem Hatha-Yoga, durch Atemübungen und Asanas, das sind bestimmte Körperhaltungen, den Menschen für das Erleben des Geistigen aufzuschließen, durch körperliche Verrichtungen also zu überphysischen Erfahrungen zu kommen. Fragt man Anthroposophen, welche Körperhaltungen Steiner für die → Meditation empfohlen habe, bekommt man in der Regel zu hören, darauf komme es nicht an, jede Stellung sei geeignet, die es dem Schüler erlaube, sich ganz von den äußeren Eindrücken zu lösen und die innere Stille zu finden. So schreibt auch Paul Eugen Schiller [Schulungsweg, Einleitung]: «Des weiteren soll der Schüler sich bewußt sein, daß die Übungen und Meditationen sich in erster Linie auf das Seelisch-Geistige des Menschen beziehen. Sie sind ganz unabhängig von äußeren Verrichtungen und Einflüssen durchzuführen. Die Verwendung bestimmter Körperstellungen oder gar die Zuhilfenahme gewisser Stofflichkeiten ist zu vermeiden; durch diese würde die seelisch-geistige Stärkung und Entwicklung gefährdet, und die Freiheit des Schülers könnte nicht gewahrt werden.»

Was das Atmen betrifft, belegen frühe Texte jedoch, daß Steiner anfänglich den Schülern bestimmte Regeln empfohlen hat. Er hat sie auch angewiesen, sich in der Meditation auf bestimmte Körperstellen zu konzentrieren (245). Später scheint er auf solche Anweisungen verzichtet zu haben. Der anthroposophische Schulungsgang soll konsequent beim geistigen Pol beginnen. In der «Geheimwissenschaft» schreibt Steiner ausdrücklich: «Wenn die Übungen für die Intuition gemacht werden, so wirken sie nicht allein auf den Ätherleib, sondern bis in die übersinnlichen Kräfte des physischen Leibes (→ Wesensglieder) hinein. ... Der Geistesschüler bemerkt das daran, daß er allmählich gewisse Äußerungen des physischen Leibes, die vorher ganz ohne sein Bewußtsein erfolgten, in seine Gewalt bekommt. Er bemerkt es auch daran, daß er für kurze Zeit das Bedürfnis empfindet, zum Beispiel das Atmen (oder dergleichen) so einzurichten, daß es in eine Art Einklang oder Harmonie mit dem kommt, was in den Übungen oder sonst in der inneren Versenkung die Seele verrichtet. Das Ideal der Entwicklung ist, daß durch den physischen Leib selbst gar keine Übungen, auch nicht solche Atemübungen gemacht würden, sondern daß alles, was mit ihm zu geschehen hat, sich *nur* als eine Folge der reinen Intuitionsübungen einstellte» (13/5).

Als Hilfe auf dem esoterischen Schulungsweg können freilich die Übungen zur Ausbildung in → Eurythmie und → Sprachgestaltung wie überhaupt diese neuen Künste selbst verstanden werden.

Verw.: → →; → **Schulungsweg.**

Lit.: 13/5; 245 — Schiller: Schulungsweg.

KORPORATIONEN Die im Freien Geistesleben, einem Teilsystem des von Steiner vorgeschlagenen dreigliederigen sozialen Organismus, tätigen kulturellen Institutionen und Verbände des geistigen Lebens (→ **Dreigliederung des sozialen Organismus**).

KREBS-THERAPIE mit Iscador → **Heilmittel.**

KULTUREN, KULTUREPOCHEN, nachatlantische → **Nachatlantisches Zeitalter,** → **Weltentwicklungsstufen.**

KUNST, KÜNSTE Manchen Menschen ist die Kunst, wie sie in der → Anthroposophischen Gesellschaft und vor allem am → Goetheanum Dornach gepflegt und gelehrt wird, Tor und Einstieg in die Welt Steiners, andere werden durch eine Faust- oder Eurythmieaufführung eher davon abgehalten, sich mit der → Anthroposophie näher zu beschäftigen. Beides hat seinen Grund in Steiners eigenem und eigenartigem Verhältnis zum künstlerischen Ausdruck, das jemand, der von den konventionellen Kunstbegriffen herkommt, sogar «unkünstlerisch» nennen könnte.

Wenig im Leben des jungen Steiner hätte auf eine künstlerische Entwicklung hinweisen können. Er war eher mathematisch-naturwissenschaftlich begabt und hatte einen frühen Hang zur philosophischen Klärung von Daseinsfragen, vor allem der erkenntnistheoretischen Grundprobleme (→ Erkenntnistheorie), er besuchte die Realschule, nicht das Gymnasium, und später in Wien die Technische Hochschule und nicht die Universität. Durch seine Beschäftigung mit dem deutschen Idealismus fand er einen frühen Zugang zu Goethe, bei dem ihn wiederum mehr die naturwissenschaftlichen Schriften als die Dichtungen und unter den Dichtungen mehr die gedankenschweren Werke wie Faust und das Märchen anzogen als jene, bei denen die Sprache eher nur das Instrument der Seele ist: die lyrischen und epischen Dichtungen. Und liest man frühe Rezensionen Steiners über Literatur oder stößt in Vorträgen auf Äußerungen über literarische Werke, so vermißt man darin oft den sachgerechten Ton und findet gelegentlich die Hervorhebung eher zweitrangiger und heute zu Recht vergessener literarischer Erscheinungen und Persönlichkeiten recht seltsam.

Es ist daher erstaunlich, daß der Schöpfer des gewaltigen geistigen Gebäudes, das die Anthroposophie ist, scheinbar auf einen Nebeneingang zur Kunst verwiesen war und doch auf allen Gebieten in das künstlerische Schaffen eindrang und hier nicht nur als Anreger wirkte, sondern in einigen Kunstkategorien auch großartige Werke schuf. Steiner setzte spätestens mit der Gründung der Anthroposophischen Gesellschaft (bei der Abspaltung von der → Theosophischen Gesellschaft) und der Übersiedlung nach Dornach die künstlerische Arbeit mit dem gedanklichen Studium der → Geisteswissenschaft gleich und betonte, daß Denken und Kunst in der gleichen Tiefe wurzeln und ihre Kräfte aus der gleichen Quelle schöpfen. Die Kunst war für ihn nicht Dienerin der Erkenntnis, Umsetzung denkerischer Einsichten in poetische Sprache, Bild, Ton und Tanz. Er verstand sie auch nicht als Schmuck einer Weltanschauung.

Durch seine Begründung der anthroposophischen Geisteswissenschaft aus wiedergefundenen Erkenntnisquellen und die Erneuerung von Kunst und Religion (→ Christentum; → Christengemeinschaft) aus derselben Spiritualität nahm Steiner in zeitgemäßer Weise die antike Auffassung einer trinitarischen Einheit von Wissenschaft, Kunst und Religion wieder auf, wie sie kulturgeschichtlich mindestens bis in die frühgriechische Zeit bestanden hat und dann an der einseitigen Zuwendung des Menschen zur diesseitigen Welt und einer Übertreibung des Nützlichkeitsdenkens zerbrochen ist.

Die *Dichtung*, mit der er schon durch seine Beschäftigung mit Goethe stark verbunden war, wurde von Steiner vor allem durch seine vier → Mysteriendramen bereichert. Zu erwähnen sind sodann der zur Neubegründung der Anthroposophischen Gesellschaft an der → Weihnachtstagung 1923 gegebene Grundsteinspruch (→ Grundstein, Grundsteinspruch) sowie weitere Dichtungen, darunter die 52 Wochensprüche des Anthroposophischen → Seelenkalenders, durch Gebete und für die → Meditation geeignete Mantren (→ Mantra).

Steiners Geisteswissenschaft und seine Dichtungen hatten auch Auswirkungen auf andere Autoren. Christian Morgensterns spätere Werke und vor allem das Lebenswerk Albert Steffens (außer den ersten Schriften aus der Frühzeit) wären nicht denkbar ohne die Begegnung mit der Anthroposophie. Beide Dichter pflegten zwar ihre individuelle Art weiter, akzeptierten jedoch die Grundtatsachen der anthroposophischen Weltanschauung wie Reinkarnation und Karma (→ Wiederverkörperung und Schicksal), neu verstandene Christlichkeit, Menschenkunde (→ Wesensglieder) und fanden in dieser Spiritualität neue Kräfte für ihr Schaffen.

Als *Architekt* hat Steiner das erste und das heutige zweite Goetheanum gebaut. Auch die Häuser ringsum wie das Heizhaus, das Glashaus, das Eurythmeum, das Haus Duldeck und das Haus de Jaager sind nach seinen Modellen oder doch mit seiner maßgeblichen Mitwirkung entstanden.

Der damit geschaffene goetheanistische Baustil (→ Goetheanum) wird seither weiter gepflegt. Anthroposophische Gebäude wie Schulen, Spitäler, Zweigräume (→ Zweig) bedienen sich wenn möglich seiner Formen. Anthroposophische Architekten haben die Bauart übernommen und führen sie in der ihnen gemäßen Weise weiter. Der Stil gewährt viele Freiheiten und ist mancher Entwicklungen fähig.

Steiners Bauweise hat auch die nichtanthroposophische Architektur beeinflußt. Bei Frank Lloyd Wright und Le Corbusier lassen sich z. B. Wirkungen nachweisen, und immer wieder finden außenstehende Architekten neue Anregungen.

Für die Erhellung des großen Kuppelraums im ersten Goetheanum mit Licht von außen schuf Steiner *farbige Glasfenster.* Sie waren nicht nach der Art mittelalterlicher Fenster aus verschiedenfarbigen Glasstücken hergestellt und bemalt, sondern bestanden je aus einer großen unifarbenen Scheibe. Im erwähnten Glashaus, wo heute die Naturwissenschaftliche Sektion der → Freien Hochschule für Geisteswissenschaft am Goetheanum und der → Philosophisch-Anthroposophische Verlag untergebracht sind, wurden mit besonders entwickelten Schleifgeräten die von Steiner entworfenen Bildmotive in diese Scheiben eingraviert. Sie fielen dem Brand des ersten Goetheanums zum Opfer. In ähnlicher Technik schuf Assia Turgenieff nach Steiners Tod mit den alten Motiven die Fenster für das heutige Goetheanum.

Ebenfalls für das erste Goetheanum war ursprünglich die große → *Holzplastik* vorgesehen, die heute im sogenannten Gruppenraum des Goetheanums steht.

Als *Plastiker* hatte Steiner auch bei der eigentlichen Ausgestaltung des ersten Goetheanums, vor allem der Innenräume, gewirkt. Die Kuppelsäle waren umgeben von Säulen, die am Fuß und in den Kapitellen sich wandelnde plastische Motive trugen. Über sie hinweg liefen Architrave mit erhaben geschnitzten, sich metamorphosierenden Formen, die ganz im Osten des kleinen Kuppelraums in einem Baldachin zur Ruhe kamen, unter dem die Holzplastik hätte aufgestellt werden sollen.

Als *Maler* und *Zeichner* trat Steiner vor allem mit Entwürfen für die Ausmalung der beiden Kuppeln im ersten Goetheanum in Erscheinung. Ausgeführt wurden sie zum Teil von gelernten Künstlern, zum Teil auch von Steiner selber. Die Entwürfe sind erhalten. Weiter schuf Steiner unter anderem Skizzen für den Malunterricht an der Fortbildungsschule am Goetheanum (→ Waldorfschulen), Skizzen für die Malschule von Henny Geck und zuletzt, 1924, noch vier große Aquarelle mit geisteswissenschaftlichen Motiven. Eine Besonderheit in Steiners graphischem Schaffen sind die sogenannten → *Siegel*, kreisrunde figürliche Malereien oder ornamentale Zeichnungen, mit denen Steiner die Planetenkräfte wie auch die in seinen Mysteriendramen wirksamen Grundkräfte darstellte. Eine ganz aus der Anthroposophie heraus geschaffene neue Kunst ist die → *Eurythmie*. Sie ist weder Tanz noch Pantomime, sondern macht in direkter Weise Geistiges und Seelisches im Menschen sichtbar. Als Lauteurythmie vermittelt sie in Form und Bewegung die Kunst poetischer Texte. Sie werden so rezitiert, daß in ihnen nicht nur der gedankliche Gehalt, sondern vor allem auch die sprachliche Gestaltung hörbar wird. Eurythmisierte Gedichte wie auch die Aufführung von Steiners Mysteriendramen, Goethes Faust und Albert Steffens Dichtungen verlangen nach dieser besonderen Deklamationskunst. Steiner und seine als Rezitatorin ausgebildete, stimmbegabte Frau Marie, geborene von Sivers, schufen für die Eurythmie, die *Schauspielkunst* (→ Bühnenkunst), wie auch als eigenwertiges Ausdrucks- und Schulungsmittel die → *Sprachgestaltung*. Sie ist die geisteswissenschaftliche Kunst des Umgangs mit der Sprache und den in ihr lebenden Kräften.

Schließlich ist daran zu erinnern, daß Steiner auch die Medizin und die Pädagogik als Künste aufgefaßt hat. Er sprach daher von → *Heilkunst* und von *Erziehungskunst* (→ Pädagogik). Damit gab er zu verstehen, daß es bei beiden Tätigkeiten nicht auf Techniken und bloßes Kopfwissen ankommt. Medizin und Erziehung sind den Arzt und den Pädagogen ganz in Anspruch nehmende Aufgaben. Die künstlerische Gestaltungskraft im Gefühl und im Willen spielt beim Arzt und beim Lehrer in ihrer Tätigkeit am Lebendigen eine größere Rolle als das rein verstandesmäßig erworbene Schulwissen.

Verw.: → →; → **Bühnenkunst.**

Lit.: **Allgemein:** 271. **Dichtung:** 14, 1—4; 40 – Petersen: Rudolf Steiners Mysteriendramen; Fels: Studien zur Einführung in die Mysteriendramen; Reimann: Mysteriendramen, 1—4; Houwald: Mysteriendramen, 1—4; Hammacher: Mysteriendramen, 1—4; Zeylmans: Grundstein. **Architektur:** 286 – Biesantz/Klingborg: Goetheanum. **Glasfenster:** Hartmann: Glasfenster. **Plastik:** Fant/Klingborg/Wilkes: Holzplastik; Biesantz/Klingborg: Goetheanum. **Malerei:** Malerischer Impuls. **Siegel:** 284; K 51 - Roggenkamp/Gerbert: Bewegung und Form. **Eurythmie:** Pals: Was ist Eurythmie?, Eva Froböse: Eurythmische Kunst. **Bühnenkunst und Sprachgestaltung:** 280; 281; 282 – Edwin Froböse: Goetheanumbühne.

KYRIOTETES,

Geister der Weisheit, Herrschaften. Rangordnung geistiger Wesenheiten aus den → **Hierarchien.**

LANDWIRTSCHAFT

Die Anweisungen für einen neuen Umgang mit dem Boden in Landwirtschaft und Gartenbau gehören zu jenen Leistungen Rudolf Steiners, bei denen die von ihm gelehrte → Geisteswissenschaft unmittelbar für die Lebenspraxis fruchtbar wurde. 1921 gründeten Dr. Guenther Wachsmuth, der spätere erste Leiter der Naturwissenschaftlichen Sektion am → Goetheanum, und der Naturwissenschaftler Dr. Ehrenfried Pfeiffer in Dornach ein biologisches Forschungslaboratorium, dessen Tätigkeit sich im Zusammenwirken mit Steiner bald auch auf die landwirtschaftliche Arbeit mit anthroposophisch-naturwissenschaftlichen Methoden ausrichtete. Ein Ereignis im Herbst 1922 bezeichnet Wachsmuth geradezu als «die Geburtsstunde der landwirtschaftlichen Bewegung». Steiner gab dem Laboratorium von Pfeiffer und Wachsmuth nämlich damals die Anregung zur Herstellung von Präparaten aus der Tier- und Pflanzenwelt, die dazu dienen sollten, die Böden und den Dünger zu verbessern. Von Ernst Stegemann, dem Pionier der von Steiner empfohlenen Anbaumethoden, wurden diese Präparate auf seinem Pachtgut Marienstein bei Göttingen in systematischen Anbauversuchen praktisch erprobt.

Durch den «Landwirtschaftlichen Kurs» (327), den Steiner vom 7. bis zum 16. Juni 1924 auf dem Schloßgut Koberwitz bei Breslau in Schlesien hielt, bekam die anthroposophische Landwirtschaftsmethode eine größere Breitenwirkung. Auf Einladung von Carl Wilhelm Graf Keyserlingk sprach er hier vor etwa sechzig eingeladenen Teilnehmern, meistens Landwirten und Gärtnern, über das Verhältnis von Erde und Kosmos, die Beziehungen zwischen Wald, Wiesen und Ackerland auf einem Gutshof, Düngung, Ungeziefer- und Unkrautbekämpfung, Gesundheit des Bodens, Zusammenhänge zwischen Tier-, Pflanzenwelt und Erde und manches andere.

Die damit einem weiteren Kreis gegebene Bodenbewirtschaftungsmethode für den Land- und Gartenbau trägt heute den Namen *«Biologisch-dynamische Landwirtschaftsweise».* Die Bezeichnung stammt nicht von Steiner, sondern sie wurde ihr bald nach dem Kurs aus der Gruppe der für sie und in ihr tätigen Wissenschafter und Landwirte verliehen. Sie trifft die Sache recht genau und hilft auch, die anthroposophische Landwirtschaftsmethode gegenüber allem, was sich sonst als biologische oder alternative Landwirtschaft versteht, abzugrenzen.

Die biologisch-dynamische Wirtschaftsweise verzichtet auf jede Art industrieller Mineraldüngung wie auch auf das Behandeln von Pflanzen, Früchten und Unkräutern mit Chemikalien. Statt Kunstdünger benützt sie den auf dem Bauernhof selber entstehenden pflanzlichen Kompost und tierischen Mist. Hier endet aber die Gemeinsamkeit mit allem Landbau, der sich nur als biologisch bezeichnet. Mit Präparaten, deren vollständig neue Herstellungsweise Steiner beschrieben hat, werden teils der Boden, teils der Dünger aktiviert, so daß Erde und Pflanzen die für ein gesundes Wachstum nötigen Lebens- und Wachstumskräfte erhalten. Das ist die in der gewöhnlichen biologischen Düngung nicht enthaltene dynamische Komponente der Methode.

Es mutet teilweise fast wie mittelalterlicher Aberglaube und alberner Hokuspokus für Leichtgläubige an, was Steiner seinen Zuhörern über die Zubereitung der erwähnten Präparate wie über Unkraut- und Ungezieferbekämpfung zumutete, doch hat ihm der Erfolg offensichtlich recht gegeben. Die seither rund um die Erde erprobte und praktizierte biologisch-dynamische Landwirtschaftsmethode macht Boden, Umwelt und Erzeugnisse gesünder und erzielt auf die Dauer auch sehr zufriedenstellende Erträge.

Auf Anregung von Graf Keyserlingk gründete sich noch während der Koberwitzer Tagung ein Versuchsring anthroposophischer Landwirte. Heute wird die Arbeit in verschiedenen Ländern durch unterschiedliche Vereinigungen von Landwirten, Wissenschaftern und Verbrauchern in Praxis, Forschung und Beratung gefördert und weiterverbreitet. Die Vereinigungen arbeiten über einen speziellen Vertreterkreis für Landwirtschaft gebend und nehmend mit der Naturwissenschaftlichen Sektion am Goetheanum zusammen. Jedes Jahr treffen sich am Goetheanum auch die anthroposophischen Landwirte und Gärtner zu Tagungen.

1928 wurde in Deutschland die Demeter-Verwertungsgenossenschaft als Vorläuferin des heutigen Demeter-Bundes gegründet, der für den Absatz der biologisch-dynamischen Erzeugnisse sorgt und deren Authentizität und Qualität garantiert. Unter demselben Namen wie auch unter anderen Bezeichnungen bestehen heute in zahlreichen Ländern ähnliche Organisationen, und der Name *Demeter* ist weitherum zum Markenzeichen für biologisch-dynamische Landwirtschaftsprodukte geworden.

Verw.: → →.

Lit.: 327 — Koepf: Was ist biologisch-dynamischer Landbau?; Remer: Lebensgesetze im Landbau.

LAUENSTEIN Ehemaliges Heim bei Jena für «seelenpflegebedürftige» Kinder. Der «Lauenstein» und der → «Sonnenhof» in Arlesheim bei Dornach (Schweiz) waren die ersten nach Steiners heilpädagogischen Erkenntnissen geführten Institute zur Pflege und Erziehung schwachbegabter Kinder.

Verw.: → → ; → **Heilpädagogik.**

LÄUTERUNGSFEUER, Fegefeuer, ind. Kamaloka → **Leben zwischen Tod und neuer Geburt.**

LAUTEURYTHMIE → **Eurythmie.**

LEBENSÄTHER, ind. Prana → **Äther.**

LEBENSGEIST, Buddhi → **Wesensglieder.**

LEBENSLEIB, Bildekräfteleib → **Ätherleib;** → **Wesensglieder.**

LEBENSPROZESSE, sieben → **Ätherleib.**

LEBENSSINN → **Sinneslehre.**

LEBENSTABLEAU → **Erinnerungstableau.**

LEBENSZUSTÄNDE Sieben Phasen der Planetarischen Verkörperungen in der Weltentwicklung. → **Welt- und Menschheitsentwicklung.**

LEBEN ZWISCHEN TOD UND NEUER GEBURT Jede Nacht tritt der Mensch im Schlaf in die jenseitige Welt ein. Dabei trennen sich Ich und Astralleib vom Ätherleib und vom Physischen Leib. Die unteren → Wesensglieder bleiben mit dem Bewußtsein, das dem einer Pflanze gleicht — die auch nur aus Physischem und Ätherleib besteht —, auf der Schlafstätte zurück; Astralleib und Ich aber kehren in die übersinnliche Welt, aus der sie ihrem Wesen nach stammen, zurück. Ziel der geistigen Schulung (→ Schulungsweg) ist es, den Menschen zu befähigen, mit vollem Bewußtsein in diese andere Welt einzutreten, in ihr Wahrnehmungen zu machen und Erkenntnisse zu sammeln. Aus solchen Forschungen schöpfte Steiner, dessen → höhere Organe ausgebildet waren, sein Wissen über die geistige Welt, wozu auch die Kenntnisse über das Leben der menschlichen Individualität zwischen Tod und einer neuen Geburt gehören.

Auch im Tod findet eine Trennung der Wesensglieder statt; er heißt darum der Bruder des Schlafes. Es trennen sich jedoch nicht Ich und Astralleib von Ätherleib und Physischem Leib, sondern das Ich, der Astralleib und der Ätherleib — der Träger des Lebens — verlassen zusammen den Physischen Leib. Dieser hat damit keine Lebensfunktionen mehr und ist der Auflösung anheimgegeben.

Den weiteren Weg der drei verbliebenen Wesensglieder nach dem Tode hat Steiner mehrmals beschrieben. Nach seiner Schilderung nimmt die Seele unmittelbar nach dem Tode ihre Erinnerungen an das vergangene Leben, die im Ätherleib aufbewahrt sind, wie ein gewaltiges Gemälde wahr. Alle Erlebnisse zeigen sich simultan in diesem Erinnerungstableau. Es enthält nur die objektiven Tatsachen; die persönlichen Empfindungen, die der Mensch dabei gehabt hat, sind ausgestrichen. Das heißt, ein trauriger Mensch erscheint dem Verstorbenen so traurig, wie er ihn im Leben gesehen hat. Doch den Schmerz, den der Traurige empfunden hat, kann der Verstorbene nicht miterleben.

Dieses Erinnerungstableau ist bis in die Einzelheiten vollständig, denn dem Ätherleib hat sich auch das unbewußt Wahrgenommene eingeprägt. Allmählich jedoch beginnt es an Klarheit zu verlieren; die Farben und Konturen verglimmen und verschwimmen. Der Ätherleib verliert seine dem Physischen Leibe ähnliche Gestalt, wie er sie während des Erdenlebens gehabt hat, wird größer und formloser und löst sich schließlich im allgemeinen Weltenäther auf. Er ist sozusagen ein zweiter Leichnam, den die Individualität ablegt und der nun wieder der ihm eigenen Stofflichkeit zurückgegeben wird. Dieses erwähnte Lebenstableau bleibt etwa drei Tage sichtbar.

Was Astralleib und Ich von den Erinnerungen des Ätherleibes mit sich nehmen, ist eine Art Extrakt oder Essenz des Erlebten. Steiner hat in frühen Vorträgen dafür den Ausdruck «Kausalleib» verwendet. Dieser Auszug gehört fortan zum bleibenden Besitz des Ichs und geht auch in späteren Erdenleben nicht mehr verloren.

Ich und Ätherleib haben in der Verbindung mit den unteren Wesensgliedern Neigungen zur physischen Welt entwikkelt, die nicht aus der Natur des Ichs stammen. Das sind die Genüsse des Leibes wie Essen, Trinken, Sexualität und auch feinere Begierden und Wünsche, etwa Naturschwelgerei, genießerisches Vergnügen an der Kunst, sich selber genügender Tatendurst und vieles andere mehr. Diese Wünsche und Begierden haben sich im Astralleib festgesetzt, aber diesem fehlen jetzt die Organe des Leibes, durch die er sie befriedigen kann. Deshalb steigern sie sich ins Maßlose, und dies verursacht dem verstorbenen Menschen unerhörte Qualen und Leiden. Dieser Zustand, der anhält, bis sich die Begierden grober, feiner und feinster Art selbst verzehrt und verbrannt haben, heißt in der Sprache der katholischen Kirche «Fegefeuer» oder mit dem indischen Ausdruck «Kamaloka», das heißt «Ort der Begierden» [kama = Begierde; loka = Ort]. Es handelt sich hierbei jedoch nicht um einen Ort, sondern um einen Zustand. Steiner spricht auch von «Läuterung», «Läuterungszeit», «Läuterungsfeuer». In verschiedenen Stationen dieser Reinigungsphase befreit sich die Seele allmählich von allen irdischen Einflüssen und Bindungen.

Während der Läuterungszeit durchlebt der Mensch sein Leben auf der Erde nochmals, doch in umgekehrter Abfolge, vom Tode zurück bis zur Geburt. Dabei empfindet er nicht seine eigenen seelischen Bewegungen, die er bei den Geschehnissen hatte, sondern den Schmerz und die Freude, die er anderen bereitet hatte.

Läuterung und Zurückerleben im Kamaloka dauern zeitlich etwa so lange wie die gesamten Schlafzeiten des Lebens, während derer der Mensch ebenfalls den vergangenen Tag jeweils rückwärts durchlebt hatte, wenn auch unbewußt. Das ist insgesamt etwa ein Drittel seines vergangenen Erdenlebens; das heißt, Kamaloka währt etwa zwanzig Jahre, wenn ein Mensch sechzig Jahre alt geworden ist.

Nun ist auch für die letzte Hülle das vergangene Leben vorbei; der Astralleib fällt als dritter Leichnam vom Ich ab und löst sich in der allgemeinen Astralwelt auf, die Steiner unter anderem Gesichtspunkt auch «elementarische» Welt genannt hat. Bereichert um den Extrakt, den die Individualität auch im Kamaloka für den Kausalleib gewonnen hat, betritt das Ich nun die eigentliche geistige Welt, das «Himmelreich» oder «Devachan». (Über die Bezeichnungen für die Gebiete der höheren Welten → Geistige Welt.) Es durchschreitet immer höhere und weitere Himmelsräume, die Sternensphären — auch das sind mehr geistige Bereiche als räumliche Orte —, gelangt hinaus ins Weltall und lernt dabei jene Gebiete kennen, in denen die Urbilder und die Ursachen der irdischen Verhältnisse zu finden sind, die «Baupläne» zunächst, die dem Physischen, Ätherischen, Seelischen zugrunde liegen, und dann die schöpferischen Wesen, welche hinter allem Geschaffenen und Gewordenen stehen.

Das Ich lebt hier mit hohen geistigen Wesenheiten zusammen, die nie einen irdischen Leib annehmen (→ Hierarchien), und es begegnet in ganz realer Weise jenen Menschen wieder, zu denen es auf der Erde eine Beziehung hatte. Das Zusammensein ist hier nur ein engeres und innigeres, weil kein die unmittelbare Begegnung hindernder Physischer Leib mehr da ist.

Unter der Leitung höherer Wesenheiten arbeiten die Abgeschiedenen auch bei der Umgestaltung der Erde mit, die niemals eine abgeschlossene Schöpfung, sondern ein sich ständig verwandelnder Stern ist. Im Licht, das die Erde umgibt, das ihr Wärme spendet und Wachstum auf ihr ermöglicht, wirken die

Toten. Sie sind ständig um uns, nur in einer Gegenwelt, für die irdische Menschen gewöhnlich keine Wahrnehmungsorgane haben.

Die geistigen Wesenheiten helfen dem Toten auch, sich mit den Erfahrungen des vergangenen und noch älterer Erdenleben ein neues irdisches Leben zu gestalten, in dessen Verlauf die Fehler und Unterlassungen früherer Lebensläufe ausgeglichen werden können. Was dem Menschen auf der Erde in seinem Körper, in der Seele und vor allem von außen als – oft hartes – Schicksal entgegentritt, hat er in der geistigen Welt dank besserer Einsicht in die Notwendigkeiten der Weltgerechtigkeit und seiner eigenen Entwicklung selber für das künftige Erdenleben vorbereitet (→ Wiederverkörperung und Schicksal).

An dem Zenitpunkt des Hinausstrebens in die Weltenweiten und Geisteshöhen, den Steiner «Weltenmitternacht» nennt, beginnt der Mensch einen neuen Abstieg zur Erde. Er sehnt sich nach einem irdischen Dasein zurück, in dem er sein unausgeglichenes Karma abtragen kann. Er zieht seine Wesenheit wieder zusammen und umkleidet sie aus der «Substanz» der allgemeinen Weltenastralität mit einem neuen Astralleib. Erlebte er bis dahin die geistige Welt mit vollem Bewußtsein, tritt nun Bewußtlosigkeit ein. Geistige Wesenheiten geleiten die schlafende Individualität zu einem Elternpaar hin, von dem sie einen Ätherleib und einen Physischen Leib erhalten kann, wie er für das bevorstehende Erdenleben geeignet ist.

Kurz vor der Angliederung des Ätherleibes hat der sich verkörpernde Mensch ein bedeutsames Erlebnis. Er erwacht für kurze Zeit aus der Bewußtlosigkeit und erlebt einen Vorblick auf sein künftiges Erdenleben, bei dem er alle Hindernisse gewahr wird, die er überwinden muß, wenn er in seiner Entwicklung weiterkommen will. Dieses Vorwissen erweckt in ihm Kräfte, die ihm helfen sollen, das bevorstehende Schicksal zu meistern.

Die Dauer des Daseins zwischen Tod und neuer Geburt kann im einzelnen Fall ganz verschieden sein. Im großen ganzen jedoch richtet sie sich nach dem kosmischen Rhythmus des → Platonischen Weltenjahres, in dessen Verlauf von knapp

26 000 Jahren der Frühlingspunkt die zwölf Sternbilder des Tierkreises durchläuft, bis er wieder am Ausgangspunkt angelangt ist. Die Bewegung des Frühlingspunktes durch ein Tierkreiszeichen dauert rund 2160 Jahre. In dieser Zeit ändern sich die Lebensbedingungen auf der Erde so stark, daß der Mensch ganz neue Erfahrungen machen kann. Während dieser gut 2000 Jahre verkörpert er sich in der Regel zweimal, einmal als Mann und einmal als Frau, weil die beiden Geschlechter die Welt unterschiedlich erleben.

Verw.: → → ; → **Wachen – Träumen – Schlafen – Tod;** → **Studium der Anthroposophie.**

Lit.: 9/4; 13/3, 7; 99/26., 28., 29.5.07; Mötteli.

LEIBFREIES SEELENLEBEN

(leibfreies Denken, Fühlen und Wollen) → **Schulungsweg;** → **Seelenleben, verstärktes.**

LEIB, SEELE, GEIST

→ **Dreigliederung des Menschen.**

LEHRER,

Guru. In der orientalischen Geistesschulung bestand und besteht eine persönliche Abhängigkeit des Schülers vom Lehrer; teilweise überträgt der Guru sogar seine persönlichen Fähigkeiten direkt auf den Schüler. Die Anthroposophie hingegen berücksichtigt den Freiheitsanspruch des modernen Menschen und läßt ihn auch in der Schulung frei.

Steiner erteilte esoterischen Unterricht; er gab auf Ersuchen auch persönliche Ratschläge und empfahl besondere Meditationen, aber er überließ es dem Schüler, welchen Gebrauch er davon machen wollte. In seinen schriftlichen Anleitungen für die spirituelle Schulung milderte er später auch jene Stellen, die als Hinweise auf eine enge Abhängigkeit des Schülers vom Lehrer hätten verstanden werden können. Entsprechend heißt es in dem 1914 geschriebenen Vorwort zu «Wie erlangt man Erkenntnisse der höheren Welten?»: «In meiner ‹Geheimwissenschaft› [13], in der ‹Führung des Menschen und der Menschheit› [15], in ‹Ein Weg zur Selbsterkenntnis› [16] und besonders in ‹Die Schwelle der geistigen Welt› [17], auch in anderen meiner Schriften sind geistige Vorgänge geschildert, auf deren Vorhandensein dieses Buch vor mehr als zehn Jahren zwar schon hindeuten mußte, dies aber doch mit anderen Worten, als es gegenwärtig richtig scheint. Ich mußte damals von vielem, das in dem Buche noch nicht geschildert wurde, sagen, es könne durch ‹mündliche Mitteilung› erfahren werden. Gegenwärtig ist nun *vieles* von dem veröffentlicht, was mit solchen Hinweisen gemeint war. ... Man könnte etwa in dem *persönlichen* Verhältnis zu diesem oder jenem Lehrer bei dem nach Geistesschulung Strebenden etwas viel Wesentlicheres sehen, als gesehen werden soll. Ich hoffe, daß es mir gelungen ist, in dieser neuen Auflage durch die Art der Darstellung mancher Einzelheiten schärfer zu betonen, wie es bei dem, der Geistesschulung sucht im Sinne der gegenwärtigen geistigen Bedingungen, viel mehr auf ein völlig *unmittelbares* Verhältnis zur objektiven Geisteswelt als auf ein Verhältnis zur Persönlichkeit eines Lehrers ankommt. Dieser wird auch in der Geistesschulung immer mehr die Stellung nur eines solchen Helfers annehmen, die der Lehrende, gemäß den neueren Anschauungen, in irgendeinem anderen Wissenszweige innehat. Ich glaube genügend darauf hingewiesen zu haben, daß des Lehrers Autorität und der Glaube an ihn in der Geistesschulung keine andere Rolle spielen sollten, als dies der Fall ist auf irgendeinem anderen Gebiete des Wissens und Lebens» [10, V].

Ähnliches steht auch im 1918 veröffentlichten «Nachwort zum achten bis elften Tausend» desselben Buches.

Verw.: → **Schulungsweg.**

Lit.: 10/V, N.

LEMURISCHES ZEITALTER → **Erd- und Menschheitsentwicklung.**

LICHTÄTHER → Äther.

LOTUSBLUMEN

Macht der Schüler auf dem esoterischen Erkenntnispfad durch die Meditationen und die Aneignung bestimmter charakterlicher Eigenschaften Fortschritte, so beginnt sich zunächst sein Astral- oder Seelenleib regelmäßiger zu gliedern. Es bilden sich darin übersinnliche Wahrnehmungsorgane aus, die sich dem hellseherischen Schauen wie Blumen mit Blütenblättern oder Räder mit Speichen darstellen, weshalb sie Steiner in seinen früheren Schriften gemäß dem in der → Theosophischen Gesellschaft üblichen Sprachgebrauch meist «Lotusblumen» oder «Chakras» (Räder) nennt. (In seinen Hauptwerken 10 und 13 spricht Steiner immer von «Lotusblumen»; in einer Vortragsnachschrift des Sammelbandes 264 findet sich die Bezeichnung «Lotosblüte» [264/9.7.04]; Schiller: Schulungsweg sagt «Lotosblume».) Steiner erwähnt sechs solcher Lotusblumen: die zweiblätterige zwischen den Augenbrauen, die sechzehnblätterige in der Nähe des Kehlkopfs, die zwölfblätterige beim Herzen, die zehnblätterige in der Nabelgegend sowie die sechs- und die vierblätterige weiter unten.

Alle diese Lotusblumen, sagt Steiner, seien in urferner Vergangenheit, als der Mensch noch ein angeborenes dumpfes Hellsehen gehabt habe, tätig gewesen, sie hätten sich gedreht, und zwar in Gegenuhrzeigerrichtung. Heute seien sie beim unentwickelten Menschen von dunklen Farben und ruhig, unbewegt (10/6). Durch die moderne geisteswissenschaftliche Schulung würden sich die Blumen aufhellen und wieder in Bewegung setzen, allerdings in umgekehrter Richtung, im Uhrzeigersinn. In Bezug auf die sechzehn- und die zwölfblätterige Lotusblume erwähnt Steiner vor allem noch, in jener fernen Zeit dumpfen Hellsehens sei bei diesen Organen nur die Hälfte der Blätter, also acht bzw. sechs, ausgebildet gewesen. Als sich dann im Menschen beim Gang durch die Entwicklung das Bewußtsein aufgehellt habe, hätten sich diese verfinstert und ihre Tätigkeit eingestellt. Wenn nun der Mensch durch bewußte

Rotes Fenster, mittlerer Teil, über dem Westportal des ersten Goetheanums, nach einem Kupferstich von Assia Turgenieff. Für das entsprechende Fenster im zweiten Goetheanum ist dasselbe Motiv wiederaufgenommen worden. Bei dem Kopf ist über der Mitte der Augenbrauen die zweiblätterige, in der Kehlkopfgegend die sechzehnblätterige Lotusblume zu erkennen.

Übungen die anderen acht bzw. sechs Blätter ausbilde, begännen sich ohne sein besonderes Zutun auch die früher tätig gewesenen Blätter wieder aufzuhellen, und die ganzen Lotusblumen würden leuchtend und beweglich.

Jede der Lotusblumen verleiht dem Menschen ganz bestimmte hellseherische Fähigkeiten. Die zweiblätterige gibt ihm die Möglichkeit, «sein höheres Ich mit übergeordneten geistigen Wesenheiten in Verbindung zu setzen»; die sechzehnblätterige befähigt dazu, «die *Gedankenart* eines anderen Seelenwesens zu durchschauen» und «einen tieferen Einblick in die wahren Gesetze der Naturerscheinungen» zu erhalten; die zwölfblätterige erlaubt, die *«Gesinnungsart* anderer Seelen» und «bestimmte tiefere Kräfte bei Tieren und Pflanzen» zu erkennen, die zehnblätterige läßt «tief verborgene Eigenschaften an Seelen» wahrnehmen, die sechsblätterige eröffnet den «Verkehr mit Wesen, die den höheren Welten angehören», sofern sich deren Dasein «in der Seelenwelt zeigt» (10/6), die vierblätterige «hängt mit der Regeneration und mit der Produktivkraft des Menschen zusammen» (94/10.7.06).

Verw.: → →; → **Schulungsweg.**

Lit.: 10/6; 13/5; 94/6.6.06, 9.7.06, 10.7.06.

LUCIFER-GNOSIS

Nach seiner Einsetzung zum Generalsekretär der deutschen Sektion der → Theosophischen Gesellschaft gründete Steiner zusammen mit Marie von Sivers, seiner späteren Frau, als ihr eigenes, für Mitglieder und Freunde bestimmtes Publikationsorgan die Monatsschrift «Luzifer». Die erste Nummer erschien im Juni 1903. Anfang 1904 wurde das Blatt mit der österreichischen Schrift «Gnosis» zusammengelegt und als «Lucifer-Gnosis» weitergeführt. Der Abonnentenkreis wuchs ständig, doch mußte die Zeitschrift 1908 wegen «Überlastung des Redakteurs» (28/32) ihr Erscheinen einstellen.

«Luzifer»/«Lucifer-Gnosis» enthielt grundlegende Aufsätze zur Anthroposophie, unter anderem Beiträge zur esoterischen Schulung, die 1909 erstmals als das Buch «Wie erlangt

Kopf des Luzifer.
Detail aus Steiners großem Modell für seine «Holzplastik».

man Erkenntnisse der höheren Welten?» (10) erschienen, und die unter dem Titel «Aus der Akasha-Chronik» (11) ebenfalls in Buchform publizierten Aufsätze über die Vergangenheit der Erde und des Menschen. Andere Beiträge sind in der Gesamtausgabe des Rudolf-Steiner-Verlages in Dornach in dem Band «Luzifer-Gnosis» (34) zusammengefaßt worden.

Verw.: → →; → **«Goetheanum», Wochenschrift.**

Lit.: 28/32.

LUNAR PITRIS, theosophischer Name für die Engel, griech. Angeloi. → **Hierarchien.**

LUZIFER Name für eine Gruppe von geistigen Versucherwesen, die den Menschen von seiner wahren Bestimmung abbringen möchten. → Ahriman und Luzifer. — «Luzifer» hieß auch eine 1903 von Steiner gegründete theosophische Zeitschrift, die nach der Fusion mit einem anderen Organ den Namen → «Lucifer-Gnosis» annahm.

Verw.: → →.

MAHAT, theosophischer Name für die Geister der Bewegung, griech. Dynam(e)is. → **Hierarchien.**

MALEREI → **Kunst, Künste.**

MANAS, indischer Ausdruck für Geistselbst. → **Wesensglieder.**

MANTRA Als Hauptübungen oder als zusätzliche Hilfen auf dem Weg der Schulung (→ Schulungsweg) gab Steiner in der esoterischen Schule, die er von 1904 bis 1914 leitete, den Teilnehmern sogenannte Mantren. Auch Menschen, die sich an ihn persönlich um Hilfe für den Schulungsweg wandten, erhielten von ihm manchmal solche Sprüche, und schließlich haben auch einige in den Werken und Vorträgen enthaltene Sentenzen, Verse und Gedichte den Charakter von Mantren. Ein Mantra (Steiner sagt «Mantram») ist ein Meditationsspruch oder auch nur ein spirituelles Wort. Ebensosehr wie vom Inhalt her wirkt es durch Sprachmelodie und Rhythmus. Es ist dabei nicht unbedingt erforderlich, daß der Gedanke des Mantras von Anfang an ohne weiteres verständlich ist. In einem Vortrag äußerte sich Steiner: «Die mantrische Kunst, das Leben in den Sprüchen, es besteht darinnen, daß man nicht durch die Sprüche hindurch das Inhaltliche der Worte versteht, sondern daß man die Sprüche selbst wie ein Musikalisches erlebt, daß man die Sprüche selbst mit der eigenen Seelenkraft verbindet, daß man darinnen bleibt in den Sprüchen, daß man durch fortwährendes Wiederholen seine Seelenkraft, die in den Sprüchen lebt, verstärkt, daß man durch immer und immer fortwährendes Sich-Vorsagen dieser Sprüche seine Seelenkraft verstärkt. Diese Kunst, sie wurde nach und nach in hohem Maße ausgebildet und sie verwandelte jene Kraft, die wir sonst in der Seele tragen, um durch das Wort den andern Menschen zu verstehen, sie verwandelte diese Kraft in eine andere. Es ging in der Seele eine Kraft auf an dem Hersagen und Wiederholen des mantrischen Spruches, es ging in der Seele eine Kraft auf durch die Wiederholung des Mantrams, die nun nicht hinüberführte zu andern Menschen, sondern die hineinführte in die geistige Welt» (322/2.10.20, abends).

Verw.: → →; → **Meditation.**

MANVANTARA Indischer Ausdruck für eine Phase der Weltentwicklung, in der sich das Schöpfungsgeschehen nach außen wendet. Im «Pralaya», der entgegengesetzten Phase, zieht sich die Schöpfung in eine Art Ruhezustand zurück, der sich ganz im Geistigen abspielt. → **Pralaya.**

MEDIKAMENTE → **Heilmittel.**

MEDITATION

und Konzentration bezeichnet Steiner als die «sicheren Mittel» (12,1), die zu höherer Erkenntnis führen. Konzentration erklärt er als «das Richten der Aufmerksamkeit auf ganz bestimmte mit den Weltgeheimnissen zusammenhängende Vorstellungen und Begriffe», Meditation als «das Leben in solchen Ideen, das vollkommene (sich) Versenken in dieselben in vorgeschriebener Art» (10/8).

Körperliche Haltungen und Atemübungen spielen bei der anthroposophischen Meditation keine Rolle (→ Körperhaltungen). Wichtig ist jedoch, daß die Versenkungen regelmäßig und rhythmisch – das heißt jeden Tag zur selben Zeit – durchgeführt werden, und zwar über längere Zeit mit dem selben Inhalt. Während fünf bis zehn Minuten zieht sich der Übende in die vollständige innere Stille zurück. Stimmungen und irgendwelche Nachklänge des Alltags haben keinen Zugang zu seiner Seele; die Probleme, Sorgen und Nöte des äußeren Lebens und alle nicht zugehörigen Gedanken bleiben draußen. Im hellwachen Bewußtsein ist einzig der Gegenstand vorhanden, in den sich der Meditierende versenkt. Nach der Meditation sollte sich der Übende wieder ganz dem Alltag zuwenden und es vermeiden, die Gedanken an die Übungen in die Tagesarbeit zu übernehmen.

Meditation heißt jedoch nicht nur der Vorgang der Versenkung, das Ruhen auf einem Inhalt, sondern oft auch der Gegenstand der Übung, ihr Inhalt, selber. In Bezug auf die von Steiner gegebenen Übungen spricht man darum zum Beispiel von der «Samenkornmeditation» (10/2), der «Rosenkreuzmeditation» (13/5), von «Wortmeditationen» usw.

Verw.: → →; → **Schulungsweg;** → **Seelenleben, verstärktes;** → **Mantra.**

MEDIZIN → **Heilkunst.**

MENSCH, seine Vergangenheit auf der Erde → **Erd- und Menschheitsentwicklung;** → **Nachatlantisches Zeitalter.**

MENSCH, seine Vergangenheit während früherer Erdzeitalter → **Welt- und Menschheitsentwicklung.**

MENSCH, DOPPELTER URSPRUNG

Im Kapitel «Die Weltentwicklung und der Mensch» seiner «Geheimwissenschaft» (13/4) beschreibt Steiner in großen Zügen das Werden des Menschen im Zusammenhang mit der Entstehung unseres Planeten. Danach schufen hohe geistige Wesen in einer früheren Verkörperung unserer Erde, die er «alten Saturn» nennt, die Anlage zu unserem heutigen Physischen Leib, in einer zweiten Phase, auf der «alten Sonne», die Anlage für den Ätherleib, in einer dritten Phase, «alter Mond» geheißen, die Anlage für den Astralleib. Auf der heutigen Erde, wo die in diesen früheren planetarischen Verkörperungen geschaffenen Keime zu unseren gegenwärtigen Wesensgliedern herangereift sind, konnte diese körperlich-ätherisch-astrale Organisation dann das Ich aufnehmen. Der damit erst vollständig gewordene Mensch arbeitet während seiner Erdenzeit weiter an seiner Entwicklung und Vervollkommnung (→ Welt- und Menschheitsentwicklung; → Erd- und Menschheitsentwicklung).

Diese Darstellung ist auf das gemeinsame Werden von Erde und Mensch ausgerichtet. Die Entwicklung läßt sich jedoch auch so beleuchten, daß hauptsächlich das Werden des Menschen, vor allem auch in seinem Verhältnis zu den unter dem Menschenreich sich ausbildenden → Naturreichen, in Erscheinung tritt. Auf Grund von Angaben Steiners haben sich vor allem anthroposophische Naturwissenschafter solcher Untersuchungen angenommen. Es ist hauptsächlich das Verdienst des bedeutenden Biologen Dr. Hermann Poppelbaum, wenn es der anthroposophischen Forschung gelungen ist, die Abstammungslehre Darwins, die in Deutschland in erster Linie von Ernst Haeckel vertreten und fortentwickelt wurde, wie auch die auf Mendel beruhende Vererbungslehre und die neue Entdeckung des Zellkerns als Erbträger ins richtige Licht zu rücken.

Die darwinistische Deszendenztheorie hat ohne Zweifel durch die Erkenntnis der Verwandtschaft aller Lebewesen Enormes für die Naturwissenschaft geleistet. Diese Verdienste werden von der anthroposophischen Naturwissenschaft auch ausdrücklich anerkannt, doch muß nach Ansicht der auf Steiners erkenntnistheoretischen Grundlagen beruhenden geisteswissenschaftlichen Forschung der vom Darwinismus aufgestellte Stammbaum der Herkunft des Menschen ganz anders interpretiert und an entscheidenden Stellen wesentlich korrigiert werden. In anthroposophischer Sicht ist der Mensch nicht der Nachkomme irgendeines nachgewiesenen oder als Bindeglied in der Entwicklung zu postulierenden Tieres, sondern ein ganz neues Wesen der Schöpfung. Der Beginn seiner Herkunftslinie in diesem Baum des Lebens muß deshalb sehr viel tiefer angesetzt werden, als das in allen von der darwinistischen Richtung vorgeschlagenen Stammbäumen der Fall ist.

Bei der Frage nach der Herkunft des Menschen wendet sich der Blick der anthroposophischen Forschung auf seinen doppelten Ursprung: sein Werden als physisches und sein Herkommen als geistiges Wesen.

Die Schöpfung der *physischen Gestalt* ist von Anbeginn auf den Menschen hin angelegt; er ist ihr Ziel. Über dem Menschen stehende Wesenheiten, von der anthroposophischen Geisteswissenschaft Wesen der → Hierarchien geheißen, schufen in verschiedenen Schöpfungsstufen am Physischen Leib, am Ätherleib und am Astralleib des Menschen, um aus geistig durchdrungenem Erdenstoff die Hüllen zu bilden, die ein menschliches Ich aufnehmen konnten.

In dem über die Saturn-, die Sonnen-, die Monden- und schließlich die Erdenstufe sich ganz allmählich zu materieller Dichte verfestigenden Physischen Leib, mit dem sich auf der alten Sonne der Ätherleib und auf dem alten Mond der Astralleib verbanden, verkörperten sich zunächst Wesen, die bewußtseinsmäßig unter dem Menschen stehen. So entstanden nacheinander das, was wir heute das Mineral-, das Pflanzen- und das Tierreich nennen.

Auf der Erde dann im Lemurischen und noch mehr im nachfolgenden Atlantischen Zeitalter war die Vervollkommnung der in früheren planetarischen Verkörperungen veranlagten Leiber so weit fortgeschritten, daß sich aus der geistigen Welt nun ganz allmählich auch die menschlichen *Iche* einsenken konnten. Erst jetzt begannen die beiden Abstammungslinien der physischen und der geistigen Herkunft, sich miteinander zu verbinden.

Durch lange Zeiten waren die Leiber dieser ersten Menschen noch so weich, daß sich für die heutige Forschung keine Spuren von ihnen erhalten haben. Was in unseren Tagen aus solchen Urzeiten an Knochen gefunden wird, stammt nicht von unseren Ahnen, sondern von frühzeitig in die Physis eingetauchten niedrigeren Wesen, die sozusagen das Opfer brachten, die noch im geistigen Umkreis lebenden oder sich schon in weicher Materie verkörpernden menschlichen Iche vor zu früher Gefangenschaft in der irdischen Materie zu bewahren.

Was die anthroposophische Schöpfungsvorstellung von der auf Darwin und Haeckel beruhenden Abstammungslehre unterscheidet, ist die Einsicht, daß wesenhaft Höheres sich nicht von selbst aus Niedrigerem bilden kann. Immer wieder muß die Schöpfung gleichsam in ihren Ursprung zurückkehren und einen neuen Einschlag «von oben» aufnehmen, damit sie auf eine neue Stufe gehoben werden kann. Es ist in keiner Weise denkbar, daß sich Kristallformen, die höchsten Bildungen des Anorganischen, aus eigener Gesetzlichkeit heraus zu zellartigen Organismen formen, eine gewisse Plastizität bekommen, in sich verschiedene Dichtegrade der Materie ausbilden und weitere Eigenschaften des Lebendigen annehmen.

Vielmehr mußte das mineralische Material zunächst ganz abgebaut, in seiner Eigengesetzlichkeit völlig zerstört werden, bevor es durch einen neuen Impuls der Schöpfung die Grundlage für organisches Leben abgeben konnte. Ein geistiger Einschlag, der die organische Bildung wiederum von Grund auf veränderte, ereignete sich dann bei der Beseelung des nur vegetativen Lebens, und schließlich hat sich auch der

Mensch nicht durch Vervollkommnung animalischer Anlagen gebildet. Damit er entstehen konnte, mußte die Spezialisierung, zu der sich jede Tiergattung in irgendeiner Weise hinentwickelt hatte, durch einen neuen Schöpfungsakt gleichsam zurückgenommen werden. Erst dadurch, daß die in die Leiblichkeit drängenden Kräfte der Tierheit zum Teil zurückgestaut wurden, entstand für das Ich als viertes Wesensglied die Möglichkeit, sich zu verkörpern. Die im Vergleich zu den stark funktionalisierten Körpern des höheren Tierreichs wenig spezialisierten Menschenleiber gaben dem Ich die Möglichkeit, sich in der Materie zu inkarnieren. Die drei charakteristischen menschlichen Eigenschaften Aufrichten/Gehen, Sprechen und Denken bringt der Mensch nicht mit seiner Physis in die Welt. Es sind Fähigkeiten, die er sich nach der Geburt selber erst erwerben muß. Angeregt werden sie durch das Ich, das in diesen Funktionen nach irdischer Verwirklichung drängt. Sie machen den Menschen zum Angehörigen einer über den Naturreichen des Mineralischen, Pflanzlichen und Tierischen stehenden eigenen Schöpfungsordnung.

Wegen der Bildsamkeit seines Körpers, die sich der Mensch bewahrt hat, ist es auch wenig sinnvoll, in seinem Reich nach Gattungen zu suchen. Was uns als Menschenrassen und Völker entgegentritt, ist untereinander so wenig verschieden, daß diese Gruppierungen — welche sich zudem mehr und mehr vermischen — höchstens als Spielarten aufgefaßt werden können. Was im Menschenreiche Unterschiede schafft, kommt nicht von irgendwelchen leiblichen Besonderheiten, sondern von der wesenhaften Verschiedenheit der Individualitäten, aus dem oberen Ursprung des Menschen also. Die einzelnen Iche haben sich im Gang durch viele Verkörperungen derart differenziert, «daß in geistiger Beziehung *jeder Mensch eine Gattung für sich ist*» [9/3; → Biographie].

Das tief in der neueren Geistesgeschichte veranlagte und im Darwinismus kulminierende Mißverständnis des Menschen als einer Gattung des Tierreichs hat unter anderem tiefgreifende Auswirkungen auf die menschliche Sozialordnung. Sowohl im Osten, der ihn mit seiner kommunistischen Staats- und Gesellschaftsordnung ohnehin nur als Kollektivwesen gelten läßt, wie im Westen, wo in erschreckendem Maße gleichmacherische Tendenzen am Werk sind, wird der Mensch von den Machthabern als im Grunde vertauschbares Exemplar einer allgemeinen Spezies betrachtet. Er ist eine statistische Größe, die nur in Bezug auf Steuerkraft, Wohlverhalten im Rahmen allgemeiner gesetzlicher Normen, die Erfüllung ihm auferlegter Pflichten usw. interessiert. Fast jeder in öffentlicher oder privater Funktion tätige Vorgesetzte betrachtet es darum als ihm zustehende Aufgabe, die von ihm abhängigen Menschen zu formen, zu führen, einzuordnen und zu beherrschen. Seit dem Anbruch der Epoche der Bewußtseinsseele und dem Beginn der Michaelzeit (→ Michael) erwacht der Mensch jedoch immer entschiedener zu einer neuen Stufe des Selbstbewußtseins, auf der die von Steiner beschriebene, sich als eigene Gattung erkennende Individualität in Erscheinung tritt. Dem zu solcher Bewußtheit und Selbstbewußtheit erwachten Menschen genügen die überkommenen staatlichen und gesellschaftlichen Institutionen mit ihren kollektiven Verhaltensnormen nicht mehr (→ Freiheit). Diese Einsicht führte Steiner zu einer Reform der → Pädagogik und zu weitreichenden Vorschlägen für eine Umgestaltung der öffentlichen Ordnung und des sozialen Lebens. Die in den → Waldorfschulen praktizierte Erziehungskunst ermöglicht es dem heranwachsenden Menschen, die in ihm liegenden Fähigkeiten ohne Beeinträchtigung von außen frei zu entfalten. In der von Steiner entworfenen Sozialordnung könnte das Individuum frei und menschenwürdig leben (→ Dreigliederung des sozialen Organismus).

Die Schöpfung ist nicht abgeschlossen. Gemäß Steiners geisteswissenschaftlichen Vorstellungen reift der Mensch auf der Erde durch zahlreiche Inkarnationen (→ Wiederverkörperung und Schicksal) in neuen Kulturepochen und Erdzeitaltern künftigen planetarischen Verkörperungen entgegen, in denen er, bereichert um Erdenerfahrungen in einem materiellen Körper, sein Ziel erreicht, als rein geistiges Wesen in den oberen Ursprung zurückzukehren.

Verw.: → →; → **Wesensglieder.**

Lit.: Poppelbaum: Mensch und Tier; Poppelbaum: Entwicklung, Vererbung, Abstammung; Bühler: Zweifache Abstammung des Menschen.

Menschenreich

Der Mensch ist nach Steiners Auffassung nur seiner physischen Erscheinung nach mit den Tieren verwandt; als individuelle Erscheinung jedoch bildet jeder für sich seine eigene Gattung. Er kann darum, genaugenommen, nicht zu den → Naturreichen gezählt werden. Die Ordnung der Menschen bildet das Menschenreich. Es ist ihm bestimmt, nach einem langen, der Vervollkommnung dienenden Entwicklungsprozeß als neue Rangordnung in die über ihm stehenden → Hierarchien aufgenommen zu werden.

Verw.: → →.

MENSCHENWEIHEHANDLUNG

heißt der Kultus der → **Christengemeinschaft.**

MENSCHHEITSREPRÄSENTANT

→ **Holzplastik.**

Michael

Die anthroposophische Geisteswissenschaft zeigt, daß der Mensch kein so abgeschlossenes, durch die Haut begrenztes Wesen ist, wie es seine äußere Erscheinung glauben macht. Vor allem in den nicht voll bewußten Regionen des Gefühls und des Willens wirken ständig wesenhafte Kräfte aus allen geistigen Regionen auf ihn ein. Geistige Wesenheiten der → Hierarchien, Widersachermächte wie → Ahriman und Luzifer und auch Wesen, die dem Range nach unter dem Menschen stehen, suchen ihn zu beeinflussen und sich seiner zu bedienen, um in der ihnen nicht direkt zugänglichen physischen Welt ihren Einfluß ausüben zu können.

Im Verlauf der Geschichte sind es vor allem die → Erzengel als Lenker bestimmter Zeitabschnitte einer Kulturepoche (→ Weltentwicklungsstufen), welche die Menschen mitprägen. Sie lösen sich in einem bestimmten Turnus in ihrem Wirken ab, und jeder von ihnen verleiht der von ihm geführten Phase ihren besonderen Charakter. Der letzte Übergang von der einen Erzengelherrschaft zur anderen fand nach Steiners Angabe 1879 statt. In diesem Jahr übergab Gabriel das Regiment an Michael, der der Erzengel unserer Zeit ist.

Michaels frühe Erdenwirksamkeit lag noch in vorchristlicher Zeit und endete rund 200 v. Chr. Er stand damals im Dienste des jüdischen Volksgottes Jahve. Inzwischen hat sich das Mysterium von Golgatha (→ Christus) als entscheidende Zeitenwende in der Menschheitsgeschichte zugetragen. Dieses Ereignis gewährte Michael eine Möglichkeit, sich weiterzuentwikkeln. Er und die mit ihm verbundenen geistigen Mächte haben sich Christus angeschlossen, der seit Beginn unserer Zeitrechnung als Geist unserer Erde real im Erdenumkreis anwesend ist. Seit 1879 wirkt Michael als Christi Helfer intensiv an der irdischen Geschichte mit.

Die Aufgabe des Menschen im Gabrielzeitalter war es, sich verstehend und gestaltend in die Welt der äußeren Sinne hineinzuarbeiten, das heißt Naturwissenschaft und Technik zu entwickeln. Die Aufgabe des Menschen im michaelischen Zeitalter ist es, Naturwissenschaft und Technik durch eine → Geisteswissenschaft im eigentlichen Sinne des Wortes zu ergänzen. Der Mensch muß durch Verstärkung des Denkens wieder den Blick erheben lernen zur geistigen Welt und den in ihr lebenden Wesenheiten, welche nach entsprechender Schulung (→ Schulungsweg) ebenso real wahrgenommen werden können wie die Dinge der sinnlichen Welt. Mit der kalten Intelligenz des Gabrielzeitalters sollen sich jetzt moralische, das Herz und den Willen ergreifende Michael-Gedanken verbinden.

Bei all dem achtet Michael die dem Menschen zugedachte → Freiheit als hohes Gut. Er greift nicht direkt in die irdische Wirksamkeit ein, indem er Gefühl und Willen aktiviert, sondern er möchte über das menschliche Einsichtsvermögen, dem die → Anthroposophie neue Methoden zur Verfügung stellt, auf Herz und Willen wirken.

Weltgeschichtlich geht es in der Michaelzeit, wie dies auch unser Jahrhundert beweist, nicht ohne große Auseinandersetzungen ab, weil sich alte, in der gott-losen Naturwissenschaft der Gabrielzeit entstandene Strukturen, Moralvorstellungen und Sozialordnungen gegen das aus der Tiefe der Menschennatur aufsteigende neue Denken aufbäumen. Michael bringt die Möglichkeiten für eine wieder geistigere Naturerkenntnis, und er erwartet eine neue, menschengerechtere Sozialordnung (→ Dreigliederung des sozialen Organismus). Weil die Gegenmächte Ahriman und Luzifer zu diesem von Michael inspirierten freien Denken keinen Zugang mehr haben, öffnet Michaels Wirken im Menschen den Weg zu Christus.

Diese Auffassung von der Sendung Michaels in der Gegenwart veranlaßte Steiner in Verwirklichung einer ihm von der geistigen Welt gestellten Aufgabe, die Einführung eines neuen Jahresfestes anzuregen, das Ostern, Pfingsten und Weihnachten im Jahreskreis ergänzen soll: das Michaelfest am 29. September. In diesem Jahreskreis setzt es einen besonderen Akzent: «Bisher ist der Michaeltag ein Bauernfeiertag. Sie wissen, was ich für einen Sinn damit verbinde: ein Feiertag der einfachen Menschen. Er ist dazu berufen, aus dem Einsehen des ganzen Sinnes des irdisch-kosmischen Jahresatemzuges immer mehr und mehr das Ergänzungsfest für das Osterfest zu bilden» (223/31.3.23).

Das Goetheanum Dornach hat Michaeli, dieses neue Herbstfest, in seinen jährlichen Arbeitsturnus aufgenommen und veranstaltet jeweils Ende September eine Michaeli-Tagung mit Vorträgen und Bühnenaufführungen. Im «Heiligen Jahr» der → Christengemeinschaft ist Michael im Herbst eine besondere Festzeit gewidmet.

Verw.: → →.

Lit.: 26/Aufsätze «An die Mitglieder» vom 17.8.24 und 31.8.24, LS 103—143 und 159—173 mit den zugehörigen Aufsätzen «An die Mitglieder»; 194; 223; 245/4 + Hinweise; Mötteli.

MINERALREICH heißt das unterste der irdischen → **Naturreiche.**

MOND, Abtrennung, Abspaltung, Austritt. Erdgeschichtliches Ereignis im Lemurischen Zeitalter. → **Erd- und Menschheitsgeschichte.**

MOND, ALTER Früherer Verkörperungszustand der Erde. → **Welt- und Menschheitsentwicklung.**

MONISMUS In seinen erkenntnistheoretischen Schriften (1—3) und seiner «Philosophie der Freiheit» (4) hat Steiner seine philosophische Haltung dargestellt. Seine Weltanschauung ist monistisch, das heißt, sie erklärt die Welt aus der Einheit. Die Welt tritt uns zwar dualistisch — in Steiners Sprache als «Wahrnehmung» und als «Begriff» — entgegen. Die Wahrnehmung — Steiner meint damit nicht den Vorgang des Wahrnehmens, sondern das Wahrgenommene — tritt durch die leiblichen Sinne in unser Bewußtsein, der Begriff durch das Denken. Im menschlichen Erkennen aber verbinden sich Wahrnehmung und Begriff wieder zu der Einheit, die sie ihrem Wesen nach immer sind. Mit anderen Worten: Der Mensch ist so geschaffen, daß er die ganzheitliche Welt in Wahrnehmung und Begriff auflösen und die beiden Seiten wieder zur Einheit zusammenfügen muß, um zu erkennen.

In einer Besprechung der «Philosophie der Freiheit» hat der Philosoph Eduard von Hartmann Steiners philosophische Haltung dem «erkenntnistheoretischen Monismus» zugezählt. Steiner war mit der Bezeichnung nicht zufrieden und schlug dafür, «wenn man einen Beinamen will», den Ausdruck «Gedanken-Monismus» vor (4/N).

Verw.: → **Erkenntnistheorie.**

MORALISCHE PHANTASIE Wichtiger Begriff der aus Steiners → Erkenntnistheorie hervorgehenden Ethik.

Verw.: → →; → **Freiheit.**

Mysteriendramen In München, wo viel Verständnis für die künstlerische Seite der von Steiner gelehrten → Geisteswissenschaft vorhanden war, fanden unter Steiners Leitung als Veranstaltungen der → Theosophischen Gesellschaft (ab 1913 der → Anthroposophischen Gesellschaft) 1907 und dann von 1909 bis 1913 jährlich Aufführungen von Bühnenwerken statt. Zunächst wurden die Dramen des elsässischen Autors Edouard Schuré gespielt. Für die Festspielzeit im Sommer 1910 verfaßte Steiner das Mysterienspiel «Die Pforte der Einweihung». Dann folgte jedes Jahr ein neues Drama: 1911 «Die Prüfung der Seele», 1912 «Der Hüter der Schwelle», 1913 «Der Seelen Erwachen». Für den Sommer 1914 war ein weiteres Stück vorgesehen und schon fertig konzipiert, doch der Ausbruch des Ersten Weltkrieges verhinderte die Aufführung. Diese Stücke wurden unter Steiners Regie, zur Hauptsache mit Laienspielern, aufgeführt: das erste im Münchner Schauspielhaus, die beiden folgenden im Theater am Gärtnerplatz, das letzte im Volkstheater.

Die Mysteriendramen, fast ganz in Versen abgefaßt, sind Steiners umfangreichste Dichtungen. Die inhaltlich miteinander verbundenen Werke stellen den spirituellen Weg von Menschen dar, die karmisch (→ Wiederverkörperung und Schicksal) miteinander verbunden sind. Dabei enthüllen sich in Bildern der Rückschau – ins Mittelalter, in die altägyptische Zeit – alte Beziehungen und Vorgänge zwischen ihnen. Schicksalsmäßig mit der schon weiter fortgeschrittenen Maria verbunden, macht die dramatische Hauptperson des Zyklus, der Maler Johannes Thomasius, in der Gegenwart eine bedeutsame geistige Entwicklung durch.

Auch Wesen der geistigen Welt – nicht Allegorien oder symbolische Figuren, sondern im Sinne der anthroposophischen Weltanschauung Wesenheiten von ebenso realer Existenz wie physische Menschen – sind mit dem Geschehen verknüpft.

Diese feierlichen Mysteriendramen, eine Art kultischer Bühnenhandlungen, erforderten eine eigene Theaterumgebung. Nach der Uraufführung der ersten Stücke wurde daher der Plan, für die Darstellung der Mysteriendramen und zugleich als Zentrum der ganzen Bewegung ein passendes Ge-

Siegel zu den Mysteriendramen

Zu jedem Mysteriendrama zeichnete Rudolf Steiner ein Siegel. Darin sind die in der Handlung des betreffenden Stücks wirksamen Gestaltungskräfte im Zeichen sichtbar gemacht:

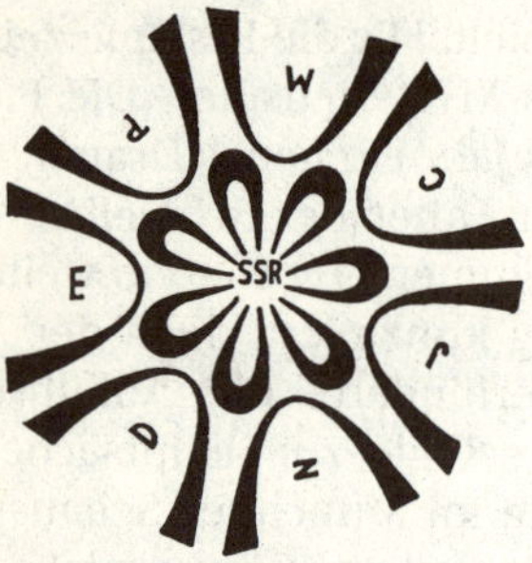

«Die Pforte der Einweihung»

«Die Prüfung der Seele»

«Der Hüter der Schwelle»

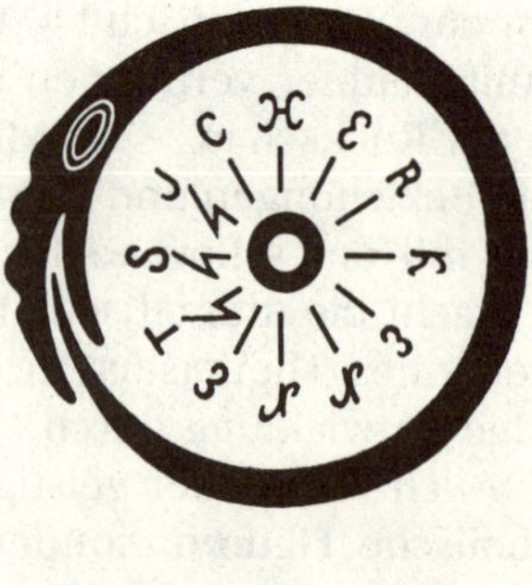

«Der Seelen Erwachen»

(Siehe dazu den Artikel «Siegel».)

bäude zu errichten, diskutiert. Es sollte in München errichtet werden und nach der Hauptfigur der Mysteriendramen den Namen Johannesbau erhalten. Im Johannesbau-Verein bildete sich eine Trägerschaft, und die ersten Projektzeichnungen entstanden. Die Ausführung scheiterte jedoch an Schwierigkeiten mit den Baubehörden. Dafür fand sich in der Schweiz auf einem Hügel über Dornach bei Basel ein anderer Bauplatz. 1913 konnte hier der Grundstein für das → Goetheanum gelegt werden, in dessen zweitem Bau die Mysteriendramen seit 1928 immer wieder aufgeführt werden.

Die Mysteriendramen machten auch die Ausbildung einer adäquaten → Bühnenkunst nötig. In enger Zusammenarbeit schufen Steiner und die sprachlich besonders ausgebildete Mitarbeiterin Marie von Sivers, von 1914 an Steiners Frau, diesen neuen Bühnenstil, zu dem eine besondere Sprachbildung (→ Sprachgestaltung) gehört und in den auch die → Eurythmie als Gestaltungsmittel einbezogen ist. Durch die Ausbildung einer Truppe von berufsmäßigen Schauspielern für die Aufführung der Mysteriendramen wie auch von Goethes Faust und anderer Bühnenwerke hob Marie Steiner das anthroposophische Theater vom Können einer Laienbühne auf das Niveau professioneller Bühnenkunst.

Verw.: → → ; → **Kunst, Künste;** → **Siegel.**

Lit.: 14, 1–4; 125/17.9.10, 31.10.10; 127/19.12.11; 147 – Petersen: Rudolf Steiners Mysteriendramen; Fels: Studien zur Einführung in die Mysteriendramen; Reimann: Mysteriendramen, 1–4; Houwald: Mysteriendramen, 1–4; Hammacher: Mysteriendramen, 1–4; Mysteriendramen am Goetheanum.

MYSTERIUM VON GOLGATHA

Christi Tod und Auferstehung am dritten Tag, von Steiner als ein Mysterienvorgang aufgefaßt. → **Christus.**

Nachatlantisches Zeitalter

Auf seinem Weg aus dem Geistigen in die Materie setzt der Mensch nach dem Untergang von Atlantis den Prozeß einer immer stärkeren Verkörperung fort. «Es war ja die Aufgabe der nachatlantischen Menschheit», schreibt Steiner, «diejenigen Seelenfähigkeiten in sich zu entfalten, welche gewonnen werden konnten durch die erwachten Gedanken- und Gemütskräfte, die nicht von der geistigen Welt unmittelbar angeregt wurden, sondern dadurch entstehen, daß der Mensch die Sinnenwelt betrachtet, sich in ihr einlebt und sie bearbeitet. Die Eroberung dieser sinnlich-physischen Welt durch jene menschlichen Fähigkeiten muß als die Mission des nachatlantischen Menschen angesehen werden. Von Stufe zu Stufe schreitet diese Eroberung vorwärts» (13/4).

Dieser Weg ist nötig, damit der Mensch Selbständigkeit und Freiheit gewinnt. Im selben Maße, wie er sich diese Eigenschaften zulegt, lockert er jedoch seine Verbindung mit der geistigen Welt, und er kann in Gefahr geraten, sie gänzlich aus dem Blickfeld zu verlieren. Diese Gefahr, der wir in der Gegenwart individuell besonders stark ausgesetzt sind, wurde in der sogenannten Griechisch-lateinischen Kulturepoche für die gesamte Entwicklung sehr akut, weil die völlig ins Äußerliche abgeglittene Menschheit keinen Weg mehr sah, mit der göttlichen Welt in wirkliche Verbindung zu treten.

Von der geistigen Welt her fand damals jedoch ein Einschlag in die Geschichte statt, durch den es in die Entscheidung jedes einzelnen Menschen gelegt wird, den gänzlichen Fall in die Materie zu vermeiden. Durch das Christusereignis hat der Mensch die Möglichkeit erhalten, sich wieder mit den geistigen Mächten zu verbinden (→ Christus; → Christentum; → Mysterium von Golgatha).

Dieses «*einmalige* größte Ereignis innerhalb der Menschheits-Entwicklung» (26/LS 138) brachte eine geschichtliche Wendung von höchster Bedeutung. Damals haben sich die Kräfte des Christus-Wesens, das früher seinen Wohnplatz auf der Sonne hatte, fest mit der Erde verbunden. Jene Menschen, die sie in sich aufnehmen, können Christus seither als im Umkreis der Erde wirksame Wesenheit erkennen und den Sinn des gegenwärtigen Lebens wie der kommenden Inkarnationen

(→ Wiederverkörperung und Schicksal) darin erblicken, daß sie den Weg aus der Verkörperung im Irdischen zum geistigen Ursprung zurückgehen. Diese Rückwendung ist ganz in den freien Willen des Einzelnen gestellt. Für jenen Teil der Menschheit, die den Christus nicht aufnimmt, setzt sich der Abstieg in die Materie fort, so daß sich gegen Ende unseres Zeitalters das Menschentum in ein spirituelles und ein zurückgebliebenes spalten wird.

Das Christus-Ereignis steht zeitlich im Zentrum der Nachatlantischen Epoche. Um dieses «Mittelpunktgeschehen» gruppieren sich die vorchristlichen Kulturepochen als eine Zeit der Vorbereitung und die nachchristlichen — die gegenwärtige Fünfte und die beiden noch folgenden nachatlantischen Kulturen — als Zeiten der Wirkungen.

Erste nachatlantische oder Urindische Kulturepoche (7227—5067 v. Chr.)

Aus der großen Wasserkatastrophe am Ende des Atlantischen Zeitalters hatte Manu die am weitesten entwickelten Menschen gerettet und sie nach Innerasien, in ein Gebiet «in der Nähe der Wüste Gobi» geführt, wo er ein spirituelles Zentrum gründete, von dem die folgenden nachatlantischen Kulturen ihre Impulse empfingen. Seine besten Schüler, die *sieben Rishis,* schickte er in das heutige Indien, wo Menschen lebten, die die Erinnerung an die geistige Welt, mit der die Atlantier noch verbunden gewesen waren, bewahrt hatten. In ihnen lebte eine Art Heimweh nach der übersinnlichen Welt, und bei manchen war nur ein kleiner Anstoß nötig, damit sie den Zugang zu ihr wieder fanden. Diese Welt empfanden die Inder als die wahre und wirkliche. Dafür hatten sie jedoch Mühe, sich in die irdische einzuleben, die ihnen als ein Trugbild der Sinne — als Maja — erschien.

Steiner schildert die Rishis als einfache, ja einfältige Menschen. In seinem hochentwickelten Ätherleib trug jeder von ihnen aber die Erinnerung an eine der atlantischen Kulturen in sich. Wenn sie zu gewissen Zeiten zusammenkamen, «ergab sich in einem großen Weisheitsbilde eine Erkenntnis der übersinnlichen Welt, von welcher in dem alten atlantischen Orakel nur die einzelnen Glieder haben verkündet werden können. Es wurden die großen Führerschaften der kosmischen Welt enthüllt und leise hingewiesen auf den einen großen Sonnengeist, den Verborgenen, der über denen thront, welche durch die sieben Lehrer geoffenbart wurden» (13/4). Diese hohe Wesenheit, deren Kraft sie auf die Erde herabströmen fühlten, nannten die heiligen Rishis *Vischvakarman.*

Weil sie im Besitz hoher Kräfte gewesen seien, sagt Steiner, hätten die sieben Rishis mit gewaltiger magischer Macht auf ihre Schüler wirken können, und auf diese Weise sei die große und tiefe Weisheit in die indische Kultur eingeflossen. In den Veden, den heiligen Schriften der Inder, ist davon nur noch ein schwacher Abglanz vorhanden. Als sich anderwärts die Zweite und die Dritte nachatlantische Kulturepoche ausbildeten, erlebte auch die indische Kultur eine zweite und eine dritte Phase. Erst in der letztgenannten Zeit wurde das, was sich in der mündlichen Überlieferung von der beschriebenen Urindischen Kultur des Ersten nachatlantischen Zeitalters erhalten hatte, aufgezeichnet. Die so entstandenen Veden sind zwar verehrungswürdige Zeugnisse, aber das ihnen zugrunde liegende Urwissen war noch viel spiritueller: die Sprache der Götter.

Zweite nachatlantische oder Urpersische Kulturepoche (5067–2907 v. Chr.)

Im iranischen Hochland hatten sich während der nachatlantischen Wanderzüge Völkerschaften festgesetzt, die gemäß ihrem Charakter zu ganz anderen Aufgaben befähigt waren als die Inder. Die Vorfahren der geschichtlich nachweisbaren Perser waren ebenso tüchtig als Krieger wie als Ackerbauern und Viehzüchter. Ihnen bedeutete die Erde Wirklichkeit und Heimat, und mit ihrer Tatkraft trachteten sie danach, sie sich durch Kampf und Arbeit untertan zu machen. Die Hinwendung zur Außenwelt war in diesem Volke so stark, daß sie seinen seelischen Zusammenhang mit der geistigen Welt zurückdrängte.

Von dem erwähnten innerasiatischen Evolutionszentrum des Manu wurde der hohe Eingeweihte *Zarathustra* oder *Zo-*

roaster mit der spirituellen Führung dieses Volkes beauftragt. In besonderen Zuständen seines Bewußtseins, die zu erreichen ihn seine Schulung fähig gemacht hatte, konnte er im geistigen Bereich der Sonne das hohe Gotteswesen wahrnehmen, welches es sich zur Aufgabe gemacht hatte, den Menschen vor dem Verlust der geistigen Welt zu bewahren. Er sah voraus, daß es in Zukunft einmal auf die Erde herabsteigen werde. Zarathustra verkündigte seinem Volke diesen großen Sonnen- und Lichtgeist *Ahura mazdao* oder *Ormuzd.* Es ist dieselbe Wesenheit, welche die Inder als Vischvakarman verehrten und die Jahrtausende später als Christus in einem irdischen Leib menschliche Gestalt annahm.

Diesen Lichtgeist zeigte Zarathustra im Kampf mit den finsteren Kräften der Welt, die er *Angra mainju* oder *Ahriman* nannte, und er meinte damit dieselben Widersachermächte, welche in der atlantischen Zeit in die Menschheitsentwicklung eingegriffen hatten. So wurde Persien zum Raum, in dem die damals kulturell führenden Völker ein Bewußtsein für die Auseinandersetzung zwischen Gut und Böse entwickelten.

Zu betonen ist, daß auch der von Steiner gemeinte Zarathustra und seine Kultur in eine viel frühere Zeit fielen als der Religionsstifter gleichen Namens aus der ersten Hälfte des ersten vorchristlichen Jahrtausends. Im Verständnis der anthroposophischen Geisteswissenschaft ist der geschichtliche Zarathustra ein Nachfolger des ersten großen Zarathustra, «der dessen Namen angenommen hat und im Sinne von dessen Lehre wirkte» (13/4). Diese seltsame Nachfolge hängt damit zusammen, daß in jenen alten Zeiten eine Individualität, die ein ganzes Volk prägte, gleichsam als eine Art Gruppenseele (→ Gruppen-Ich, Gruppenseele) wirkte, die nicht nur die einzelnen Individuen durchdrang, sondern sich später auch in einem anderen geeigneten Körper aus demselben Volke nochmals als eigenes Individuum inkarnieren konnte.

Dritte nachatlantische oder Ägyptisch-chaldäische Kulturepoche (2907–747 v. Chr.)

Von Persien aus wanderte der Kulturschwerpunkt nach Beginn des dritten vorchristlichen Jahrtausends weiter nach

Westen, ins Zweistromland und an den Südostrand des Mittelmeeres. In diesem von hamitischen, semitischen und in Mesopotamien zum Teil von einem Völkergemisch besiedelten großen Gebiete entstand am Nil und an Euphrat und Tigris eine Doppelkultur. Mehr nach innen gerichtet war die in Ägypten sich ausbildende Geistigkeit, mehr nach außen die Wirksamkeit der Völker im sumerisch-chaldäisch-babylonischen Raum.

In beiden Kulturzweigen war die Fähigkeit zur unmittelbaren Wahrnehmung der geistigen Welt weitgehend verschwunden, aber in der Beschäftigung mit dem Diesseits erfuhren Ägypter und Chaldäer noch etwas von Jenseitigen. Bei der Feldmeßkunst und dem Bau der Pyramiden ahnte der Ägypter, daß die Ordnung der Geometrie ein Abbild der ewigen Ordnung jener Welt sei, in die er nach dem Tode eingehen würde. Und der Chaldäer sah, daß die Bahnen und Rhythmen von Sonne, Mond und Sternen am irdischen Himmel auf einen dahinter liegenden geistigen Kosmos deuten, der die materielle Welt trägt, mit der er zwischen Geburt und Kosmos beschäftigt war.

Die besondere Mission, Nördlich-chaldäisches und Südlich-ägyptisches dieser Doppelkultur zu verschmelzen, oblag dem *jüdischen Volke.* Aus Ur in Chaldäa brach der Erzvater Abraham mit seiner Sippe in das verheißene Land Kanaan auf. Ein Jahrtausend später kamen die Juden in der Babylonischen Gefangenschaft dann nochmals in engen Kontakt mit der Kultur des Zweistromlandes. In Ägypten aber lernten Joseph und Moses, die Führer der Israeliten, die Sitten und Gebräuche, die Wissenschaft und die Religion des Pharaonenreiches kennen, und ihr Volk nahm viel von der Nil-Kultur auf. Zusammengeflossen aus Eigenem und Erworbenem entstand so, auch geographisch in der Mitte zwischen beiden Polen, in dem auserwählten Volk der Juden eine eigene Kultur, die mit ihrem starken Eigenbewußtsein schon in die nachfolgende Epoche hinüberleitete. Physisch lieferte es sozusagen den Schoß, aus dem in dieser späteren Zeit der langverkündete Messias, der Welterlöser, in einem menschlichen Körper auf die Erde kommen konnte.

Vierte nachatlantische oder Griechisch-lateinische Kulturepoche (747 v. Chr.—1413 n. Chr.)

Mit der Gründung Roms, die Steiner auf das Jahr 747 v. Chr. ansetzt, beginnt ein neuer Geschichtsabschnitt, in dem sich das in der Dritten Kulturepoche schon durch erste wissenschaftliche Leistungen in Erscheinung tretende Denken verselbständigte und voll ausbildete. Indem er sich mit seinen Gedanken- und Gemütskräften ganz in die physische Welt einlebte, wurde der Mensch auf dieser Erde ganz heimisch. Von der Einheit zwischen Mensch und Erde in der damaligen Epoche legen die auf uns gekommenen Kulturgüter heute noch deutliches Zeugnis ab.

Dem Griechen gelang es in der Kunst, dem Physischen die Schönheit des Geistigen vollkommen einzuprägen. Aus der hellenischen Plastik leuchtet die makellose Schönheit des menschlichen Körpers, und der griechische Tempel ist in Form und Proportionen das vollendete Haus des Gottes. Die Denker und Gelehrten legten den Grund für unsere heutige Wissenschaft, und die großen Dichter schufen eine den Menschen und seine Geschicke ins Zentrum rückende Kunst des Wortes.

In Rom anderseits vollzog sich der Übergang von der bisher durch Priester und Könige geleiteten Sozialstruktur zu einer auf Verstandesgrundsätzen beruhenden, musterhaften Rechtsordnung. Zugleich entstand hier als grandioses Zeichen eines nur auf staatliche Macht bedachten Gruppenwillens ein Militärapparat, dem im damaligen Erdkreis niemand und nichts widerstehen konnte. Für den durchschnittlichen Griechen und Römer aber war die irdische Welt auch die einzig wirkliche. Die öffentlich gelehrte Religion war ein Kult um sichtbar dargestellte Götter, die wie die Menschen ihre eigenen Ziele suchten und denen das Schicksal der Irdischen gleichgültig war. Aus dieser Religion leuchtete keine Hoffnung für ein Leben nach dem Tode. Nach der gängigen Auffassung erwartete den Verstorbenen in der Unterwelt ein Schattendasein ohne Sinn, aus dem es keine Rückkehr gab.

Von Göttern, in deren Plänen auch der Mensch seinen Ort hatte, erfuhren nur Auserwählte in den Mysterien. Diese Mysterienstätten in Eleusis, Delphi, Ephesus, Samothrake und an anderen Plätzen waren die Nachfahren der atlantischen Orakel, deren Erbe sich durch alle Kulturen bis in die griechisch-lateinische Antike durchgezogen hatte. Nach strenger Schulung konnten hier die Eingeweihten in besonderen Zuständen die Offenbarungen der geistigen Welt empfangen. Wenn die Mysterien bei allgemeinen Festen und Spielen auch eine äußere Seite zeigten, drang von ihren Geheimnissen doch so gut wie nichts in die Öffentlichkeit. Das Mysterienwissen blieb geheim, und der Verrat von Mysteriengeheimnissen wurde mit dem Tode geahndet.

Während dieser dunkelsten Zeit der Menschheitsgeschichte verkündigte in Palästina Jesus Christus, der in einen Menschenleib herabgestiegene hohe Sonnengeist, sein Evangelium von Gott als dem himmlischen Vater aller Menschen, zu dem der Weg durch ihn, den Sohn, gefunden werden kann. Er brachte die Botschaft von der wiedergewonnenen Verbindung zwischen Himmel und Erde und spendete denen, die sie annahmen, neues Leben. Mit seinem Tod am Kreuz verleibte er der Erde seine Liebeskräfte ein. Im spirituellen Sinne ist sie dadurch zu einem leuchtenden Stern geworden.

Von den Aposteln weitergetragen, breitete sich die neue Lehre gegen alle Widerstände rasch im römischen Reiche aus. Nach heftigen Kämpfen mit den alten Mächten wurde sie, getragen von der Kirche, schließlich Staatsreligion. In dieser institutionalisierten Form wurde das Christentum von den Völkern übernommen, die in der nächsten, unserer gegenwärtigen Kulturepoche, zu Trägern der weiteren Entwicklung wurden.

Nach anthroposophischer Auffassung ist die von den Kirchen verwaltete christliche Religion jedoch nur der in alten Formen erstarrte Anfang des lebendigen Christentums. Das Kommen Christi ist als Zeitenwende zu verstehen. Die allesverwandelnde Kraft dieses Ereignisses wird durch die Jahrtausende immer wirksamer werden. Erst in unseren Tagen beginnt sich die tiefere Bedeutung der Mission Christi zu enthüllen.

Fünfte nachatlantische Kulturepoche (1413–3573)

In Steiners Gliederung der Geschichte geht die Griechisch-lateinische Kulturepoche erst mit dem Jahr 1413 zu Ende. Seiner Auffassung nach brachten nicht der Zusammenbruch des römischen Reiches und die Völkerwanderung eine kulturgeschichtliche Zäsur. Erst durch den Übergang in einen neuen Bewußtseinszustand, der zu Beginn des 15. Jahrhunderts einsetzte, begann ein neuer Abschnitt.

Die germanischen Völker übernahmen das kulturelle Erbe der Antike zwar mit unverbrauchten Kräften, standen jedoch beim Eintritt in die historisch faßbare Geschichte in der Völkerwanderungszeit noch nicht auf der Bewußtseinshöhe der griechisch-römischen Verstandeskultur. Sie nahmen die antike Bildung wie auch die Botschaft vom Leben Christi mit offener Seele auf, brauchten aber eine gewisse Zeit, um sich diese Kulturgüter verstandes- und gemütsmäßig anzueignen und so das Bewußtseinsniveau der antiken Völker zu erreichen. Erst vom Anfang des 15. Jahrhunderts an waren sie dann fähig, ein noch höheres Bewußtsein in sich auszubilden.

In der Urindischen Kultur war der Ätherleib das oberste voll ausgebildete und vom Ich erfüllte Wesensglied. In jeder darauffolgenden Epoche entwickelte der Mensch ein neues, höheres Wesensglied: in der Urpersischen Epoche den Empfindungsleib, in der Ägyptisch-chaldäischen die Empfindungsseele, in der Griechisch-lateinischen die Verstandes- oder Gemütsseele. Das Jahr 1413 bezeichnet nun den ungefähren Zeitpunkt, an dem sich in den Völkern des germanischen Kulturkreises die Bewußtseinsseele auszubilden begann. Sie weiter zu entwickeln ist die Aufgabe der bis in die Mitte des vierten nachchristlichen Jahrtausends dauernden Fünften nachatlantischen Kulturepoche (→ Wesensglieder).

Mit der neu entstehenden Seelenkraft wird es mehr und mehr möglich, die vom Menschen bisher mit Selbstverständlichkeit assimilierten Kulturleistungen mit dem individuellen Bewußtsein zu durchdringen. Damit hat die Einzelpersönlichkeit begonnen, sich aus den traditionellen Bluts-, Staats- und Gruppenzusammenhängen jeder Art herauszuarbeiten. Erste Wirkungen davon waren etwa die Renaissance, die Reformation, die Bauernkriege, neuere die Französische Revolution, die Arbeiterbewegung, der Übergang zur demokratischen Staatsform, die Ausbildung persönlicher Kunststile, die Frauenemanzipation und die Verweigerung obligatorischen Militärdienstes im Namen der Autonomie des Individuums. Manchen dieser Entwicklungen setzten und setzen die konservativen Gewalten erbitterten Widerstand entgegen, und die meisten dieser Fortschritte sind ihrerseits wieder in Gefahr, als alleinseligmachende Errungenschaften propagiert zu werden. Doch sind solche Hemmnisse und Übertreibungen nur negative Beweise dafür, daß das neue Ichbewußtsein unserer Epoche das überlieferte kulturelle Erbe wie der Gärstoff Hefe überall mit seinen Kräften durchdringt.

Unter geisteswissenschaftlichem Gesichtswinkel betrachtet, bedeutet die Griechisch-lateinische Kulturepoche ein Ziel und zugleich einen Tiefpunkt der Entwicklung im Nachatlantischen Zeitalter. Der Mensch mußte damals diese Verbrüderung und Verschwisterung mit der Erde eingehen, um als ein aus sich selber handelndes Wesen zu erwachen. Der Preis dafür aber war der Verlust des Jenseits. In unserer Epoche kann er nun den Abstieg in der gleichen Richtung weiter fortsetzen oder aber aus eigenem Antrieb und mit vollem Bewußtsein, ohne die errungene Freiheit preiszugeben, den Weg zurück in die geistigen Welten suchen, wozu ihm in der gegenwärtigen Kulturepoche die Möglichkeiten gegeben werden. Die Anthroposophie, in der ein der Bewußtseinsseele gemäßes spirituelles Christentum Gestalt annimmt, bietet hier ihre Hilfe an.

Nach Steiners Angaben wiederholt sich in unserer Zeit die Dritte nachatlantische Kulturepoche auf höherer Stufe. Parallelen zwischen beiden Epochen sind durchaus erkennbar. Dem in ägyptisch-chaldäischer Zeit erwachenden Interesse für eine wissenschaftliche Erkenntnis der Welt und den damaligen Anfängen der Technik entspricht z. B. unsere Wissenschaft und Technik, den monumentalen Bauwerken der Ägypter und Babylonier sind die Bauten unserer Zeit zu vergleichen.

In der Dritten Kulturepoche deuteten die wissenschaftlichen Erkenntnisse auf die Gesetze einer hinter der sichtbaren liegenden geistigen Welt. Heute hat sich die Wissenschaft von diesem spirituellen Hintergrund gelöst, und ihre Errungenschaften sind Mittel zur Beherrschung einer rein materiell verstandenen Welt geworden, was sich insbesondere in einem bedingungslosen Glauben an technische Schöpfungen zeigt. Darin äußert sich die Gefahr, daß die schon in der Urpersischen Kultur einsetzende Bindung des Menschen an die Erde zu einem vollständigen Aufgehen im materiellen Dasein führen könnte, bei dem nicht nur das Wissen von einer göttlich-geistigen Welt, sondern auch die Möglichkeit zu freiem Handeln verlorenginge.

Sechste und Siebente nachatlantische Kulturepoche (3573–5733 und 5733–7893)

Während sich in unserer Zeit die Bewußtseinsseele entwickelt, werden sich in den beiden kommenden Epochen, deren Schwerpunkte nach Steiner im slawischen bzw. amerikanischen Raum liegen werden, die noch höheren Wesensglieder Geistselbst und Lebensgeist ausbilden. Wie in unserer Epoche auf höherer Ebene gewissermaßen die Ägyptisch-chaldäische Kultur aufersteht, werden sich in der Sechsten die Zweite und in der Siebenten die Erste nachatlantische Kulturepoche auf höherer Bewußtseinsstufe erneuern.

Indessen entsteht heute mit dem wachsenden individuellen Bewußtsein auch ein starker Egoismus, der sich in der Sechsten und der Siebenten Kulturepoche noch intensivieren wird. Steiner sieht darin die Wurzel einer kommenden Katastrophe, in der das Nachatlantische Zeitalter schließlich untergehen wird. Er spricht von einem «Kampf aller gegen alle», aus dem in der dann stattfindenden Scheidung der Menschheit in fortgeschrittene und zurückgebliebene Individuen vielleicht nur eine kleine Menschengruppe hervorgeht, die so entwickelt sein wird, daß sie das vollkommene Menschentum in das Sechste Zeitalter hinübertragen kann.

Verw.: → →; → **Welt- und Menschheitsentwicklung**; → **Erd- und Menschheitsentwicklung**; → **Weltentwicklungsstufen**; → **Platonisches Jahr und Kulturepochen.**

Lit.: 13/4; 99/4. und 5.6.07; 113/29. und 30.8.09; Mötteli. – Wachsmuth: Werdegang.

NATURREICHE ist der zusammenfassende Ausdruck für das Mineral-, das Pflanzen- und das Tierreich. Über den drei Naturreichen steht das → Menschenreich, dem in den geistigen Welten wiederum die → Hierarchien übergeordnet sind.
Verw.: → →.

NEBENÜBUNGEN in der esoterischen Schulung → **Schulungsweg.**

NERVEN-SINNES-SYSTEM oder Kopfsystem → **Dreigliederung der leiblichen Struktur des menschlichen Organismus.**

OBERE GEISTIGE WELT → **Geistige Welt.**

OBERES DEVACHAN → **Devachan.**

OBJEKT, OBJEKTIV → **Erkenntnistheorie.**

OKKULTE SCHULUNG → **Schulungsweg.**

OKKULTISMUS → **Geheimwissenschaft.**

ORGANISMUS, SOZIALER → **Dreigliederung des sozialen Organismus.**

PÄDAGOGIK Schon 1906/07 sprach Rudolf Steiner an verschiedenen Orten über das Thema «Die Erziehung des Kindes vom Gesichtspunkte der Geisteswissenschaft». Zur selbständigen Abhandlung umgearbeitet, erschien der Vortrag 1907 als Büchlein (Text heute in 34/1 oder als selbständige Broschüre). Als der Inhaber der Stuttgarter Zigarettenfabrik Waldorf-Astoria, Emil Molt, ein langjähriges Mitglied der Theosophischen bzw. der → Anthroposophischen Gesellschaft, nach dem Ersten Weltkrieg aus der Not der Zeit heraus den Plan faßte, für die Kinder seiner Arbeiter und Angestellten eine eigene Schule zu gründen, bat er Steiner um die Einrichtung und pädagogische Leitung. Steiner nahm nun nach zwölf Jahren das Thema Erziehung wieder auf und legte vor der Eröffnung der Schule in einem dreitägigen Kursus den eigentlichen Grund für die anthroposophische Pädagogik. Vom 21. August bis zum 5. bzw. 6. September 1919 sprach er dann vor zukünftigen Lehrern der Schule und anderen Interessierten in Vormittagsvorträgen über die Themen «Allgemeine Menschenkunde als Grundlage der Pädagogik» (293) und «Erziehungskunst—Methodisch-Didaktisches» (294), und am Nachmittag führte er seminaristische Übungen durch, die unter dem Titel «Erziehungskunst—Seminarbesprechungen und Lehrplanvorträge» (295) gedruckt erschienen sind. Seit der Eröffnung der Freien Waldorfschule Stuttgart am 7. September 1919 wurde mit der anthroposophischen Pädagogik praktisch gearbeitet. Viele Vorträge Steiners erweiterten in den nächsten Jahren noch seine Erziehungskunde.

Die anthroposophische Erziehung hält alle von außen herangetragenen Ansprüche vom Kinde fern. Weder die Forderung des Staates und der Politiker, etwa nach guten Staatsbürgern, noch die Wünsche der Wirtschaft nach geeigneten Arbeitskräften oder irgendwelche anderen «praktischen» oder weltanschaulichen Begehren nach bestimmter Formung des Kindes werden als pädagogisch berechtigt anerkannt. Trotzdem gehen selbstverständlich auch aus den → Waldorf- und den Rudolf-Steiner-Schulen lebenstaugliche junge Leute hervor. Maßgeblich für die Erziehung ist einzig die durch die anthroposophische Menschenkunde und Menschenerkenntnis vertiefte Einsicht in das Wesen des Menschen und das Bedürfnis des Kindes. Auch die finanziellen Erfordernisse der Schule dürfen im Prinzip bei der Erziehung keine Rolle spielen. All diese Grundsätze sind in dem häufig gewählten präzisierenden Namen «*Freie* Waldorfschule» enthalten. Das in einer anthroposophischen Bildungsstätte gepflegte freie Erziehungs- und Bildungswesen ist Teil des von Steiner postulierten Freien Geisteslebens (→ Dreigliederung des sozialen Organismus).

Die Steinersche Pädagogik nimmt Rücksicht auf die Siebenjahrperioden der menschlichen Entwicklung. Der Zahnwechsel um das 7. Altersjahr verwandelt das Kind ganz entscheidend, und mit der Geschlechtsreife um das 14. Jahr findet wieder eine tiefgreifende Veränderung statt.

Im ersten Lebensjahrsiebent lernt das Kind noch ganz durch «Nachahmung». Deshalb sollten die Erwachsenen ihm das rechte «Vorbild» liefern. Das verlangt von Eltern und Lehrern schon in dieser wichtigen Vorschulphase ein verantwortungsvolles, von Selbstbeobachtung und Selbsterziehung geleitetes Handeln.

Wenn dann der Zahnwechsel stattfindet, wird das Kind reif zum schulischen Lernen. Mit dem Abschluß dieses Vorgangs löst sich nämlich ein Teil der den Körper plastizierenden Kräfte aus der intensiven Beschäftigung mit dem Leiblichen und metamorphosiert sich zu Gedächtniskräften, die dem Kind das schulmäßige Aneignen von Lehrstoffen ermöglichen. Werkzeug dafür ist allerdings noch nicht das dem Erwachsenen zur Verfügung stehende intellektuelle Denken. Das Kind bleibt noch bei der Vorstellung. Daraus ergibt sich farbige Anschaulichkeit des Unterrichts als methodische Konkurrenz.

Was das Kind vom Lehrer außerdem als Haupteigenschaft verlangt, ist «selbstverständliche Autorität». Es möchte in diesem Alter zu Persönlichkeiten aufschauen, die von ihm freiwillig als verehrungswürdig anerkannt werden; ihnen möchte es vertrauen und nachfolgen. Dieses Vertrauens müssen die Lehrer würdig sein. Nichts wäre in diesem Alter unheilvoller als die Ausbildung des in unserer Zeit so gern gesehenen «kritischen» Denkens. Die Veranlagung dieser eigentlich auf dem Mißtrauen beruhenden Auseinandersetzung mit Welt und Mensch in einem Kind dieses Alters wäre Gift für seine

Seele und hätte im späteren Lebensgang gefährliche, unter Umständen bis in den Körper hinein wirkende Folgen.

Im zweiten Lebensjahrsiebent ist das Kind auch besonders bereit, sich – nicht als abstrakten Lehrstoff, sondern als erlebtes Wissen – möglichst viele Tatsachen aus Umwelt, Kultur und Geschichte einzuprägen. Daher wird in dieser Phase besonders die Ausbildung des sich entwickelnden Gedächtnisses angestrebt, auch wenn das Kind dabei Dinge aufnimmt, die es intellektuell noch gar nicht voll versteht. Die von der Feld-, Wald-, und Wiesendidaktik des herkömmlichen Unterrichtens gestellte Forderung «Vom Einfachen zum Schwierigen» wird von der Steiner-Pädagogik durch diese Praxis widerlegt. Solcher, wie behauptet wird, «unverstandene Gedächtnisstoff» legt sich wie Samenkörner in die Seele des Kindes; im Untergrund umspült und verarbeitet sie ihn mit ihren Kräften und Säften, bis eines Tages, wenn es an der Zeit ist, die Sache mit einem Male auch gedanklich verstanden wird und als verarbeitetes Wissensgut wieder auftaucht. Bei diesem Vorgang hat sich die Seele gekräftigt.

Erst beim Eintritt ins dritte Jahrsiebent, mit der Geschlechtsreife, wird der junge Mensch allmählich auch fähig, wie die Erwachsenen zu denken: das Aufgenommene mit Gedanken zu durchdringen, zu vergleichen und darüber zu urteilen. Die vorausgegangene Ausbildung und die weitere Erziehung werden allerdings auch in diesem Lebensabschnitt bewirken, daß dieses Erwachsenendenken nicht zu einem nur im Kopf sich abspielenden, von Herz, Gemüt und Willen abgetrennten Intellektualismus entartet, was eine der Schwächen ist, unter denen die westliche Menschheit heute leidet.

Steiner weist auch auf zwei Zäsuren hin, die den zweiten Lebensabschnitt, die Phase vom 7. bis zum 14. Altersjahr, dritteln. Bis zum neunten Jahr wirken im Kind noch die Nachahmungskräfte des ersten Lebensjahrsiebents nach. Es bezieht die Dinge noch weitgehend auf den Menschen. Dann aber beginnt diese stark anthropozentrische Einstellung etwas an Bedeutung zu verlieren, und das Kind wird reif für einen Unterricht, der die Aufmerksamkeit mehr auf die Beziehungen zwischen den Dingen lenkt. Begleitet wird dieser Übergang zu einem stärkeren Ich-Bewußtsein von einer leichten Krise des unbedingten Vertrauens zum Lehrer. Der Erzieher braucht viel Feingefühl, um das Kind durch diese Entwicklungsphase zu leiten und sein Vertrauen zurückzugewinnen.

Gegen Ende des zwölften Lebensjahres ist das Kind auch so weit, daß es jene Dinge und Erscheinungen begreifen kann, die ganz unabhängig vom Menschen bestehen und vor sich gehen. Nun ist es Zeit, Mineralogie, Physik, Chemie und das Witterungsgeschehen in den Lehrplan aufzunehmen.

Die Steinersche Pädagogik berücksichtigt vor allem auch die Tatsache, daß das Kind in den beiden ersten Schuljahren die Welt mehr oder weniger noch als ein Ganzes im Bilde erlebt, weshalb in diesen Jahren Märchen, dann Legenden und Fabeln im Unterricht einen wichtigen Platz einnehmen. Von der dritten Klasse an beginnt sich jedoch das Bewußtsein vom Dualismus Mensch und Welt, Zeit und Raum, Natur und Kultur auszubilden, und der Lehrplan gliedert sich von da an in einen nach herkömmlicher Bezeichnung mehr «geisteswissenschaftlichen» und einen «naturwissenschaftlichen» Zweig. Damit ergibt sich in einer vollausgebauten, das heißt zwölf Klassen umfassenden Waldorf- bzw. Rudolf-Steiner-Schule (nach Grosse: Erlebte Pädagogik) ein bestimmter *Stoffplan* (siehe die Tabelle auf Seite 199).

Beizufügen ist, daß an den Waldorf- bzw. Steiner-Schulen *keine Notenzeugnisse* ausgestellt werden. Sie werden ersetzt durch eine verbale Charakteristik. Auch das hat seinen pädagogischen Grund. Waldorfschulen sind vor allem Institute der Menschenbildung. Selbstverständlich sollen die Schüler in ihnen, wie in anderen Schulen, lernen. Der aufgenommene Lehrstoff, besonders der herkömmliche, ist jedoch nicht alleiniger Maßstab für Wissen und Können, geschweige denn für die Beurteilung der ganzen Schülerpersönlichkeit. Darum kann das erworbene Wissen und die Fähigkeit, solches Wissen aufzunehmen, in einem schriftlichen Rechenschaftsbericht an die Eltern nur eines unter verschiedenen zu beachtenden Kriterien sein. Erst in der achten Klasse, mit der die Unterstufe endet, erreicht der Schüler seine «Erdenreife» und möchte nun auch seine intellektuellen Kräfte stärker zur Geltung bringen und

	Geisteswissenschaft: Wissen vom Menschen, zeitliches Werden	**Naturwissenschaft:** Natur und Welt, Dinge und Vorgänge im Raum
1. Klasse 7. Altersjahr	Märchen	
2. Klasse 8. Altersjahr	Legenden, Fabeln	
3. Klasse 9. Altersjahr	Biblische Geschichte Deutsche Grammatik	Ackerbau, Handwerk
4. Klasse 10. Altersjahr	Germanische Mythologie	Heimatkunde, Menschenkunde, Tierkunde
5. Klasse 11. Altersjahr	Griechische Mythologie, Geschichtsbilder: Indien, Persien, Ägypten, Griechenland	Pflanzenkunde, Bruchrechnen
6. Klasse 12. Altersjahr	Rom – Mittelalter I	Astronomie, Gesteinskunde, Geographie, Geometrie, Physik, Werkstatt
7. Klasse 13. Altersjahr	Mittelalter II, Entdeckungszeit, Reformation	Ernährungslehre, Astronomie, Chemie, Gleichungen, Geographie usw.
8. Klasse 14. Altersjahr	30jähriger Krieg, Französische Revolution, 19. und 20. Jahrhundert, Dramen, Literatur	Anthropologie, Schattenlehre, Physik, Chemie, Meteorologie
9. Klasse 15. Altersjahr	30jähriger Krieg, Aufklärung, Leitideen im 18. und 19. Jahrhundert, Kunstgeschichte	Naturwissenschaften, Mathematik
10. Klasse 16. Altersjahr	Mittelalterliche Dichtung	Technologie, Darstellende Geometrie, Feldmessen, Naturwissenschaften usw.
11. Klasse 17. Altersjahr	Die Gralsgeschichte, Literaturgeschichte	Mathematik, Naturwissenschaften: Biologie usw.
12. Klasse 18./19. Altersjahr	Überschau über die Weltreligionen, Völker- und Kulturkreise – Die Geisteswissenschaft	Die Entwicklung der Naturreiche, eine Gesamtschau der Naturwissenschaften, Mensch und Weltall

vergleichen können. Darum tritt vom Beginn der Oberstufe, von der 9. Klasse an, das Prinzip der Leistung stärker in den Vordergrund, ohne daß es freilich je den ganzen Menschen dominieren würde.

Wie an einer öffentlichen Schule wird der Lehrstoff gemäß einem Stundenplan in Fachlektionen unterrichtet, allerdings mit einem wichtigen Unterschied: Die Schlüsselfächer wie Rechnen, Sprache, Geographie, Geometrie, Geschichte, Naturkunde, Physik, Chemie werden von der ersten Klasse an im Wechsel als sogenannter *Epochenunterricht* erteilt, das heißt, eines dieser Fächer rückt im Turnus in den Mittelpunkt der ganzen Schularbeit und steht während circa zwei bis drei Wochen jeden Morgen als etwa zweistündiger Unterrichtsblock zuerst im Stundenplan, und die anderen Fächer folgen am späteren Vormittag und am Nachmittag mit gewöhnlicher Länge der Lektionen nach. Ist diese Vorzugsstellung eines Faches vorbei, tritt es in die Reihe der anderen Fächer zurück, und ein anderes Schlüsselfach übernimmt die Rolle des Epochenfaches. Dieser Epochenunterricht hat den Vorteil, daß im jeweiligen Epochenfach ein längerer zusammenhängender Stoff erarbeitet werden kann. Der Schüler ist auf dieses dominierende Fach auch besser eingestimmt als dann, wenn ein Stoff, für den er sich eben erwärmt hat, mit dem Pausenläuten unterbrochen werden muß.

Ein wichtiges Merkmal der Steiner-Schulen ist auch, daß derselbe *Klassenlehrer* die Schüler von der ersten bis zur achten Klasse führt. (Erst auf der Oberstufe von der neunten bis zur zwölften Klasse wird der Unterricht nach dem Fachlehrersystem erteilt.)

Der Klassenlehrer unterrichtet auf der Unter- oder Volksschulstufe mindestens die genannten zentralen Fächer; dazu kommen schon in den ersten Schuljahren ebenso wichtige andere Fächer, die von Fachlehrern erteilt werden: von der ersten Klasse an → Eurythmie und Handarbeit, Unterricht in zwei Fremdsprachen (der in den unteren Klassen in der Regel vom Klassenlehrer und etwa von der vierten Klasse an von Fachlehrern erteilt wird), von der sechsten Klasse an Gartenbaukunde und Turnen. (Die vorstehenden summarischen Angaben entsprechen etwa den Gepflogenheiten an der Rudolf-Steiner-Schule Zürich. Von welchem Schuljahr an welches Fach als Epochenfach und von wann an es von einem Fachlehrer erteilt wird, kann von Schule zu Schule und von Land zu Land etwas variieren. Steiners Grundsätze werden entsprechend den Umständen und Möglichkeiten verwirklicht.)

Als oberstes Gesetz gilt, daß keine Kräfte geweckt oder abverlangt werden, die nicht schon vorher im Kinde entwicklungsgemäß erwacht sind. Das Kind lernt rechnen, lesen, schreiben und rechtschreiben, wenn es dazu bereit ist — meist später als an den öffentlichen Schulen —, dann aber in der Regel sehr rasch. Es entfaltet dafür früher andere Fähigkeiten, die in ihm liegen und deren es zu seiner Selbstwerdung bedarf, weil ihm die anthroposophische Erziehung dazu die Möglichkeit bietet. Die bereits genannte Eurythmie, dazu Malen, Plastizieren, Musizieren und → Sprachgestaltung, überhaupt alle künstlerischen Beschäftigungen werden vor allem in den unteren Klassen sehr gepflegt. Im künstlerischen Tun kann das Kind das, was seiner Seele gemäß an Möglichkeiten in ihm liegt, am freiesten ausbilden.

Ein weiteres Merkmal: Die anthroposophische Pädagogik — und auch hierin ist sie dem, was sich sonst Pädagogik nennt, sehr weit voraus — bezieht die *Temperamentserziehung* in ihre Tätigkeit ein. Die Beeinflussung der Temperamentsanlagen ist etwas vom Allerschwierigsten, weil hier die Wurzeln tiefer sitzen als bei rein seelischen Anlagen: im → Ätherleib. In jedem Menschen sind zwar alle vier Temperamente vorhanden, aber in vielen Fällen ist die Prägung doch einseitig: Ein Kind ist vorwiegend Melancholiker, Phlegmatiker, Sanguiniker oder Choleriker, oder es können auch zwei Temperamente in ihm ausgeprägter sein als die anderen. Hier kann dem noch bildsamen Menschen durch Maßnahmen, wie sie Steiner empfohlen hat, geholfen werden, sich besser ins Zentrum der Windrose dieser Kräfte zu stellen, die gleichsam in die vier Weltrichtungen auseinanderstreben.

Die von Steiner gelehrte Menschenkunde bereichert das Wissen vom Menschen gewaltig, und die aus diesem Menschenverständnis entwickelten Methoden ermöglichen erst eine menschengemäße Erziehung. Es kann aber nicht genug betont werden, daß sie nicht auf irgendwelchen Glaubenssätzen, moralischen Absichten, die durch die Erziehung zu verwirklichen wären, schöngeistigen Vorstellungen vom Menschen oder sonstwie verschwommenen Auffassungen beruht. Steiners Pädagogik ist die Anwendung einer Wissenschaft vom Menschen, der ein ganz zu Ende gedachtes erkenntnistheoretisches Fundament zugrunde liegt (→ Erkenntnistheorie), und ihre Methoden halten den Anforderungen stand, die an die anerkannten Wissenschaften gestellt werden. Zu den Einsichten dieser anthroposophischen → Geisteswissenschaft, die unmittelbar pädagogisch fruchtbar werden, gehört beispielsweise das Wissen von den verschiedenen Wesensgliedern (→ Wesensglieder) und von den Entwicklungsrhythmen des Menschen. Im Unterschied zu den meisten Universitätswissenschaften hält sich Steiners Geisteswissenschaft jedoch ganz an die Phänomene; sie versucht nicht, diese durch erdachte Theorien und Hypothesen zu erklären oder in irgendwelchen Abstraktionen verschwimmen zu lassen, sondern läßt die Dinge sich selber aussprechen.

Ein weiterer Unterschied zur akademischen Wissenschaftlichkeit besteht darin, daß die wissenschaftliche Pädagogik der Anthroposophie nicht Kopfwissen bleibt, sondern den Erzieher ganz in Anspruch nimmt, nicht nur sein Denken, sondern auch sein Fühlen und Wollen. Ohne an Wissenschaftlichkeit zu verlieren, verwandelt sich die anthroposophische Pädagogik so in eine Kunst. Sie wird zur *Erziehungskunst* — Steiner verwendet diese Bezeichnung ebensogern wie den Begriff Pädagogik —, und der anthroposophische Lehrer versteht sich als Künstler. In liebevollem Eingehen auf jedes einzelne Kind arbeitet er mit allen seinen Kräften an und mit den Seelenkräften der Kinder, ihrem Denken, ihrem Fühlen, ihrem Wollen. Er bemerkt diese Kräfte, entwickelt sie und macht sie für ihre Erdenaufgabe brauchbar. (Vgl. Grosse: Erlebte Pädagogik, Abschnitt: Der Lehrer ein Künstler und die Pädagogik eine Kunst.)

Große Bedeutung an Rudolf-Steiner-Schulen haben auch die *Lehrerkonferenz*, die *Elternabende* und überhaupt die engen Kontakte zwischen Lehrer und Eltern. Wichtig ist auch, daß Waldorf- bzw. Rudolf-Steiner-Schulen *keine Weltanschauungsschulen* sein wollen. Der Religionsunterricht katholischen, reformierten, israelitischen oder eines anderen Glaubens, zu dem sich die Eltern bekennen, wird von Vertretern der betreffenden Konfession oder Religion erteilt. Die → Anthroposophie selber ist keine Religion, sie verlangt keinen Glauben und kennt keine Dogmen; sie ist, wie erwähnt, eine Wissenschaft. Als solche wird sie in der Schule nicht gelehrt, denn Anthroposophie ist nichts für Kinder und würde von jungen Menschen auch gar nicht verstanden. Als Wissenschaft und als Erkenntnisweg aber ermöglicht sie dem Pädagogen den Zugang zu vertieften Erkenntnissen, die seine Lebenssubstanz und sein Rüstzeug sind. Im Bemühen um solche Grundlagen macht er durch Studium und Selbsterziehung unvermeidliche Umwandlungsprozesse durch. Immer mehr durchdringt ihn die Einsicht, daß er und die ihm zur Erziehung anvertrauten Kinder schon viele Erdenleben hinter sich haben und allen noch viele Erdenleben bevorstehen. Die Tatsachen der Reinkarnation und des von jedem Menschen selbstgeschmiedeten Schicksals sind für ihn ein selbstverständliches Wissen (→ Wiederverkörperung und Schicksal). Er spricht davon nicht zu seinen Schülern, aber es umgibt ihn als Atmosphäre, in der sich sein ganzes Wirken abspielt.

Verw.: → →; → **Heilpädagogik.**

Lit.: 34/1: Die Erziehung des Kindes . . .; 293; 294; 295; Mötteli-Rittersbacher: Wirkungen der Schule; Rittersbacher: Zur Beurteilung der Pädagogik; Grosse: Erlebte Pädagogik; Hartmann: Erziehung aus Menschenerkenntnis; Englert/Jenny/Zbinden: Mensch, Schule, Staat und Menschheit.

PÄDAGOGISCHE EURYTHMIE

→ **Eurythmie.**

PARADIES,

Vertreibung. Folge des «Sündenfalls», das heißt der Einflußnahme der luziferischen Wesen auf den Astralleib des Menschen im Lemurischen Zeitalter. → **Erd- und Menschheitsgeschichte.**

PFAD DER ERKENNTNIS → **Schulungsweg.**

PFLANZENREICH **Das mittlere der irdischen → Naturreiche.**

PHANTASIE, MORALISCHE → **Moralische Phantasie.**

PHILOSOPHISCH-ANTHROPOSOPHISCHER VERLAG

1908 gründete Marie von Sivers, Steiners spätere Frau, für die Publikation der Werke Steiners in Berlin den Philosophisch-Theosophischen Verlag. 1913, mit der Bildung der Anthroposophischen Gesellschaft, wurde der Name in Philosophisch-Anthroposophischer Verlag geändert. Geschäftsführerin war von Beginn an bis 1935 eine der frühesten Schülerinnen Steiners, Johanna Mücke.

Vor der → Weihnachtstagung 1923/24, im November 1923, wurde der Verlag nach Dornach verlegt und nannte sich nun Philosophisch-Anthroposophischer Verlag am Goetheanum. Ohne Zweifel bestätigte Steiner damit seinen Willen, daß alle seine Schriften, soweit sie nicht ausdrücklich anderweitig vergeben wurden, weiter in diesem Verlag erscheinen sollten, was sinngemäß einschließt, daß dort auch die im Nachlaß vorhandenen, noch unveröffentlichten Werke, hauptsächlich seine Vortragsreihen, publiziert werden sollten.

Nach dem Tod ihres Mannes verkaufte Frau Marie Steiner am 16. September 1925 das ihr gehörige, aber durch Steiners Willen an der Weihnachtstagung in die Gesellschaft eingegliederte Verlagsunternehmen an die Allgemeine Anthroposophische Gesellschaft, behielt sich aber lebenslänglich die Leitung und Verwaltung sowie das Nutzungsrecht an den Einkünften vor. Von ihr oder mit ihrer Zustimmung wurden nun während längerer Zeit neue Auflagen bereits erschienener Schriften sowie Vorträge, Vortragsreihen und Aufsätze aus dem Nachlaß veröffentlicht.

Über die Frage, was alles zusammen mit dem Verkauf des Philosophisch-Anthroposophischen Verlages ins Eigentum der Gesellschaft übergegangen sei, wichen die Meinungen in der Folge voneinander ab. Es kam zum Streit und zum Prozeß, der nach Marie Steiners Tod durch den Spruch des Obergerichts des Kantons Solothurn (Schweiz) zugunsten des von ihr gegründeten Nachlaßvereins beendigt wurde. Mit Urteil vom 17. Oktober 1952 wurde der Allgemeinen Anthroposophischen Gesellschaft und den ihr unterstellten Institutionen wie dem Philosophisch-Anthroposophischen Verlag verboten, literarische und künstlerische Werke Steiners ohne ausdrückliche Erlaubnis des Nachlaßvereins herzustellen und zu verkaufen. Nicht die Verlags-, wohl aber die Urheberrechte und der gesamte literarische und künstlerische Nachlaß Steiners gingen an den Nachlaßverein über. In dem von dieser Gruppe gegründeten Verlag der Rudolf-Steiner-Nachlaßverwaltung, der später in Rudolf-Steiner-Verlag, Dornach, umbenannt wurde, erscheint seit 1955/56 die Rudolf-Steiner-Gesamtausgabe.

Der Philosophisch-Anthroposophische Verlag am Goetheanum existiert weiter und publiziert Werke der Freien Hochschule für Geisteswissenschaft und der Mitarbeiter ihrer Sektionen.

Verw.: → →; → **Anthroposophische Gesellschaft.**

Lit.: 260 a/Anhang — Wege und Ergebnis einer Rechtsfindung.

PHYSISCHER LEIB

Wird der Mensch als dreigliederig verstanden, so wird sein irdischer Teil als «Leib» bezeichnet. Im Wachzustand ist dieser durchdrungen von den höheren Elementen «Seele» und «Geist» (→ Dreigliederung des Menschen). Erweitert sich die Beschreibung des Menschen jedoch auf vier oder noch mehr → Wesensglieder, so wird in der Regel für den stofflichen Teil des Menschen der präzisere Ausdruck «Physischer Leib» verwendet.

Gemäß der anthroposophischen Lehre vom Werden des Menschen (→ Welt- und Menschheitsentwicklung) ist der Physische Leib das älteste und vollkommenste Wesensglied. Er ist auf dem alten Saturn entstanden, und an seiner Erschaffung war hauptsächlich die erste, das heißt die oberste Hierarchie (→ Hierarchien) beteiligt. Diesem perfektesten Wesensglied entspricht im Kosmos der sich nicht verändernde Fixsternhimmel. So wie die zu ihm gehörenden zwölf Zeichen des Tierkreises unser Sonnen- und Planetensystem, in dem der Mensch seinen Wohnplatz hat, wie ein tragender Ring umgeben, ist der Physische Leib mit seinen zwölf Sinnen (→ Sinneslehre) gleichsam der feste irdische Rahmen, in dem sich das Seelische und das Geistige des Menschen entfalten können.

Der Leib ist auch in anderer Weise die Grundlage des Seelischen. Die → Seelenkräfte Denken, Fühlen und Wollen bedürfen einer körperlichen Basis, um in einem menschlichen Leib wirken zu können. Dieser Physische Leib als Träger des Seelischen läßt sich in einen Denk-, einen Gefühls- und einen Willensteil gliedern (→ Dreigliederung der leiblichen Struktur des menschlichen Organismus).

Verw.: → →.

PLANETARISCHE BEWUSSTSEINSZUSTÄNDE DES MENSCHEN

→ Bewußtseinszustände; → Welt- und Menschheitsentwicklung; → Weltentwicklungsstufen.

PLANETARISCHE ENTWICKLUNGSSTUFEN, VERKÖRPERUNGEN, ZUSTÄNDE

→ Welt- und Menschheitsentwicklung; → Weltentwicklungsstufen.

PLANETEN, sieben alte. Steiners Geisteswissenschaft betrachtet das Weltgeschehen von der Erde aus, weil sie der Wohnplatz des Menschen und der Ort seiner Erfahrungen ist. Das anthroposophische Weltbild ist deshalb seinem geistigen Gehalt nach geozentrisch, ohne daß selbstverständlich die großartige Leistung von Kopernikus verkannt oder gar bezweifelt würde.

Diesem geisteswissenschaftlichen Weltverständnis entspricht, daß Steiner bei der phänomenologischen Auffassung der alten Völker von den sieben Planeten Sonne, Mond, Mars, Merkur, Jupiter, Venus und Saturn bleibt. Wenn durch die Astronomie der Neuzeit der Mittelpunkt unseres Planetensystems auch von der Erde auf die Sonne verlegt worden ist, ändert das nichts an der Bedeutung der Erde für den Menschen. Sie verliert dadurch nichts von ihrem Rang und wird, richtig betrachtet, nicht zu einem gleichgültigen Staubkorn im Weltall. Als Erdenbewohner muß der Mensch seinen Stern für den Mittelpunkt halten. Auf ihr erfährt er die Planeten in ihrer Wirklichkeit, und nicht auf der Sonne. Rückläufige Bewegungen, die die Planeten ausführen, Schleifen, die sie am Himmel ziehen, sind keine scheinbaren Fakten, sondern für die Erde und ihre Bewohner gültige Realität.

Lit.: Mötteli – Poppelbaum: Schicksalsrätsel.

PLASTISCHE GRUPPE, eine bildhauerische Arbeit Steiners → **Holzplastik.**

PLATONISCHES JAHR (GROSSES JAHR, WELTENJAHR) UND KULTUREPOCHEN *(Raum und Zeit – Zwölf und Sieben).* Es fällt zum Teil schon der gewöhnlichen Geschichtsschreibung auf, daß im Ablauf der Zeiten nicht das reine Chaos herrscht, sondern daß es Erscheinungen wie den Aufstieg, die Blütezeit und den Niedergang von Kulturen gibt, die eine gewisse Regelmäßigkeit erkennen lassen, so daß die Frage nach Ordnungsprinzipien und Sinnhaftigkeit der Geschichte nicht von vorneherein als abwegig erscheinen muß.

In der anthroposophischen Geisteswissenschaft, die von der Voraussetzung ausgeht, daß sich die Vorgänge im Weltall, auf der Erde und in der Menschenwelt, das heißt in Makrokosmos und Mikrokosmos, entsprechen, bildet die Erkenntnis solcher Zusammenhänge einen der Ansätze für die Beschäftigung mit der Vergangenheit.

Großeinheit für die Bestimmung der historischen Rhythmik der Menschheitsgeschichte auf der Erde ist das Platonische Weltenjahr von 25 920 Jahren. Während dieses Zeitraums wandert der Frühlingspunkt einmal um die Ekliptik, durchläuft also jedes der zwölf Tierkreiszeichen, die sich um diese Bahn gruppieren, in je einem Zwölftel der Zeit, nämlich in 2160 Jahren. Diese Erscheinung heißt Präzession.

Zwölf, sagt dieses Bild, ist die Zahl des Raumes; wo zwölf sich im Kreis vereinen, wird ein Ganzes voll. Aus zwölf Stämmen bestand das Volk Israel, zwölf Apostel versammelten sich um Jesus; zwölf Monate machen ein Jahr aus, zwölf Einheiten ergeben ein Dutzend, zwölf Dutzend ein Gros.

Innerhalb des so geordneten *Raumes* entfaltet sich das *zeitliche* Nacheinander (Werden, auch Seelenleben) nach dem Gesetz der Sieben: «Alles, was zeitlich angeordnet ist, das ist nach dem Maße und nach der Natur der Siebenzahl angeordnet» (113/30.8.09). Im Raum, der durch die zwölf Tierkreisbilder markiert ist, kreisen die sieben alten Planeten: Sonne, Mond, Mars, Merkur, Jupiter, Venus und Saturn. Danach sind — vor allem in den romanischen Sprachen gut erkennbar — die sieben Tage der Woche benannt. Sieben Töne (aus den zwölf möglichen der chromatischen Tonleiter) folgen sich in der Tonleiter des Dur-Moll-Systems; die sieben heiligen Rishis begründeten die Urindische Kultur (→ Nachatlantisches Zeitalter); in der Zeit der sieben Weisen begann in Griechenland die gedankliche Auseinandersetzung mit der Welt; sieben Könige haben das alte Rom regiert.

Entsprechend rechnet die anthroposophische Wissenschaft mit sieben Planetarischen Zuständen; die Erde als *ein* solcher Zustand geht wiederum durch sieben Lebenszustände, die sich in sieben Formzustände gliedern; jeder Formzustand zerfällt in sieben Zeitalter und jedes Zeitalter in sieben Kulturepochen (→ Weltentwicklungsstufen; → Nachatlantisches Zeitalter).

Jede der sieben Kulturepochen entspricht nach Steiner der Zeit, die der Frühlingspunkt braucht, um ein Tierkreiszeichen zu durchwandern, also 2160 Jahren. Die Zeitalter von sieben Kulturepochen, $7 \times 2160 = 15\,120$ Jahren, «kreisen», sozusagen wie ein innerer Ring im äußeren Ring des Platonischen Jahres von $12 \times 2160 = 25\,920$ Jahren. Das bedeutet, daß das Platonische Großjahr, dem eine *räumliche* Stellungsveränderung der Erde in bezug auf das Himmelsgewölbe zugrunde liegt, und der «*Zeiten*kreis» von sieben Kulturepochen zwar in einem rationalen Verhältnis stehen, sich aber nicht decken. Läßt man beide Zyklen miteinander beginnen, so hat am Ende des siebenten Platonischen Monats (jeder «Großmonat» zu 2160 Jahren gerechnet) ein Zeitalter von sieben Kulturepochen sein Ende erreicht, und ein neues beginnt. Das neue beansprucht noch fünf Monate des einen Platonischen Jahres und die beiden ersten des folgenden usw.

Verw.: → →.

Lit.: 1/16: Das «Urphänomen», Der Goethesche Raumbegriff; 113/30. und 31.8.09 — Wachsmuth: Werdegang; Hoerner: Zeit.

POLARISCHES ZEITALTER → **Erd- und Menschheitsentwicklung.**

PRALAYA

Von Steiner übernommener indischer Ausdruck für die Ruhepausen zwischen den einzelnen Planetarischen Verkörperungen. Die Schöpfung kehrt in einen rein geistigen Zustand, eine Art Erholungsschlaf zurück, während dessen die geistigen Mächte nicht untätig sind, sondern im Gegenteil größte schöpferische Aktivität entfalten. Ähnliche Schöpfungspausen, allerdings von kürzerer Dauer, liegen zwischen den «kleinen Kreisläufen» oder «Lebenszuständen» in der Weltentwicklung. Die Bezeichnung für eine solche kürzere Pause ist «kleines Pralaya».

Aktive und passive Schöpfungsphasen, Manvantaras und Pralayas wechseln in Steiners Kosmogonie miteinander ab. «Manvantara» heißt jeder Abschnitt der Weltentstehung, in dem sich die Entwicklung nach außen wendet: der «alte Saturn», die «alte Sonne», der «alte Mond», die heutige Erde und drei zukünftige Phasen (→ Welt- und Menschheitsentwicklung). Diesem Wechsel in ungeheuer langen Zeiträumen entspricht im Lebenslauf des Menschen der Pendelschlag zwischen Wachen und Schlafen und in größeren Abständen zwischen Inkarnation und Exkarnation, das heißt dem Leben im Diesseits und dem Dasein im Jenseits (→ Wiederverkörperung und Schicksal).

Verw.: → →; → **Weltentwicklungsstufen.**

PRANA Indischer Ausdruck für Lebensäther → **Äther.**

RAUM UND ZEIT Nach anthroposophischer Auffassung stehen Raum und Zeit, statischer Schauplatz und Bewegung, in einem Zahlenverhältnis von zwölf zu sieben. Im zwölfgegliederten Raum spielt sich das Zeitliche in einem Siebnerrhythmus ab. Ein Bild dafür ist der Fixsternhimmel mit seinem stabilen Gürtel von zwölf Sternbildern rund um die Ekliptik, in dem die sieben alten Planeten kreisen. → **Platonisches Jahr und Kulturepochen.**

RECHTSLEBEN, Rechtsorganisation → **Dreigliederung des sozialen Organismus.**

RECHTSPRECHUNG → **Dreigliederung des sozialen Organismus.**

REINKARNATION (gespr. Re-inkarnation)
→ **Wiederverkörperung und Schicksal.**

RELIGION
Die → Anthroposophie ist keine Religion, sondern eine Wissenschaft. Weil sie auf einer anderen als der konventionellen, durch Kant begründeten → Erkenntnistheorie beruht, gelingt es ihr, die als unüberwindlich geltende Erkenntnisgrenze (→ Erkenntnisgrenzen) zwischen Wissen und Glauben, Sinnlichem und Über-sinnlichem, Diesseits und Jenseits zu überschreiten und mit dem Anspruch wissenschaftlicher Erkenntnis in die Welt geistiger Wesen, das heißt des Göttlichen, einzudringen.

Als überragender Lehrer und Praktiker dieses Erkenntnisweges hat Steiner die Methode auch auf die Beschäftigung mit religiösen Stoffen angewandt und sich vor allem mit den Inhalten des christlichen Glaubens auseinandergesetzt (→ Christentum). Er kam zur Einsicht: «Das Christentum hat begonnen als Religion, aber es ist größer als alle Religionen» (102/13.5.08). Das Christentum ist für die Anthroposophie der Urgrund der Welt, aus dem sie schöpft. Sie verkündet nicht wie eine Religion oder Konfession die christlichen Wahrheiten als Lehr- und Glaubensgut, sondern sie ist gleichsam die christliche Substanz selber und teilt diese aus als Wissen, als Kunst, als Gefühlserlebnis und in kultischer Form.

Die Anthroposophen sind überzeugt davon, daß Steiner mit seiner umwälzenden Erkenntnistheorie den Grund für eine neue Kultur gelegt und eine Zeitenwende eingeleitet hat, die einen völlig neuen Zugang zum Christentum eröffnet und Wissenschaft, Kunst und Religion, die einst eine Einheit waren, wieder zusammenführt. An der von Steiner gegründeten → Freien Hochschule für Geisteswissenschaft → Goetheanum, Dornach (Schweiz) wird diese Verbindung wieder angestrebt.

Verw.: → → ; → **Christengemeinschaft.**

Lit.: Mötteli.

RHYTHMISCHES SYSTEM oder Brustsystem → **Dreigliederung der leiblichen Struktur des menschlichen Organismus.**

RUDOLF-STEINER-SCHULEN → **Waldorfschulen.**

RUDOLF-STEINER-VERLAG, Dornach → **Philosophisch-Anthroposophischer Verlag;** → **Anthroposophische Gesellschaft.**

RUNDEN Theosophischer Ausdruck für die von Steiner meist «Lebenszustände» genannten Phasen der Weltentwicklung. → **Welt- und Menschheitsentwicklung.**

RUPA-DEVACHAN, Unteres Devachan → **Devachan.**

SALAMANDER, Wärmewesen, Feuerwesen → **Elementarwesen.**

SATURN, ALTER Früherer Verkörperungszustand der Erde. → **Welt- und Menschheitsentwicklung.**

SCHALLÄTHER, Tonäther, Klangäther, Chemischer Äther → **Äther.**

SCHAUSPIELKUNST → **Bühnenkunst.**

Schicksal, Karma. Das Leben ist für den Menschen, der es durch Geburt und Tod begrenzt glaubt, voller Ungerechtigkeit. Der Hinterlistige, Rücksichtslose und Ichsüchtige kann meistens zu angesehener Stellung und vielleicht zu hohen Ehren aufsteigen, dem ehrlichen, anständigen, Gott und den Nächsten liebenden Menschen gelingt oft weniger, und manchmal treffen ihn auch noch harte Schicksalsschläge. Durch Steiners geisteswissenschaftliche Forschungen erhalten solche scheinbar unbegreiflichen Tatsachen ihre Erklärung. Danach sind jedem Menschenleben viele frühere vorausgegangen, und viele werden ihm nachfolgen. Betrachtet man diese wiederholten Erdenleben in ihrem Zusammenhang, ergibt sich, daß das Schicksal des gegenwärtigen Lebens das Ergebnis früherer Lebensläufe mit ihren Taten und Unterlassungen ist und unser Verhalten in der Gegenwart wiederum die kommenden beeinflußt. «Glück» und «Unglück» treffen den Menschen weder willkürlich noch zufällig. Sie sind die Folge eines ausgleichenden Schicksalsgesetzes. Was uns im Leben trifft, ist gesetzmäßiges Schicksal. Ein alter indischer Ausdruck dafür ist Karma.

Karma darf nicht mit dem morgenländischen Kismet oder dem Fatum des antiken Menschen verwechselt werden; es ist nicht blind waltendes Schicksal. Das Karmagesetz weist den Menschen auf sich selber als Urheber seines Schicksals zurück. Insofern, als es von der Vergangenheit her wirkt, läßt es den Menschen zwar nicht ganz frei sein, sondern verlangt unerbittlich den Ausgleich von falschen Handlungen und Versäumnissen. Doch die Einsicht, daß wir selber es sind, denen wir in unserem Schicksal begegnen, nimmt Schicksalsschlägen, die uns treffen, ihre Bitterkeit. Der Mensch bezahlt damit alte Schulden, ganz so wie er auch im gegenwärtigen Leben – wenn auch in kürzerer Frist – finanzielle und andere Verpflichtungen, die er eingeht, erfüllen muß.

Für die Zukunft gibt dies den Ansporn, im gegenwärtigen Leben gute Samen zu säen, damit diese in einem kommenden Leben zu gesunden Pflanzen und erfreulichen Früchten heranreifen – nicht nur uns, sondern der ganzen Weltentwicklung zum Gewinn. «Es ist ein großer, gewaltiger Gedanke», sagt Steiner in einem Vortrag, «zu wissen, daß, was man auch tut, nichts vergeblich ist, daß alles seine Wirkung in die Zukunft hinein hat. So wirkt das Gesetz nicht bedrückend, sondern es erfüllt uns mit schönster Hoffnung. Es ist die schönste Gabe der (→) Geisteswissenschaft. Wir werden froh durch das Karmagesetz, dadurch, daß wir hineinschauen in die Zukunft. Es gibt uns die Aufgabe, tätig zu sein im Sinne eines solchen Gesetzes, es hat nichts, was den Menschen traurig machen kann, nichts, was der Welt eine pessimistische Färbung geben könnte. Es beflügelt unsere Tätigkeit, mitzuwirken am Erden-Werdegang. In solche Gefühle muß sich das Wissen vom Karmagesetz umsetzen. – Wenn ein Mensch leidet, sagt man oft: Er verdient sein Leiden, er muß sein Karma austragen; helfe ich, so greife ich ein in sein Karma. Das ist eine Torheit. Seine Armut, sein Elend ist bewirkt durch sein voriges Leben, aber wenn ich ihm helfe, wird meine Hilfe einen neuen Posten in sein Leben (Steiner meint: einen Aktivposten im Schicksalsbuch) eintragen. Ich bringe ihn dadurch vorwärts» (99/31.5.07).

Verw.: → →; → **Wiederverkörperung und Schicksal.**

Lit.: 9/3; 34/1: Reinkarnation und Karma, vom Standpunkte der modernen Naturwissenschaft notwendige Vorstellungen und: Wie Karma wirkt; 99/30. und 31.5.07; 135 – Poppelbaum: Schicksalsrätsel; Poppelbaum: Studien über das Schicksal.

SCHLAF, SCHLAFEN → **Wachen – Träumen – Schlafen – Tod.**

SCHULUNGSWEG, Erkenntnisweg, Erkenntnispfad, Geheimschulung, okkulte Schulung, esoterische Schulung, geistige Schulung, Geistesschulung sind mehr oder weniger synonyme Ausdrücke für die Ausbildung höherer Fähigkeiten, die dem Menschen die Möglichkeit geben, in der geistigen Welt zu Wahrnehmungen und Erkenntnissen zu kommen. Diese Schulung ist das Kernstück der anthroposophischen Geisteswissenschaft (→ Anthroposophie). Ihre Methodik im 20. Jahrhundert, und zwar als allgemeinzugängliches Wissen, neu ins abendländische Geistesgut eingebracht zu haben, gehört zu Steiners allerbedeutendsten Leistungen.

In seinen Schriften «Wie erlangt man Erkenntnisse der höheren Welten?» (10), «Die Stufen der höheren Erkenntnis» (12), «Die Geheimwissenschaft im Umriß» (13/5) bis zu den Vorträgen in den letzten Lebensjahren, beispielsweise im sogenannten Französischen Kurs (25 bzw. 215) hat Steiner diesen Erkenntnisweg immer wieder dargestellt, doch oft unter wechselnden Gesichtspunkten und immer nur stückweise, so daß es keine systematische Anleitung für den geisteswissenschaftlichen Schulungsweg gibt. Der Schüler kann wohl in anthroposophischen Ausbildungsstätten und bei erfahrenen Anthroposophen mündlich manche nützliche Auskunft erhalten. Doch ein deutliches Bild vom Verlauf des Weges und den auszuführenden Übungen muß er sich an Hand von Steiners Schriften selber machen. Die Angaben dafür sind nicht nur in den grundlegenden Büchern (10, 12, 13/5, 245) zu finden, sondern in wesentlichen Äußerungen auch auf das spätere Werk verteilt.

Vor allem gibt es für diese Schulung auch keine Lehrer, die etwa die Aufgabe des «Guru» übernähmen (→ Lehrer). Steiner selber hat in Kursen mit Anweisungen für die esoterische Schulung und im Verhältnis zu Ratsuchenden nie eine solche Lehrer-Schüler-Beziehung geschaffen und immer die Ansicht vertreten, daß ein Guru auf dem von ihm gelehrten Schulungsweg nicht nötig sei, sondern sogar schädlich wäre, weil die Bemühungen um übersinnliche Erkenntnisse heute ganz in die Freiheit des Schülers gestellt sein müßten. Wer sich entschließt, den geisteswissenschaftlichen Erkenntnisweg zu betreten, kann sich jedoch auch auf Steiners Hinweis verlassen, daß er ohne Guru, sei es durch persönliche Kontakte oder eigene Einsicht, die erforderliche Hilfe erhält, wann und wo sie sich als notwendig herausstellen wird. Voraussetzung ist die eigene ernsthafte Bemühung.

Der Zugang zu Steiners Büchern und mündlichen Äußerungen über den Erkenntnispfad wird heute durch die Sekundärliteratur erleichtert. Als Führer ist vor allem das vorzügliche Büchlein von Paul Eugen Schiller «Der anthroposophische Schulungsweg» zu empfehlen.

Anthroposophie ist eine Wissenschaft, die so genau arbeiten will wie die Naturwissenschaft. Sie bedient sich jedoch keiner Mikroskope und Teleskope oder Experimente, sondern bildet den forschenden Menschen selber zum Arbeitsinstrument aus. Die menschlichen Seelenkräfte Denken, Fühlen und Wollen sind ungeschult nur für den Umgang mit der äußeren, materiellen Welt geeignet. Sie müssen daran gewöhnt werden, statt in zentrifugaler in zentripetaler Richtung zu arbeiten, und sich so entwickeln, daß sie geeignet werden, in der über-sinnlichen Welt Wahrnehmungen zu haben und Erfahrungen zu machen. Der Weg dazu ist lang und mühsam; *Geduld* und *Ausdauer* sind die Voraussetzungen dafür, daß die esoterische Schulung zu Fortschritten führt. → *Alkohol* ist absolut zu meiden.

Die Mittel, um die Seele für höhere Erkenntnisse zu schulen, sind Konzentration und Meditation. *Konzentration* heißt das bewußte Richten der Seelenkräfte auf einen bestimmten Bewußtseinsinhalt, → *Meditation* ist das hellwache Ruhen und Verweilen darauf. Durch solche innerliche Arbeit dringt der Übende allmählich mit Bewußtsein in jene Sphären ein, die der ungeschulte Mensch jede Nacht unbewußt betritt. Es sind auch die Welten, die der Mensch nach der Ablegung des irdischen Leibes mit wachem Bewußtsein erlebt, so daß der Gang auf dem Erkenntnispfad ein Bewußtmachen der Schlaferlebnisse, ja in gewisser Hinsicht ein Hereinnehmen des Todes ins irdische Leben bedeutet.

Die Stufen der höheren Erkenntnis, die durch solche Schulung zu erreichen sind, nennt Steiner Imagination, Inspiration und Intuition. Durch diese Verwendung als wissenschaftliche Begriffe wird klar, daß die Ausdrücke bei Steiner genau umschriebene Orte oder Zustände des Erkenntnisweges mit ganz bestimmten Erfahrungen bezeichnen und nicht in der inhaltlosen, verschwommenen Weise der Umgangssprache verwendet werden.

Imagination ist, einfach gesagt, ein geistiges Schauen. An verschiedenen Stellen hat Steiner Übungen beschrieben, die dazu dienen, die für diese Stufe nötigen seelischen Organe zu entwickeln: die Samenkornmeditation (10/2), die Rosenkreuzmeditation (eine Symbolmeditation, in 13/5) oder die Wortmeditation «Die Weisheit lebt im Licht» (z. B. 152/1.5.13). (Meditation heißt nicht nur die Tätigkeit des Sich-Versenkens, sondern oft auch die Vorstellung, das Wort usw., in die man sich versenkt.) Es kommt zunächst nicht so sehr auf den gedanklichen Inhalt der Vorstellung oder des Wortes an, mit dem der Schüler arbeitet – es kann auch ein scheinbar unlogischer Gedanke wie die erwähnte Wortmeditation sein, viel wichtiger ist die Intensität der Bemühung. Der Gegenstand, auf den sich die Aufmerksamkeit richtet, ist nur wie das Gerät, an dem ein Turner seine Kräfte übt. Zu erreichen ist durch solche Meditationen, daß sich die Kraft des Denkens, dann auch das Fühlen und das Wollen, in ungeahnter Weise verstärken. Das Denken, dem im gewöhnlichen Seelenleben lediglich die Aufgabe zufällt, die äußeren Dinge passiv wiederzugeben, wird zu einem aktiven Organ, das sich wie ein «Fühler» nach «geistig Wesenhaftem» ausstreckt.

Was sich nach einiger Zeit solchen Übens – beim einen früher, beim anderen später – einstellt, ist das Auftauchen einer Bilderwelt, die sonst unter der Schwelle unseres tagwachen Bewußtseins liegt. Die im Physischen Leib und in der Welt tätigen Ätherkräfte werden als seelische Bilder, als Imaginationen, anschaulich erlebt. Das erste Erlebnis solcher innerer bildhafter Wahrnehmung ist die Anschauung des eigenen Lebenslaufs. In einem mächtigen inneren Bild – Steiner benennt es verschieden als Erinnerungstableau, Bildertableau, Lebenstableau – zeigen sich dem Geistesschüler die Lebenskräfte, die an seinem physischen Körper und in seinem irdischen Dasein wirksam waren. Man schaut den eigenen Lebenslauf, «wie er durch die Wachstumskräfte von Kindheit auf geformt worden ist. Wie in Gedankengebilden, die zu Wachstumskräften verdichtet sind, schaut man ihn an. Man hat nicht bloß die Erinnerungsbilder des eigenen Lebens vor sich. Man hat Bilder von einem ätherischen Tatsachenverlauf vor sich, der sich in der eigenen Wesenheit abgespielt hat, ohne daß er in das gewöhnliche Bewußtsein eingetreten ist. . . . Man überschaut das Weben und Wirken des eigenen Ätherorganismus im Zeitverlauf des Erdenlebens» (25/3).

Auf der Stufe der imaginativen Erkenntnis erlebt der Mensch die «seelische Äußerung» geistiger Wesen, doch diese Äußerungen bieten sich in rätselvollen Bildern dar. Will der Übende in das «geistige Innere» (13/5) dieser Wesen dringen, muß die Schulung durch andersgeartete seelische Übungen zur Erkenntnisstufe der *Inspiration* weitergeführt werden. Die durch die innere Tätigkeit in die Seele gerufenen Bilder sind durch freien Willen wieder aus dem Bewußtsein zu entfernen, was großer Kraft bedarf. «Man löscht ja dabei nichts Geringeres aus als das Innere seines Seelenlebens selbst» (84/27.9.23). Gelingt es so, bei größter innerer Wachheit ein völlig leeres Bewußtsein herzustellen, eine innere Ruhe, die, wie Steiner sagt, weniger als null sein muß, eine negative, saugende Über-Stille, dann tritt dem Übenden von innen die geistige Welt entgegen. Steiner hat die Erlebnisse, die nun eintreten, ein «geistiges Hören» (12/4) und ein «Lesen der verborgenen Schrift» (13/5) genannt. Ist der Schüler auf der Stufe der Imagination mit der ätherischen Welt des eigenen Lebensleibes und des Kosmos bekanntgeworden, so lernt er jetzt seinen Astralleib und die Welt kennen, aus der die Kräfte dieses Leibes genommen sind.

Die höchste Erkenntnisstufe, die der Mensch im gegenwärtigen Zustand seiner Entwicklung erreichen kann, ist die *Intuition*. Wurde er durch die Inspiration in das Innere der geistigen Wesen geführt, so dringt er in der Intuition «in die Wesen selbst ein» (13/5). Zugleich lernt er durch sie sein «wahres Ich» kennen.

Damit der Schüler die Stufe der Intuition erlangt, sind Übungen zur Stärkung und Bewußtmachung des *Willens* notwendig. Steiner empfiehlt die regelmäßige abendliche Rückschau auf die Ereignisse des Tages, und zwar so, daß diese rückwärts, das heißt vom Abend bis zum Morgen, in Erinnerung gerufen werden. Die gleiche Wirkung hat es, sich den Ablauf eines Dramas bis ins Detail genau vom Ende durch die Akte zurück bis zum Anfang vor die Seele zu stellen oder etwa eine Tonfolge rückwärts zu erleben. Außerdem muß sich der Mensch, wo immer das möglich ist, von eingefleischten Gewohnheiten trennen, beispielsweise sich eine andere Schrift zulegen. Solche Übungen greifen tief in die → Wesensglieder ein und bringen allmählich auch Abläufe, die normalerweise ganz unkontrolliert geschehen, besser ins Licht des Bewußtseins.

Auszubilden ist auf dieser Stufe außerdem die *Liebe* zu einer Erkenntniskraft. Die Liebe muß so umgebildet und verstärkt werden, daß sie fähig wird, in den anderen Wesen ganz aufzugehen. Es muß ihr möglich sein, das gewöhnliche Ich, diesen Block von Egoismus, der uns im irdischen Leben hilft zu leben, ganz aufzulösen. Wenn dann der Mensch mit dieser intensivierten Liebeskraft untertaucht in die Wesenheiten der geistigen Welt, tritt ihm sein wahres Ich, das sich gar nicht inkarniert, als geistiges Wesen entgegen.

Im Aufstieg durch die drei Stufen des imaginativen, des inspirativen und des intuitiven Erkennens lernt der Mensch die im eigenen Lebensgang wirksamen Kräfte, die Tore von Geburt und Tod, das Leben in der geistigen Welt vor dem Geborenwerden und nach dem Sterben, die Geheimnisse der wiederholten Erdenleben und der damit verbundenen Gestaltung des eigenen Erdenschicksals (→ Wiederverkörperung und Schicksal) und die der Erde vorangehenden Verkörperungszustände unseres Planeten (→ Welt- und Menschheitsentwicklung) kennen. Alle Ergebnisse der anthroposophischen Geisteswissenschaft sind auf diese Weise gewonnen worden. Wie weit es der einzelne Schüler auf diesem langen Weg bringt, hängt von seinen Anlagen und der Intensität seiner Bemühungen ab.

Zu den Übungen für die einzelnen Stufen sagt Steiner: «Es ist nicht notwendig, daß derjenige, welcher die Erkenntnis der übersinnlichen Welt sucht, sich etwa so entwickele, daß er zuerst in vollem Maße das imaginative Erkennen sich aneigne und dann erst zur ‹Inspiration› vorschreite. Seine Übungen können so eingerichtet werden, daß nebeneinander das geht, was zur Imagination, und das, was zur Inspiration führt» (13/5). Dasselbe gilt auch für die Aneignung des intuitiven Erkennens im Verhältnis zur Entwicklung von Imagination und Inspiration.

Steiner weist immer wieder mit Nachdruck darauf hin, daß die erwähnten Übungen zur Erlangung übersinnlicher Erkenntnisse eine gefährliche Entwicklung für den Übenden einleiten könnten, wenn sie nicht begleitet würden von Anstrengungen zur Verstärkung der charakterlichen und moralischen Qualitäten. Der anthroposophische Schulungsweg ist auch eine sittliche Selbsterziehung.

In «Wie erlangt man Erkenntnisse der höheren Welten?» (10/6) nennt Steiner unter anderem *acht Lebensgewohnheiten*, die zu entwickeln sind, ohne daß seine Beschreibung allerdings bis zu detaillierten Anweisungen gehen würde. Es sind die gleichen Eigenschaften, welche Buddha von seinen Jüngern für den sogenannten → achtgliederigen Pfad verlangt: rechte Begriffe, rechtes Entschließen, rechtes Reden, rechtes Handeln, rechtes Leben, rechtes Streben, Lernen aus den Erfahrungen und die Gewohnheit, sich meditativ ins eigene Leben zu versenken.

Ganz besonders viel liegt ihm an der Ausbildung der immer wieder genannten → *sechs Eigenschaften* (10/6; 12/1; 13/5). Es sind dies: Herrschaft über die Gedankenführung, Herrschaft über die Willensimpulse, Gelassenheit (Herrschaft über die Gefühle), Positivität, Unbefangenheit, inneres Gleichgewicht (durch harmonische Beherrschung der fünf ersten Eigenschaften). Schon zur Vorbereitung der geisteswissenschaftlichen Schulung sind die «sechs Eigenschaften» zu entwickeln, und später haben sie als sogenannte «*Nebenübungen*» (im Gegensatz zu den «*Hauptübungen*» der Meditation) den Lernpfad des Schülers zu begleiten und sind immerfort zu vertiefen. Für die Erarbeitung dieser sechs Eigenschaften hat Steiner detaillierte Anweisungen gegeben (siehe 10/5 und 245/1, Allgemeine Anforderungen).

Sie sind auch enthalten in den *vier Eigenschaften* (oder Tugenden), die nötig sind, wenn der Schüler zur inspirierten Erkenntnis aufsteigen will: 1. die Unterscheidung des Wahren von der Erscheinung, des Bleibenden vom Vorübergehenden, 2. die richtige Einschätzung des Wahren gegenüber der Erscheinung, 3. die Ausübung der genannten sechs Eigenschaften, 4. die Liebe zur inneren Freiheit (10/6; 12/1).

Dazu werden von Steiner noch andere Eigenschaften wie Demut, Bescheidenheit, eine verehrungsvolle Grundstimmung,

Mut und Selbstvertrauen und manches andere genannt. Der Schulungspfad ist ein Weg zur Veredlung des ganzen Menschen. Steiner faßt das in der «*goldenen Regel* der wahren Geheimwissenschaften» zusammen: «Wenn du *einen* Schritt vorwärts zu machen versuchst in der Erkenntnis geheimer Wahrheiten, so mache zugleich *drei* vorwärts in der Vervollkommnung deines Charakters zum Guten» (10/2).

Durch die geisteswissenschaftliche Schulung entwickeln sich im Menschen die *Seelen- und Geistorgane* (→ Höhere Organe). Zunächst sind das Organe des *Astralleibes*. Gemäß der damals üblichen Terminologie nennt Steiner diese Organe in den grundlegenden Werken (10/6; 13/5) meist «Lotusblumen» oder «Chakras» (Räder) (→ Lotusblumen), weil sie sich dem übersinnlichen Schauen vergleichsweise wie Blüten oder Räder mit Speichen darstellen.

Die sogenannte sechzehnblätterige Lotusblume in der Nähe des Kehlkopfs braucht die erwähnten «acht Lebensgewohnheiten», um sich zu entwickeln; durch die «sechs Eigenschaften» wird die Ausbildung der zwölfblätterigen Lotusblume in der Nachbarschaft des Herzens gefördert, durch die Schulung des Denkens die Entwicklung der zweiblätterigen Lotusblume zwischen den Augenbrauen. Weitere Lotusblumen in der Gegend des Nabels und weiter unten im Körper stehen wieder mit anderen Eigenschaften in Zusammenhang. Jedes dieser Organe, das ausgebildet wird, verschafft dem Menschen ganz bestimmt geartete Wahrnehmungs- und Erkenntnisfähigkeiten. Die sechzehnblätterige Lotusblume macht es beispielsweise möglich, «hellseherisch die *Gedankenart* eines anderen Seelenwesens zu durchschauen», die zwölfblätterige «eröffnet eine hellseherische Erkenntnis der *Gesinnungsart* anderer Seelen» (10/6) usw.

Entwickelt sich der Schüler weiter zur Stufe der Inspiration, so beginnt er auch den *Ätherleib* zu beeinflussen. Hier bildet sich in der Nähe des physischen Herzens mit der Zeit eine Art Mittelpunkt, «von dem Strömungen und Bewegungen in den mannigfaltigsten geistigen Farben und Formen ausgehen» (10/6). Diese laufen in den Körper hinaus, vor allem aber zu den Lotusblumen hin, und regeln deren Drehung. Allmählich gelingt es dem Schüler sogar, «die Lage seines Ätherleibes selbst zu bestimmen» (10/6). Mit den Übungen zur Erlangung des intuitiven Bewußtseins greift er sogar in die feineren Funktionen des *Physischen Leibes* ein und beginnt diesen in äußerlich allerdings nicht wahrnehmbarer Weise für geistige Kräfte zugänglicher zu machen.

In Bezug auf die Umbildung der im gewöhnlichen Seelenleben tätigen Seelenkräfte Denken, Fühlen und Wollen von zentrifugal zu zentripetal gerichteten Energien bedeutet diese Schulung eine immer stärkere Lösung von leiblichen Einflüssen. Steiner unterscheidet dabei zwei Stufen.

Das Seelenleben wird zunächst *sinnlichkeitsfrei,* das heißt unabhängig von den Eindrücken der leiblichen Sinne wie von den durch leibliches Wahrnehmen erzeugten Vorstellungen. Das gedankliche Aneignen anthroposophischer Erkenntnisse, etwa der menschlichen Wesensglieder, das Studium von Steiners philosophischen Schriften wie der «Grundlinien einer Erkenntnistheorie der Goetheschen Weltanschauung» (2) oder der «Philosophie der Freiheit» (4) wie auch das innerliche Erarbeiten mathematischer und geometrischer Vorstellungen befreit das Denken aus der Abhängigkeit von sinnlichkeitsgebundenen Einflüssen. Ist diese Ausbildung des Denkens vorangegangen, dann können durch weitere Übungen auch Fühlen und Wollen sinnlichkeitsfrei gemacht werden.

Im weiteren Fortgang der Übungen, bei denen wieder das Denken die Führung zu übernehmen hat, löst sich das Denken und lösen sich dann auch Fühlen und Wollen von ihrer leiblichen Grundlage. Das Seelenleben wird *leibfrei.* Die Vorstellung eines Denkens ohne Gebrauch des Gehirns, eines Fühlens und Wollens außerhalb der leiblichen Organisation stößt begreiflicherweise auf Schwierigkeiten des Verständnisses. Steiner hat deshalb wiederholte Male in allgemeinverständlicher wissenschaftlicher Formulierung die Möglichkeit des leibfreien Seelenlebens erläutert. In einem solchen Aufsatz schreibt er: «Wie das Kind lernt, seine Seelenfähigkeiten so zu gebrauchen, daß ihm der Leib ein gutes Werkzeug wird für das Erleben in der Sinneswelt, so kann der Mensch seine Erkenntniskräfte weiterbilden, so daß er in einem leibfreien Zustand — bloß als Seele — wahrnehmen und erleben kann. Es geschieht dies dadurch, daß die Seele gewisse Verrichtungen, welche sie in geringem Maße auch schon im gewöhnlichen Leben anwendet, unbegrenzt verstärkt und es so dahin bringt, alles, was an ihr seelisch-geistig ist, aus dem Leibe gleichsam herauszuziehen. Sie kann dann — für kurze, begrenzte Zeitabschnitte — ihren Leib außer sich erleben, sich selbst aber in eine Welt versetzt wissen, in welcher sie mit geistigen Wesenheiten und geistigen Vorgängen lebt, wie sie in der sinnlichen Welt von sinnlichen Vorgängen und Wesen umgeben ist» (35/10).

Die geisteswissenschaftliche Schulung hat tiefgreifende Wirkungen auf das Seelenleben. Außer den geschilderten Erfahrungen erwähnt Steiner unter anderem auch Veränderungen im Traum- und Schlafzustand (→ Kontinuität des Bewußtseins), die Verselbständigung von Denken, Fühlen und Wollen (→ Spaltung des Bewußtseins) und die Begegnung mit dem → Hüter der Schwelle.

Verw.: → →; → **Äther; → Ätherleib; → Astral, astralisch; → Astralleib; → Ich; → Seelenleben, verstärktes; → Erkenntnisarten; → Studium der Anthroposophie; → Körperhaltungen; → Mantra.**

Lit.: 10; 12; 13/5; 25; 245; Mötteli — Schiller: Schulungsweg.

Schwelle der geistigen Welt

ist bei Steiner eine immer wiederkehrende Bezeichnung für die Übergangsstelle vom Diesseits zum Jenseits, die der Geistesschüler auf dem Weg in die höheren Welten zu passieren hat. In seinem Buch «Die Schwelle der geistigen Welt» (17) beschreibt er die Stelle als «Grenze ..., welche Sinneswelt von Geisteswelt trennt» (17/V). Sie wird bewacht vom → Hüter der Schwelle, der Unvorbereitete vor den übermächtigen Eindrükken der geistigen Welt schützt.

Die Schwelle liegt genau dort, wo die dualistische Philosophie, welche beispielsweise Kants Erkenntniskritik zugrunde liegt, und die agnostische Naturwissenschaft des

19. Jahrhunderts ihre → Erkenntnisgrenzen aufgerichtet haben. Indem sich der Schüler durch gedankliches Üben von der Unhaltbarkeit dieser Auffassung von Erkenntnisgrenzen überzeugt, macht er schon vor der Begegnung mit dem Hüter eine Schwellenerfahrung. Er dringt nämlich zum Erlebnis durch: Die Gedanken in mir sind nicht meine Gedanken, sondern die Gedanken der Welt; die Welt denkt sich in mir.

Verw.: → →.

Lit.: 17; Mötteli — Schiller: Schulungsweg.

SECHS EIGENSCHAFTEN Für die Ausbildung übersinnlicher Fähigkeiten ist neben dem regelmäßigen Meditieren auch die Aneignung und Festigung charakterlicher Eigenschaften notwendig. Unter diesen zu erwerbenden Gewohnheiten nehmen in Steiners Darstellungen die sogenannten «sechs Eigenschaften» eine besonders wichtige Stellung ein. Es sind dies: 1. Herrschaft über die Gedankenführung, 2. Herrschaft über die Willensimpulse, 3. Gelassenheit gegenüber Lust und Leid (Herrschaft über die Gefühle), 4. Positivität im Beurteilen der Welt, 5. Unbefangenheit in der Auffaßung des Lebens, 6. Harmonisches Gleichgewicht dieser fünf Eigenschaften.

Die sechs Eigenschaften gehören schon zur Vorbereitung der esoterischen Schulung und sollen aber vom Schüler auch während der ganzen weiteren Entwicklung geübt und immerfort vertieft werden. Wichtig sind sie vor allem auch für die Ausbildung der sogenannten zwölfblätterigen Lotusblume in der Gegend des Herzens (→ Lotusblumen).

Für die Ausbildung der sechs Eigenschaften hat Steiner detaillierte Anweisungen gegeben. Sie sind vor allem in der «Geheimwissenschaft» (13/5) und in den «Anweisungen für eine esoterische Schulung» (245/1, Allgemeine Anforderungen) zu finden. Im Gegensatz zu den als «Hauptübungen» bezeichneten Meditationen hat Steiner jene zur Aneignung der sechs Eigenschaften «Nebenübungen» genannt.

Verw.: → →; → **Schulungsweg.**

SEELE In der Gliederung des Menschen nach Leib, Seele und Geist (→ Dreigliederung des Menschen) ist die Seele das mittlere, Leib und Geist, Unten und Oben verbindende Wesensglied.

Wie beim leiblichen Teil des Menschen Physischer Leib, Ätherleib und Astralleib und in seiner geistigen Wesenheit Geistselbst, Lebensgeist und Geistesmensch unterschieden werden können, gliedert sich die Seele in Empfindungsseele, Verstandesseele und Bewußtseinsseele (→ Wesensglieder). Die Empfindungsseele als unterstes Seelenglied vermittelt dem Menschen Eindrücke verschiedenster Art aus der Außenwelt und Empfindungen, Triebe, Begierden und Leidenschaften seines eigenen Körpers. In der Seele erlebt der Mensch diese Eindrücke als seine Innenwelt. Beginnt er sie mit seinem Denken zu durchdringen und im Gefühl zu läutern, so braucht er dazu die Verstandes- oder Gemütsseele. Von oben her, aus dem Geistbereich, strömen Erkenntnisse, ethische und ästhetische Impulse in die Bewußtseinsseele ein. Auch diese geistigen, die Seele erhellenden und erwärmenden Eindrücke werden von der Seele als Innenwelt erlebt.

Nach den in ihr tätigen Kräften gliedert sich die Seele in Denken, Fühlen und Wollen. Im Denken wird sich der Mensch klar über sich und die Welt, im Fühlen erlebt er sich als Wesen mit eigener Innenwelt, im Wollen verwirklicht er die eigenen Ziele (→ Seelenkräfte).

Wichtig ist Steiner auch der Bewußtseinszustand, durch den diese Funktionen charakterisiert sind: Denken ist die wachste Tätigkeit des Menschen; das Fühlen, ein gleichsam zwischen Wachen und Schlafen schwebender Zustand, gleicht an Bewußtheit dem Träumen; Willensakte jedoch werden, was bei genauer Selbstbeobachtung leicht festzustellen ist, mindestens im Augenblick der Ausführung, unbewußt, gleichsam in einem Schlafzustand, vollzogen. Je bedeutungsvoller eine Handlung im Leben eines Menschen ist, beispielsweise die Berufswahl, die Partnersuche oder die Zeugung von Kindern, desto weniger wird sie vom Bewußtsein überblickt, desto unbewußter verläuft sie im entscheidenden Stadium. Zutiefst unbewußter Wille – der Ausdruck ist nur bei zu intellektuellen Vorstellungen vom Wesen des Willens paradox – arbeitet sich in jedem Menschen als sein Schicksal heraus (→ Bewußtseinszustände; → Wiederverkörperung und Schicksal).

Das ganze Seelenleben ist gebunden an die Polarität von → *Sympathie* und *Antipathie*. Anziehung und Abstoßung, Wohlgefallen und Ekel, Vorliebe und Abneigung, Liebe und Haß, seelische Wärme und Kälte, der Wunsch nach Verschmelzung und der Wille zur Selbstbewahrung, Integration und Individuation sind verschiedene Erscheinungsweisen dieser Polarisation, die in den einfachen Affekten ebenso zu erkennen ist wie, von aller persönlichen Ichsucht gereinigt, im Denken und Tun hochkultivierter Menschen.

Verw.: → →; → **Seelenleben, verstärktes;** → **Seelenleben, leibfreies;** → **Seelenleben, sinnlichkeitsfreies.**

Lit.: 9/2,4; Mötteli.

SEELENKALENDER, ANTHROPOSOPHISCHER

Mit der schwindenden Bedeutung des Kirchenjahres und dem Verlust der alten volkstümlichen Monatsnamen ist die Beziehung zwischen dem Menschen und dem Jahreslauf mit seinem religiösen und naturbezogenen Sinngehalt fast ganz zerrissen worden. Diese Verbindung zwischen Mensch und Jahreskreis wollte Steiner wiederherstellen. Auf das geistliche Jahr konnte er nicht direkt zurückgreifen; es hat gerade deshalb seine Geltung eingebüßt, weil der zu intellektueller Unabhängigkeit erwachte Mensch die Bindung an die Kirche und die herkömmlichen Formen der Religion verloren hat.

Aus solchen Überlegungen heraus ließ Steiner 1912/13 seinen «Anthroposophischen Seelenkalender» (in Band 40 und als Einzelausgabe publiziert) erscheinen. 1918 kam der Kalender mit einem zweiten Vorwort heraus und ist seither immer wieder aufgelegt worden. Er enthält von Ostern des einen bis Ostern des andern Jahres 52 mehrzeilige Wochensprüche, die stimmungsmäßig den Ablauf des Jahres begleiten und miterleben lassen. Dem Jahreskreislauf entsprechend gliedern sich die Strophen in die Abschnitte «Frühling», «Sommer», «Herbst»,

Vierte Woche (28. April–4. Mai)

Ich fühle Wesen meines Wesens:
So spricht Empfindung,
Die in der sonnerhellten Welt
Mit Lichtesfluten sich vereint;
Sie will dem Denken
Zur Klarheit Wärme schenken
Und Mensch und Welt
In Einheit fest verbinden.

Dreißigste Woche (27. Oktober–2. November)

Es sprießen mir im Seelensonnenlicht
Des Denkens reife Früchte,
In Selbstbewußtseins Sicherheit
Verwandelt alles Fühlen sich.
Empfinden kann ich freudevoll
Des Herbstes Geisterwachen:
Der Winter wird in mir
Den Seelensommer wecken.

«Winter», und dem parallel damit gehenden seelischen Erleben gemäß akzentuieren sie die zugehörigen Stimmungen: «Oster-Stimmung» (im April), «Johannes-Stimmung» (Ende Juni), «Michaeli-Stimmung» (Ende September/Anfang Oktober), «Weihe-Nacht-Stimmung» (Weihnachswoche) und «Frühlings-Erwartung» (zur Zeit der Frühlings-Tagundnachtgleiche).

Die Wochensprüche des Seelenkalenders sind als Meditationsworte (→ Meditation) gedacht, die den Menschen zu «fühlendem Selbsterkennen» (40/1, Vorwort 1912/13 zum Seelenkalender) anleiten möchten. Sie sollen ihm helfen, sich mit dem Geschehen in der Natur eins zu fühlen und dabei sich selber zu finden.

Die Datierung des Kalenders bezieht sich auf den Jahreslauf 1912/13. Da Ostern jedes Jahr etwas anders fällt, wurde Steiner angefragt, ob der Kalender auch für andere Jahre zu verwenden sei. Er antwortete, «die Hauptsache sei, daß immer mit der *ersten* Strophe zu *Ostern* begonnen werde. Die Verschiebung habe nicht viel zu bedeuten, da er immer drei Strophen der Wochensprüche in der gleichen Stimmung gehalten habe.» (Begleitwort zur Neuausgabe des «Seelenkalenders».)

Der jährlich im → Philosophisch-Anthroposophischen Verlag in Dornach erscheinende astronomische «Sternkalender» nennt jeweils die für jeden Monat in Betracht kommenden Sprüche des Seelenkalenders. Ähnliche Hilfe leistet die auf Ostern bezogene Wochenzählung im Taschenkalender, der vom Verlag Urachhaus, Stuttgart, herausgegeben wird.

Verw.: → →; → **Kunst, Künste.**

Lit.: 40/1 und Einzelausgabe.

SEELENKRÄFTE heißen in der Anthroposophie Denken, Fühlen und Wollen, die drei Grundkräfte der Seele. Das Denken hat seine leibliche Grundlage im Nerven-Sinnes-System, das Fühlen im rhythmischen System von Herz und Lunge, das Wollen im Stoffwechsel-Gliedmaßen-System (→ Dreigliederung der leiblichen Struktur des menschlichen Organismus).

Durch → Geistesschulung können die Seelenkräfte leibfrei, das heißt unabhängig von der leiblichen Basis, gemacht werden. Der Gefahr der → Spaltung der Persönlichkeit, die bei dieser Entwicklung eintreten könnte, begegnet der Schüler durch Harmonisierung der Persönlichkeit und Ausbildung starker charakterlicher Fähigkeiten.

Weil Denken, Fühlen und Wollen auch vom Menschen unabhängige Weltenkräfte sind, treten sie in den «Mysteriendramen» (14, 1–4) als selbständige Gestalten auf. Astrid, Philia und Luna sind «die geistigen Wesenheiten, welche die Verbindung der menschlichen Seelenkräfte mit dem Kosmos vermitteln» (14,2).

Verw.: → →.

Lit.: 9/2,4,5; 10/9; 147/30.8.13

Seelenleben, verstärktes

(das heißt Verstärkung der → Seelenkräfte Denken, Fühlen und Wollen durch Übungen). Anders als der östliche Mensch und die mittelalterlichen Mystiker, die den Weg zu übersinnlichen Erfahrungen entweder durch Körperhaltungen und Atemtechniken oder aber aus der reinen Innenschau und oftmals aus dem Gefühl suchten, setzt die Anthroposophie das Denken an den Anfang ihrer Schulung (→ Schulungsweg), ist also der Kultur und dem Entwicklungsstand des modernen europäischen und westlich geschulten Menschen angemessen. Was heute unter Denken verstanden wird, ist allerdings nur ein Abglanz dessen, was Steiner Denken nennt. Das Denken des 19. und des 20. Jahrhunderts hat in die Abgeschiedenheit der Intellektualität geführt, ist reines Kopfdenken geworden. Es hat rein abbildenden Charakter, da es nur die sprachlich-begrifflichen Gegenstücke zu den Objekten und Vorgängen in der physischen Welt liefert. Damit hat es jede Eigenaktivität verloren. Die anthroposophische Schulung möchte diesen «Leichnam» des Denkens zu neuem Leben erwecken.

Steiner weist auf zwei Stufen hin, die durch Übungen zur Verstärkung der Denkkraft erreicht werden können: das *sinn-*

lichkeitsfreie und das *leibfreie* Denken. Sinnlichkeitsfrei ist ein Denken, das sich von den durch die leiblichen Sinne einströmenden Eindrücken wie von den Denkschemen der Sprache gelöst hat. Es beschäftigt sich allein mit den in seinen Gesichtskreis gestellten gedanklichen «Gegenständen», das heißt mit reinen Denkinhalten.

Mathematisches Denken ist weitgehend sinnlichkeitsfrei. Wer sich das sinnlichkeitsfreie Denken nicht — oder nicht allein — durch einen mathematischen Lehrgang aneignen möchte, kann es durch ein intensives Studium der «Philosophie der Freiheit» (4) ausbilden. Wirklich verstehen kann dieses Buch nur, wer sich durch wiederholte Lektüre die Fähigkeit erwirbt, im reinen Gedanken zu leben.

Einen weiteren Schritt tut der Mensch, wenn es ihm gelingt, sein Denken von der leiblichen Basis zu lösen. Er denkt dann in größter Wachheit, ohne das leibliche Organ des Denkens zu benützen. Steiner hat dieses leibfreie Denken verschiedentlich beschrieben, zum Beispiel als er 1922 im «Französischen Kurs» die Methodik des geisteswissenschaftlichen Weges nochmals darstellte: «Ohne den physischen Organismus kann das Denken des gewöhnlichen Bewußtseins nicht vollzogen werden. Daher ist das gewöhnliche Bewußtsein an den physischen Organismus gebunden. So klar man einsieht, daß alles gewöhnliche Denken nur mit Hilfe des physischen Organismus vor sich geht, so klar wird es einem, daß man in dem Meditieren eine bildhaft-denkerische Tätigkeit ausübt, indem man durch Meditation, durch jenes immer wiederkehrende Ruhen der Seele auf einem leicht überschaubaren Vorstellungsinhalt, frei geworden ist in seiner inneren Seelentätigkeit von dem physischen Leibe. Und jetzt erlebt man um sich herum eine Bildwelt, die in bezug auf diese Bildhaftigkeit ähnlich ist derjenigen der alten Denker, die daraus ihre Philosophie gewonnen haben, die aber bei durchaus klarer Besonnenheit erlebt wird wie jede klare Vorstellung im naturwissenschaftlichen Beobachten und Experimentieren» (215/7.9.22).

Bei weiterer Schulung machen Fühlen und Wollen eine ähnliche Reifung durch. Auch sie lösen sich aus der Abhängigkeit von der sinnlich wahrgenommenen Welt und dann von der leiblichen Grundlage, so daß das ganze Seelenleben zunächst sinnlichkeitsfrei und schließlich leibfrei wird.

Verw.: → →; → **Meditation.**

Lit.: 25/2; 215/7.9.22. — Schiller: Schulungsweg.

SEELENLEIB, Empfindungsleib, Astralleib (im engeren Sinne) → **Wesensglieder.**

SEELENORGANE, → **Höhere Organe.**

SEELENWELT oder Astralische Welt — in anderer Betrachtungsweise von Steiner auch «Elementarische Welt» genannt — heißt die unmittelbar an die Physische Welt grenzende unterste Region der höheren Welten. → **Geistige Welt.**

SEHSINN → **Sinneslehre.**

SELBST, ANDERES → **Ich**

SELBSTERLÖSUNG Nach christlicher Auffassung ist der Mensch für die Erlösung von der Erbsünde und aus den Verstrickungen dieser Welt auf die Gnade und Hilfe Christi angewiesen. Aus kirchlichen Kreisen beider Konfessionen wird der → Anthroposophie darum oft der Vorwurf gemacht, der von ihr gelehrte Pfad der Erkenntnis (→ Schulungsweg) sei das Bemühen um Selbsterlösung. Diese Meinung beruht auf einem doppelten Irrtum:

1. Der in den gesunden Menschen gelegte Wunsch, sich auszubilden und zu vervollkommnen, kann sich nicht nur auf Fähigkeiten beziehen, die für die irdische Welt tauglicher machen. Wer ja dazu sagt, daß er rechnen, schreiben und lesen

lernt, muß auch zugeben, daß ein Mensch die ihm ins Leben mitgegebenen spirituellen Fähigkeiten schult. Versündigung ist es nicht, sie zu üben, sondern sie zu vernachlässigen.

2. Der von Steiner empfohlene Übungsweg schließt die göttliche Gnade nicht aus, sondern macht aufnahmefähiger dafür. Der Mensch lernt durch die Schulung, sich ihr zu öffnen; ob er die Gnade aber erlangt, hängt von der geistigen Welt ab. Steiner hat das oft ausgesprochen, zum Beispiel mit den Worten: «Nur wenn man sich einem ganz bestimmten Gedanken immer wieder hingibt, ihn ganz sich zu eigen macht, erreicht man etwas. Dieser Gedanke ist: ‹Ich muß zwar alles tun zu meiner Seelen- und Geistesausbildung; aber *ich werde* ganz ruhig *warten,* bis ich von höheren Mächten für würdig befunden werde zu bestimmter Erleuchtung›» (10/4).

Verw.: → →.

SERAPHIM, Geister der (All-)Liebe. Rangordnung geistiger Wesenheiten aus den → **Hierarchien.**

SIEBEN ist nach anthroposophischer Auffassung die Zahl der Zeit. Zeitliche Abläufe sind nach der Siebenzahl geordnet. → **Platonisches Jahr und Kulturepochen;** → **Siebenjahrperioden;** → **Ätherleib;** → **Zwölf.**

SIEBENJAHRPERIODEN Es ist nicht nur eine anthroposophische Entdeckung, daß im menschlichen Leben wie beispielsweise auch in der Geschichte Rhythmen wirksam sind. Diese rhythmischen Abläufe lassen sich oft schwer erkennen und scheinen wie verschleiert. Steiner kommt das Verdienst zu, solche Rhythmen hervorgehoben und besser durchschaubar gemacht zu haben. In seinen menschenkundlichen Mitteilungen hat er vor allem auf einen im Lebensgang wichtigen Rhythmus von ungefähr sieben Jahren aufmerksam gemacht, in dessen Phasen sich die einzelnen

→ Wesensglieder entwickeln und der Mensch seine Fähigkeiten ausbildet. Die Kenntnis dieser Siebenjahrperioden ist vor allem für den anthroposophischen Erzieher eine unerläßliche Voraussetzung seiner pädagogischen Arbeit (→ Pädagogik).

Im ersten Jahrsiebent des Lebens bildet das Kind seinen Physischen Leib aus. Dieser Leib ist mit der körperlichen Geburt in seiner Organisation nicht einfach fertig wie bei den Tieren. Das Kind muß in den ersten Lebensjahren gerade jene Fähigkeiten und zugehörigen Organe noch ausbilden, die es über das Tierische erheben: Aufrichten, Sprechen und Denken, die körperliche Konstitution für den aufrechten Gang, die Sprechwerkzeuge und das Gehirn.

Danach konzentrieren sich in dieser ersten Lebensperiode immer noch viele Kräfte des Kindes auf den Physischen Leib. Ist diese körperliche Ausbildung der wesentlichen Strukturen nach etwa sieben Jahren dann zum Abschluß gekommen, so tritt der Zahnwechsel ein. Die zweiten Zähne sind der «Schlußstein» in der Entwicklung des Physischen Leibes.

Der Ätherleib, der bis dahin wie von einer Hülle umgeben war und nur nach innen am Physischen Leibe arbeiten konnte, wirft diese Umhüllung nun ab. Es findet buchstäblich eine zweite Geburt statt: die Geburt des Ätherleibes. Dabei werden in ihm Kräfte frei für neue Aufgaben. Das Kind wird nun schulreif. Die neu zur Verfügung stehenden Kräfte metamorphosieren sich jetzt und sind wirksam in der Ausbildung des Vorstellungs- und Gefühlslebens.

Mit ungefähr 14 Jahren findet eine dritte «Geburt» statt. Auch der Astralleib – ganz präzise ausgedrückt: der Empfindungsleib – befreit sich nun aus der ihn umgebenden seelisch-geistigen Hülle, und neue innere Kräfte werden dem jungen Menschen bewußt. Er wird geschlechtsreif und reproduktionsfähig. Ein persönlicheres, sich in Emotionen wahrnehmendes Seelenleben entfaltet sich; die schöpferische Phantasie erwacht. Die Phase dieser gefühlsintensiven und geschlechtsbezogenen Innerlichkeit dauert bis zum 21. Altersjahr, dem Zeitpunkt, da der Mensch erwachsen wird. In manchen Ländern war lange das vollendete 21. Altersjahr das Datum der gesetzlichen Volljährigkeit.

Nun tritt der Mensch in eine Epoche ein, in der er zu allem, was er tut und denkt, mit vollem Bewußtsein «ich» sagen kann. Das Ich, dessen Geburt Eintritt in die Volljährigkeit bedeutet, ist jedoch nicht ein Wesensglied wie die anderen. Physischer Leib, Ätherleib, Astralleib und auch die höheren Wesensglieder sind Hüllen, in die sich der Wesenskern kleidet; das Ich *ist* dieser Wesenskern selbst. Es ist im Physischen Leib ebenso anwesend wie im Äther- und im Astralleib. Mit dem 21. Lebensjahr aber wird es als eigener Wesensteil «geboren», und das heißt, daß es fortan weitere Wesensglieder ausbildet, in denen die geistige Welt, von der es ein Teil ist, sich noch wesentlicher darstellen kann: die Seelenglieder Empfindungsseele, Verstandes- oder Gemütsseele und Bewußtseinsseele.

Je sieben Jahre braucht das Ich, um diese Seelenglieder auszubilden: vom 21. bis zum 28. Jahr die Empfindungsseele, vom 28. bis zum 35. Jahr die entweder mehr zum Rationalen oder zum Gefühlshaften neigende Verstandes- oder Gemütsseele und danach die Bewußtseinsseele.

Mit dem 35. Jahr ist die Reife erreicht, die man als «Mitte des Lebens» bezeichnet. Bis zu diesem Zeitpunkt zehrt der Mensch von den Kräften, die er von den Eltern und durch Vererbung mit auf den Weg bekommen hat. Die Aufbaukräfte sind bis dahin stärker als die schon von Geburt an auch vorhandenen und wirksamen Abbaukräfte. Der Mensch lebt bis zur Lebensmitte auch von den geistig-seelischen Kräften, die sich die Menschheit in ihrer Entwicklung durch frühere planetarische Zustände (→ Welt- und Menschheitsentwicklung) und in früheren Erd- und Kulturphasen (→ Erd- und Menschheitsentwicklung) erworben hat. Schon vom 21. und stärker vom 28. Lebensjahr an aber beginnen diese Kräfte zu schwinden, und ganz deutlich versagen sie sich vom 35. Lebensjahr an. Der Mensch arbeitet nun aus seinem Ich heraus zunächst an der individuellen Gegenwart und in späteren Phasen immer mehr an der Zukunft der Menschheit und seiner eigenen Individualität.

Das Wesensglied, welches die Menschheit seit dem Beginn der fünften nachatlantischen Kulturepoche (→ Weltentwicklungsstufen) ausbildet, ist die Bewußtseinsseele. Im einzelnen Menschen ist das Ich von der Lebensmitte bis zum 42. Altersjahr mit der Ausbildung dieses schon in die Zukunft führenden Seelengliedes beschäftigt. Die weiteren Siebenjahrperioden bis zum 70. Altersjahr, von dem ab man von Patriarchenalter spricht, sind sodann der Vorbereitung der erst in der Zukunft zu ihm gehörenden Wesensglieder Geistselbst, Lebensgeist und Geistesmensch sowie der darüber hinaus liegenden Entwicklung gewidmet. Diese späteren Siebenjahrepochen sind weniger deutlich gegeneinander abgegrenzt als die früheren Phasen, in denen die im Gang der Menschheitsentwicklung bereits ausgebildeten Wesensglieder individuell erworben wurden.

Selbstverständlich verläuft diese Arbeit an sich selbst bei den meisten Menschen ganz unbewußt und je nach dem Reifegrad einer Persönlichkeit intensiver oder nachlässiger.

Verw.: → →.

Lit.: 34/1: Die Erziehung des Kindes...; 59/29.10.09; 96/4.3.07; 114/21.9.07; 118/30.1.10 — Treichler: Entwicklung der Seele.

SIEGEL

1907 fand in München der Kongreß der Föderation Europäischer Sektionen der → Theosophischen Gesellschaft statt. Er wurde organisiert von der Deutschen Sektion, deren Generalsekretär Steiner war. Zum Schmuck des großen Tonhallesaales, in dem dieser Kongreß stattfand, entwarf Steiner die sieben «apokalyptischen Siegel», die in der endgültigen Gestaltung von Künstlerhand in großem Format ausgeführt wurden. Diese kreisrunden Medaillons, von denen einige Skizzen Steiners und die von Clara Rettich später danach gemalten Bilder erhalten sind, zeigen nach Steiner «symbolische Ausdrücke für ganz bestimmte uralte Weisheiten. Sie stellen die sogenannten sieben Siegel der uralten und immer neuen Weisheit dar. In der Apokalypse des Johannes ist auch die Rede davon, und auch diese Apokalypse ist eine Art Interpretation einer okkulten Zeichensprache» (284/21. 5. 07).

Für das Programmheft des Kongresses schuf Steiner dazu fünf Planetensiegel; später wurden sie auf sieben ergänzt. Vier ähnliche Siegel schmücken die Buchausgaben der 1910 bis 1913

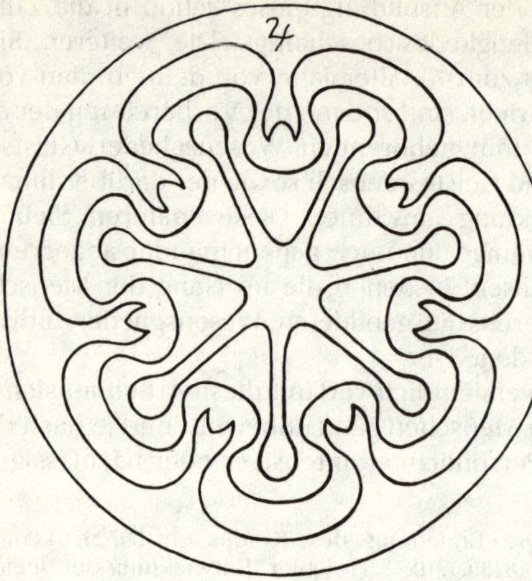

Jupitersiegel

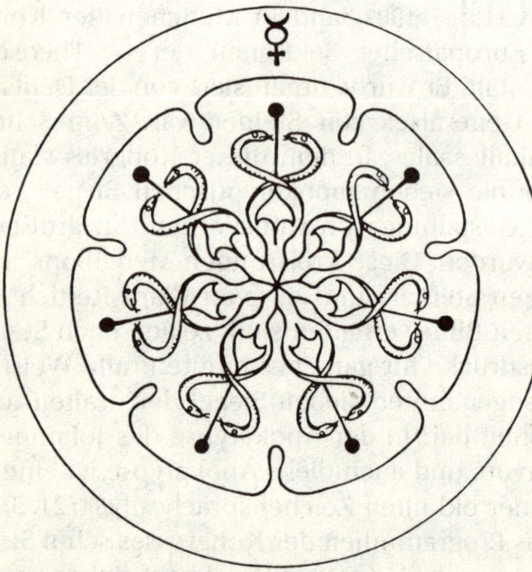

Merkursiegel

in München uraufgeführten Mysteriendramen (14, 1—4). Die Planeten- und die Dramensiegel sind im wesentlichen kreisrunde Zeichnungen, die auf den ersten Blick wie ornamentale Gestaltungen wirken. Sie sind jedoch als bildliche Darstellung der Planetenkräfte bzw. der in Steiners Dramen wirksamen Gestaltungskräfte zu verstehen. Zwei der Dramensiegel sind beschriftet: Jenes für das erste Mysteriendrama «Die Pforte der Einweihung» zeigt die Abkürzungen E D N I C M P S S R, worin der Rosenkreuzerspruch → «Ex deo nascimur, in Christo morimur, per spiritum sanctum reviviscimus» verschlüsselt ist; das Siegel des vierten Dramas, «Der Seelen Erwachen», zeigt die in sich zurückkehrende Inschrift «Ich erkennet sich» (*Siehe die Abbildungen unter dem Stichwort «Mysteriendramen».*)

Wie bei all seinen künstlerischen Schöpfungen hat Steiner, von gelegentlichen Äußerungen aus besonderem Anlaß abgesehen, auf verbale Erklärungen verzichtet. Seine Kunstwerke sollen für sich selber sprechen. Mit ihren offenbaren Geheimnissen möchten die Siegel den Betrachter zu meditativer Verarbeitung anregen (→ Meditation).

Die Planeten- und die Dramensiegel sind von der Goldschmiedin Bertha Meyer-Jacobs nach Anweisungen Steiners in den passenden Metallen als Reliefdarstellungen ausgeführt worden. Aus der Erinnerung an die Zusammenarbeit mit Steiner hat sie einige Erläuterungen zu den Dramensiegeln gegeben. Zu den Planetensiegeln hat die Goldschmiedin Justina Schachenmann-Teichert Erklärungen veröffentlicht (beides in K 51).

Verw.: → →; → **Kunst, Künste.**

Lit.: 14, 1—4; 284; K 51 — Roggenkamp/Gerbert: Bewegung und Form.

Zu den Abbildungen: *Eine Besonderheit in Steiners graphischem Schaffen sind die sogenannten Siegel. Steiner stellte die Planetenkräfte — siehe die Beispiele links — in sieben solcher Zeichen dar und schuf für jedes seiner Mysteriendramen — siehe Stichwort «Mysteriendramen» — ein eigenes Siegel.*

SINNESLEHRE

Die geisteswissenschaftliche Forschung komplettiert die von der universitären Anthropologie beschriebenen sieben oder acht Sinne zum vollen Dutzend. Durch zwölf Tore gleichsam tritt die äußere Welt, das heißt die physische Außenwelt und die innerliche Sinneswahrnehmung wie Schmerz und dergleichen, in das Innere des Menschen ein. Das sind:

Ichsinn
Gedankensinn (auch Denk- oder Begriffssinn)
Sprachsinn (auch Wort- oder Wortesinn)
Gehörsinn (Hörsinn, Tonsinn)
Wärmesinn
Sehsinn
Geschmackssinn
Geruchssinn
Gleichgewichtssinn
Bewegungssinn (auch Eigenbewegungssinn)
Lebenssinn
Tastsinn

Der *Ichsinn* verleiht die Fähigkeit, das Ich des anderen Menschen wahrzunehmen.

Gedankensinn und *Sprachsinn:* Der Gehörsinn genügt nicht, um von außen ans Ohr dringende Klänge als menschliche Sprache zu erkennen. Dazu bedarf es eines Sinnes, den das Tier nicht hat, des Sprachsinnes. Sprechen und Denken aber sind nicht dasselbe. Damit in der Sprache die Gedanken vernommen werden – sie beispielsweise vom gesprochenen Wort als so unabhängig erkannt werden, daß sie auch in ganz anderer Formulierung ausgesprochen werden könnten –, ist der Gedankensinn nötig.

Wärmesinn: Er wurde lange mit dem Tastsinn zusammengeworfen, und dabei übersah man, daß durch ihn eine weiter innen liegende Eigenschaft eines Dings zu einem tieferen Bezirk im Menschen spricht, als dies durch bloße Berührung der Oberfläche durch die Oberfläche geschehen würde.

Gleichgewichtssinn: Die Erkenntnis der Anthropologie, daß die drei halbkreisförmigen Bogengänge des inneren Ohrs als Gleichgewichtsorgan aufzufassen sind, war die Entdeckung

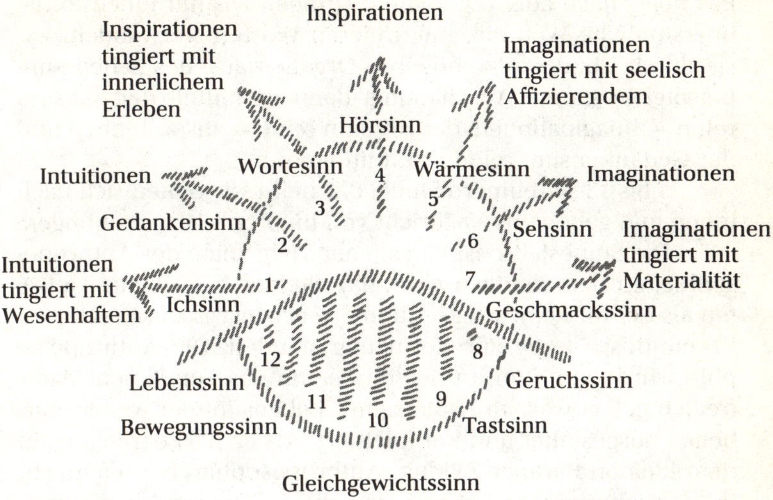

dieses Sinns. Die Anthroposophie fügt hinzu: Aus noch größerer Tiefe, als beispielsweise der Wärmesinn wirkt, erleben wir durch den Gleichgewichtssinn unsere räumliche Beziehung, das heißt unsere Lage, zur Umwelt.

Bewegungssinn: In der Muskeltätigkeit und der Aktivität unserer Glieder und durch Vergleich mit der Umwelt nimmt dieser Sinn wahr, ob wir gegenüber der Außenwelt in Bewegung oder Ruhe sind.

Lebenssinn: Dieser Sinn läßt Gesundheit als Behaglichkeit spüren, und durch Unlust und Schmerz zeigt er an, wenn die normale Funktion der Organe gestört ist; im Gefühl des Krankseins spricht er am vernehmlichsten.

Steiner ordnet die Sinne in zyklischer Folge gleich den Bildern im Tierkreis, denn: «Im Umkreise gleichsam dieser zwölf Sinne bewegt sich unser ganzes Seelenleben, gerade so, wie die Sonne sich im Umkreis der zwölf Sternbilder bewegt» [169/20.6.16].

Die Sinne 1 bis 7 dieser Darstellung sind äußere Sinne, das heißt nach außen gerichtet. Dringen wir mit ihnen in die übersinnliche Welt ein, mit anderen Worten: verwandeln wir sie durch Übung zu → höheren Organen aus, das Sehen zum Beispiel in innere Anschauung, dann vermittelt der Sehsinn reine → Imaginationen, der Hörsinn reine → Inspirationen und der Gedankensinn reine → Intuitionen.

8 bis 12 sind innere Sinne, das heißt, sie öffnen sich nach innen und geben uns Nachricht von inneren Wahrnehmungen.

Die Sinneslehre ist eines jener Teilgebiete der Anthroposophie, an dem deutlich wird, daß Steiner bei seinem Auftreten als Lehrer keineswegs schon alle geisteswissenschaftlichen Erkenntnisse fertig zur Verfügung standen. Die Anthroposophie wurde von ihm, in dessen Person das Fundament dafür freilich gelegt war, im Laufe seines Lebens immer weiter erarbeitet, ausgestaltet und komplettiert. Als er 1909 daranging, in dem kleinen Berliner Zyklus «Anthroposophie» (veröffentlicht in 115) seine eigene Lehre gegen die → Theosophie abzusetzen, und vor allem mit präzisen Aussagen eine Grenze gegen alle Verschwommenheiten zog, machte er zum erstenmal Angaben über seine Erforschung der menschlichen Wahrnehmungsorgane. In dieser Grundlegung seiner Sinneslehre blieb es zunächst bei der Anzahl von zehn Sinnen. Der Ichsinn fehlte noch, die Fähigkeiten des Tastsinns waren verteilt auf die Wahrnehmungen des Geruchs-, des Geschmacks- und des Wärmesinnes. In dem aus dem Nachlaß veröffentlichten Fragment «Anthroposophie» (45) findet sich die gleiche Darstellung.

1916 nahm Steiner in dem Zyklus «Weltwesen und Ichheit» (169) den Faden wieder auf, trug nun aber seine zwölfgliederige Sinneslehre vor und verglich die zwölf Sinne mit den zwölf Sternbildern am Fixsternhimmel. Er konkretisierte damit zum Beispiel die von Paracelsus vertretene Auffassung des Menschen als eines Mikrokosmos im Makrokosmos. Der Mensch ist in Bezug auf seine vier → Wesensglieder eine Umkehrung der kosmischen Verhältnisse. Sein unterstes, der zwölfgegliederte → Physische Leib, entspricht dem obersten im Weltall: dem Fixsternhimmel mit den zwölf Sternbildern; der siebengegliederte → Ätherleib den sieben alten → Planeten; der dreigliederige → Astralleib (→ Seelenkräfte) der Dreiheit Sonne, Mond, Erde und sein oberstes Wesensglied, das → Ich, der Erde. Auf ihr konnte es sich nach langen Schöpfungsvorgängen (→ Welt- und Menschheitsentwicklung) erst ganz zuletzt inkarnieren (→ Mensch, doppelter Ursprung). Diese Erde hat der Mensch unter sich, und er tritt sie im doppelten Sinne mit Füßen.

Im Buch «Von Seelenrätseln» (21) und in mehreren folgenden Vortragszyklen behandelte Steiner das Thema «Sinneslehre» weiter, begann dann die Reihe der zwölf Sinne gelegentlich auch mit einem anderen als dem Ichsinn und behielt auch nicht überall genau die Reihenfolge der vorstehenden Schemazeichnung ein. In diesen späteren Ausführungen gruppierte er die zwölf Sinne auch nach anderen Gesichtspunkten, unterschied also nicht nur nach äußeren und inneren Sinnen, sondern auch zwischen Tag- und Nachtsinnen, zwischen Erkenntnis-, Gefühls- und Willenssinnen, zwischen ganz äußeren, äußerlich-innerlichen und ausgesprochen innerlichen Sinnen usw.

Albert Steffen gliederte in schlafende, träumende, wachende und zu höherem Bewußtsein führende Sinne.

So gibt es denn von Steiner wohl eine Grundstruktur des Sinneskreises, doch keine unveränderliche Reihenfolge; es gibt Gruppierungen und Deutungen, die zu weiteren Erklärungsversuchen anregen, aber keine dogmatische Fixierung. Seine im Prinzip überzeugende Sinneslehre ist bei weitem noch nicht ausgeschöpft.

Verw.: → → ; → **Platonisches Jahr.**

Lit.: 21/4,5; 45/2,3; 115/23.10.09, 25.10.09, 26.10.09; 169/13.6.16, 20.6.16, 18.7.16; 199/8.8.20; 206/22. und 23.7.21; 293/29.8.19 — Steffen: Erfüllung; Geistgestalt.

SINNLICHKEITSFREIES SEELENLEBEN

(Sinnlichkeitsfreies Denken, Fühlen und Wollen) → **Schulungsweg;** → **Seelenleben, verstärktes.**

SONNE, Abspaltung, Austritt. Erdgeschichtliches Ereignis im Hyperboräischen Zeitalter. → **Erd- und Menschheitsgeschichte.**

SONNE, ALTE Früherer Verkörperungszustand der Erde. → **Welt- und Menschheitsentwicklung.**

SONNENHOF Von Ita Wegman in Arlesheim im schweizerischen Kanton Basel-Land gegründetes Heim für «seelenpflegebedürftige» Kinder. Der «Sonnenhof» und der → «Lauenstein» bei Jena waren die ersten nach Steiners heilpädagogischen Einsichten geführten Institute zur Pflege und Erziehung schwachbegabter Kinder.
Verw.: → →; → **Heilpädagogik;** → **Ita-Wegman-Klinik.**

SOZIALER ORGANISMUS → **Dreigliederung des sozialen Organismus.**

«SPALTUNG DER PERSÖNLICHKEIT» Von Steiner in «Wie erlangt man Erkenntnisse der höheren Welten?» (10/9) verwendeter Ausdruck für die Verselbständigung der drei → Seelenkräfte Denken, Fühlen und Wollen während der esoterischen Schulung (→ Schulungsweg).

Verstärkt der Mensch durch geisteswissenschaftliche Schulung sein Seelenleben so, daß sich Traum und Tiefschlaf aufhellen und allmählich so bewußt werden wie das Tagleben, dann beginnen sich bei ihm die «Fäden» zwischen Denken, Fühlen und Wollen zu lösen. Im Zusammenspiel der → Seelenkräfte, das beim spirituell ungeschulten Menschen sozusagen automatisch geregelt ist, folgt dann einem bestimmten Gedanken nicht mehr von selber ein Gefühl oder ein entsprechender Willensimpuls; ein Gefühl erzeugt keinen zugehörigen Gedanken oder eine darauf folgende Willensregung mehr usw. Denken, Fühlen und Wollen «werden wie zu selbständigen Wesenheiten, gleichsam zu drei Persönlichkeiten» (13/5). Das Ich muß nun so stark sein, daß es die drei Wesenheiten als die ihnen übergeordnete Instanz bewußt lenken und leiten kann. Das heißt: Es ist nun der Verantwortung des fortgeschrittenen Schülers übertragen, Gedanken bewußt mit den entsprechenden Gefühlen und Willensimpulsen, Gefühle mit den zugehörigen Gedanken und Willensregungen usw. zu verbinden. Erst durch diese Umwandlung seines Wesens, sagt Steiner, könne der Mensch «in bewußte Verbindung treten mit gewissen übersinnlichen Kräften und Wesenheiten» (10/9).

Die geschilderte Entwicklung ist, wie Steiner betont, ohne Gefahr, wenn der Schüler auf dem Pfad der Erkenntnis die immer wieder erwähnte Selbsterziehung intensiv geübt hat. Vor allem müssen Denken, Fühlen und Wollen harmonisch entwickelt werden, beispielsweise durch gründliche Ausführung der sogenannten «Nebenübungen» (→ Sechs Eigenschaften). Dann können sie ohne Gefährdung der Persönlichkeit dem erwachten höheren Bewußtsein unterstellt werden, wenn sich die Verbindungen zwischen ihnen lösen.

Verw.: → →.

Lit.: 10/9; 13/5.

SPRACHGEISTER

Wesenheiten aus den → **Hierarchien,** denen die Obhut der auf der Erde gesprochenen Sprachen anvertraut ist.

SPRACHGESTALTUNG

Für die anthroposophische → Geisteswissenschaft ist die menschliche Sprache nicht einfach nur Instrument der Mitteilung und Hilfsmittel dafür, den Fluß der Gedanken in einen logischen Ablauf zu bringen. Bei diesen alltäglichen Funktionen – die von der Anthroposophie selbstverständlich anerkannt und selber in Anspruch genommen werden – arbeitet die Sprache weitgehend im Unbewußten. Zur Weiter- und Höherentwicklung des einzelnen Menschen und der Menschheit im ganzen muß jedoch ein höheres Bewußtsein erworben werden. Dazu gehört es auch zu lernen, die Sprache bewußt zu gebrauchen.

Als Mittel für diese Schulung wie auch für die Bedürfnisse der am → Goetheanum gepflegten → Bühnenkunst und der → Eurythmie schuf Steiner von 1919 an zusammen mit seiner Frau Marie geb. von Sivers, die vor allem die praktische Vorführung und Ausbildung übernahm, die anthroposophische Sprachgestaltung. In Vorträgen für Pädagogen, Redner, ausgebildete und angehende Schauspieler und ähnlich interessierte Teilnehmer legte er den Grund für diese Kunst. Dazu gab er eine große Zahl von Übungen. Diese wollen nicht als Etüden für die Erarbeitung einer Sprechtechnik verstanden werden, sondern ermöglichen es, die Sprache an ihren Quellen zu erfahren und sie daraus zu erneuern.

Die *Vokale* geben Seelenerlebnisse wieder, die der Mensch dadurch hat, daß er Eindrücke der Außenwelt und Befindlichkeiten des eigenen Körpers in seiner Seele als Innenwelt erlebt; in den *Konsonanten* gestaltet die Seele die Außenwelt nach. In der Silbe verbindet sich beim Zusammenwirken beider Lautarten subjektives und objektives Geistiges.

Atem und Pulsschlag formen aus diesen Lauten, Silben und Wörtern Rhythmus, Metrum und Vers; wie auf Wellen wird das künstlerisch gesprochene Wort von Maß, Betonung und Tempo getragen. Die am Erleben dieser Phänomene geschulte Sprache schafft sich ihre Ausdrucksmittel für die lyrische, die epische und die dramatische Dichtung wie für die Prosa, und es gelingt ihr, obwohl sie auf jeden Naturalismus verzichtet, Eigenart und künstlerische Nuance jedes Werks spürbar zu machen. Sie ist die Sprache der goetheanistischen Bühnenkunst, das Leitinstrument lauteurythmischer Aufführungen, pädagogisches Hilfsmittel, Arbeitshilfe des Heilpädagogen, etwa bei der Behandlung des Stotterns, und nicht zuletzt eben Werkzeug auf dem Weg der individuellen geisteswissenschaftlichen Schulung.

Verw.: → → ; → **Kunst, Künste.**

Lit.: 280; 281; 282.

SPRACHSINN → **Sinneslehre.**

STAAT

Den heutigen Staat, der sich nicht nur um politisch-rechtliche Dinge kümmert, sondern auch die Wirtschaft und das geistige Leben (Erziehung, Kunst, Religion usw.) weitgehend von sich abhängig gemacht hat, nennt Steiner Einheitsstaat. Politik und Macht (zum Teil in Form des Gesetzes) beherrschen in ihm das öffentliche Leben. Diesen Zustand macht Steiner für viele gesellschaftliche Konflikte und andere soziale Mängel verantwortlich, denn im Einheitsstaat können sich Wirtschaft und Geistesleben weder nach ihren eigenen Gesetzlichkeiten entwickeln noch ihre eigenen Aufgaben erkennen. Zur Gesundung des sozialen Lebens empfiehlt er die → Dreigliederung des sozialen Organismus. Er versteht darunter die Zerlegung des Einheitsstaates in drei gleichberechtigte, autonome Organisationen: das Rechtswesen (den auf seine eigentlichen Funktionen zurückgebildeten Staat), die Wirtschaft und das Geistesleben.

Verw.: → →.

STOFFWECHSEL-GLIEDMASSEN-SYSTEM → **Dreigliederung der leiblichen Struktur des menschlichen Organismus.**

STUDIUM DER ANTHROPOSOPHIE

Steiners Geisteswissenschaft berichtet von Dingen und Vorgängen in einer Welt, die den gewöhnlichen Sinnen nicht zugänglich ist. Forschungen in diesem übersinnlichen Bereich sind schwierig. An Hand der von Steiner gegebenen Anweisungen ist es jedoch jedem Menschen möglich, Schritte in dieser Richtung auf dem anthroposophischen Erkenntnisweg zu tun. Mit genügend großer Ausdauer und Intensität bei der Ausführung der nötigen Übungen wird mancher soweit kommen, daß er auf Grund eigener Erfahrungen zum mindesten bestätigen kann: Die von Steiner erwähnte übersinnliche Welt gibt es (→ Schulungsweg).

Geistesforscher muß er dafür noch nicht sein. Dies setzte die Fähigkeit voraus, mit entwickelten geistigen Sinnen (→ Höhere Organe) in der übersinnlichen Welt wahrzunehmen und die dort gemachten Erkenntnisse in der gewöhnlichen menschlichen Sprache auszudrücken. Steiner betont jedoch auch, eigene Geistesforschung sei nicht die einzige Möglichkeit, sich von der Richtigkeit der anthroposophischen Forschung zu überzeugen. Verstanden werden könnte sie von jedem, der «unbefangene Logik und gesundes Wahrheitsgefühl» (9/1) in sich sprechen lasse.

Nicht alle geisteswissenschaftlichen Erkenntnisse lassen sich jedoch mit dem Mittel des gewöhnlichen Denkens so leicht einsehen. Ohne große Schwierigkeiten kann mancher wohl zum Beispiel die Aussage anerkennen, der Mensch sei ein viergliederiges Wesen, das aus Physischem Leib, Ätherleib, Astralleib und Ich besteht (→ Wesensglieder). Schwieriger zu begreifen ist die Wiederverkörperung (→ Wiederverkörperung und Schicksal), und kaum bestätigen läßt sich vom gewöhnlichen Verstande beispielsweise die Mitteilung von den beiden Jesusknaben (→ Jesus).

Bei solchen erstaunlichen oder fast widersinnig klingenden Angaben geht es selbstverständlich nicht um ein Annehmen auf den bloßen Glauben hin oder gar um ein «Credo quia absurdum». Das wäre eine Zumutung, gegen die sich jeder intelligente Mensch mit Recht wehren müßte. Was Steiner in solchen Fällen erwartet, ist lediglich, daß seine Mitteilung neutral, das heißt weder mit Zustimmung noch mit Ablehnung aufgenommen wird.

Nach kürzerer oder längerer Zeit geschieht es dann oft, daß sich eine solche Angabe wie von selber zu bestätigen beginnt. Auch wenn keine Hellsichtigkeit eintritt, ist die Seele beweglicher geworden, so daß sie für Vorstellungen zugänglich wird, mit denen sie bisher nichts anzufangen wußte. Daß diese Entwicklung nichts mit einem Verlust der kritischen Haltung oder sogar mit Autosuggestion zu tun hat, wird jeder bestätigen, der eine solche Erfahrung gemacht hat. Mit den für die Naturwissenschaft gültigen Methoden läßt sich die Richtigkeit solcher geisteswissenschaftlichen Erkenntnisse allerdings auch nicht beweisen (→ Beweise im übersinnlichen Erkennen).

Verw.: → →; → **Anthroposophie.**

Lit.: 9/1; 13/1.

SUBJEKT, SUBJEKTIV → **Erkenntnistheorie.**

SÜNDENFALL Verschlechterung der menschlichen Daseinsbedingungen auf der Erde infolge der Einflußnahme der luziferischen Wesenheiten auf den Astralleib im Lemurischen Zeitalter. → **Erd- und Menschheitsentwicklung.**

SYLPHEN Luftwesen → **Elementarwesen.**

SYMPATHIE – ANTIPATHIE, Anziehung und Abneigung sind die polaren Grundkräfte der Seele, zwischen denen sich alles seelische Geschehen abspielt (→ Seele). Sympathie und Antipathie existieren nach Steiners Angaben jedoch auch unabhängig vom Menschen in der zwischen dem Physischen und dem rein Geistigen existierenden Seelenwelt: sie sind sozusagen der Stoff, aus dem diese Welt gewoben ist. Die Wesenheiten der sieben Stufen der Seelenwelt unterscheiden sich voneinander durch den unterschiedlichen Anteil an Sympathie und Antipathie, aus denen sie gebildet sind. Auf der untersten Stufe stehen Wesenheiten mit einem geringen Anteil an Sympathie und einem großen an Antipathie. Durch die Ränge nach oben vermehrt sich der Anteil der Sympathie und verringert sich der Anteil der Antipathie ständig, so daß die obersten Wesenheiten der Seelenwelt fast nur noch aus der strahlenden Kraft der Sympathie bestehen (→ Astral, astralisch).

Verw.: → →.

Lit.: 9/4, Mötteli.

TASTSINN → **Sinneslehre.**

THEOSOPHIE

heißt seit der Antike jedes religiöse Wissen, das sich nicht auf eine gegebene Offenbarung stützt, sondern den Anspruch erhebt, vom Erkennenden durch direkte Erfahrung der göttlichen Welt empfangen worden zu sein. Theosophen in diesem Sinne waren die Gnostiker, die Manichäer, die Neuplatoniker, die deutschen Mystiker des Mittelalters (Meister Eckhart, Johannes Tauler, Heinrich Seuse, der «Frankfurter»), Niklaus von Flüe, Paracelsus, die Rosenkreuzer, Valentin Weigel, Jakob Böhme, Emanuel Swedenborg, Franz von Baader und andere.

Von unterschiedlicher Art ist die von Helena Petrowna Blavatsky (1831—1891) und anderen vertretene Theosophie, zu deren Pflege 1875 in New York die → Theosophische Gesellschaft gegründet wurde. Sie hat ihre Wurzeln unter anderem im amerikanischen Spiritismus und in indischen Anschauungen. Steiner wurde 1902 Generalsekretär der Deutschen Sektion dieser Gesellschaft. In dieser Stellung veröffentlichte er 1904 sein grundlegendes Buch «Theosophie — Einführung in übersinnliche Welterkenntnis und Menschenbestimmung» (9). Auch nachdem er die → Anthroposophische Bewegung aus der Theosophischen Gesellschaft herausgelöst hatte (→ Anthroposophische Gesellschaft), erschien es unter demselben Titel, mehrfach überarbeitet und erweitert, in immer neuen Auflagen. Das Buch enthält weder spiritistisches noch indisches Lehrgut, sondern ausschließlich Steiners eigene, abendländisches Denken repräsentierende Erkenntnisse — seine → Anthroposophie. Damit steht das Werk, dessen Einleitung übrigens an letzte Vorlesungen Johann Gottlieb Fichtes anknüpft, legitim in der Nachfolge der von jeher in Europa gepflegten theosophischen Tradition.

Verw.: →→.

Theosophische Gesellschaft

1875 von Helena Petrowna Blavatsky (1831–1891) und Henry Steel Olcott (1832–1907) in New York gegründete esoterische Vereinigung. Die Gesellschaft beschäftigte sich anfangs mit spiritistischen Phänomenen und befaßte sich mit den von H. P. Blavatsky und anderen führenden Mitgliedern verbreiteten geheimwissenschaftlichen Mitteilungen, geriet dann aber mehr und mehr unter indischen Einfluß und verlegte ihr Zentrum nach Adyar bei Madras.

Steiner wurde 1902 Generalsekretär der damals gegründeten Deutschen Sektion der Theosophischen Gesellschaft. Im Namen des Präsidenten Olcott überreichte die führende Theosophin Annie Besant (1847–1933) der Sektion die Gründungsurkunde.

1907 avancierte Annie Besant zur Präsidentin der Theosophischen Gesellschaft. Unter ihrer Leitung erhielten die Kreise, welche alle Religionen als gleich und gleichrangig betrachten wollten, Oberwasser. Steiner hatte jedoch schon in Schriften und Vorträgen zu verstehen gegeben, daß er bei aller Achtung, die er für andere Religionen hege, das Christentum für eine einmalige, allen Religionen übergeordnete Erscheinung halte. 1907 und 1908 hatte er bereits Vorträge über das Thema «Das Christentum hat begonnen als Religion, aber es ist größer als alle Religionen» gehalten. Auf dem Budapester Kongreß, 1919, zeigte sich deutlich die Unvereinbarkeit beider Auffassungen. Damals geschah der innere Bruch zwischen der orientalisierenden und sogar «gegenchristlichen» theosophischen Strömung unter der Führung Annie Besants und der christlichen Richtung Rudolf Steiners und seiner Anhänger.

Als dann in Adyar der Hinduknabe Krishnamurti als eine Wiederverkörperung Christi proklamiert wurde, kam es auch zur äußeren Trennung. 1912/13 spaltete sich die Deutsche Sektion der Theosophischen Gesellschaft. Die Mehrheit der Mitglieder erklärte sich mit Steiner solidarisch und gründete die → Anthroposophische Gesellschaft.

Verw.: → → ; → **Theosophie.**

THRONE, Geister des Willens. Rangordnung geistiger Wesenheiten aus den → **Hierarchien.**

TIERREICH Das oberste der irdischen → **Naturreiche.**

TOD → **Leben zwischen Tod und neuer Geburt;** → **Wachen – Träumen – Schlafen – Tod.**

TONÄTHER, Klangäther, Schalläther, Chemischer Äther → **Äther.**

TONEURYTHMIE → **Eurythmie.**

TONSINN → **Sinneslehre.**

TRAUM, TRÄUMEN → **Wachen – Träumen – Schlafen – Tod.**

TRICHOTOMIE → **Dreigliederung des Menschen.**

TRINITÄT Die von Steiner vertretene Auffassung von den → Hierarchien als über dem Menschen stehenden geistigen Wesen bedeutet keine Rückkehr zu einem konfusen Polytheismus, sondern erneuert die urchristliche Anschauung von Engelchören, die sich dienend und anbetend in Rängen zu einer obersten, als Dreifaltigkeit und Dreieinigkeit erkennbaren Gottheit erheben. Daß der höchste (oder tiefste) Weltengrund dem Menschen in dreifacher Weise erscheint, wurde bereits von vorchristlichen Religionen bemerkt, konnte jedoch erst im Christentum zu einer deutlichen Vorstellung werden. Bis zum → Mysterium von Golgatha hatte der Vatergott dominiert; erst an dieser Zeitenwende verbanden sich auch Christus und der Heilige Geist, die beiden anderen Personen der Dreiheit, ganz mit der Erde.

Als «Vater» und «Vatergöttlich» hat seit der Antike, im Judentum am deutlichsten ausgeprägt, die Welt des Geschaffenen gegolten, in der die Naturgesetze wirksam sind. Seit Christus als Personifikation des Sohnesgöttlichen Freiheit und Liebe als neue Lebensprinzipien in den Weltengang eingebracht hat, manifestiert sich im Menschen, der dem Zwang des Vatergöttlichen gegenüber eine gewisse Unabhängigkeit behaupten kann, immer mehr auch das Sohnhafte der Trinität.

In dem Maß, als er in sich die Umwandlungskräfte des Sohnes bejaht und wirken läßt, verwandelt er in sich auch die Erkenntniskräfte. Anerkennt er nur die vatergöttlichen Naturgesetze, so bleibt er als Erkennender auf der Ebene des Physischen. Erhellt er jedoch sein Verstehen der Schöpfung durch die Liebe, so werden ihm auch immaterielle Seinsebenen offenbar, und es entzündet sich der Wille, die materiell gewordene Welt umzugestalten. Der Heilige Geist aber, der im Menschen die durch eigenes Verschulden verursachten Schäden wieder heilt, vermag ihn wieder an die lebendigen Schöpfungskräfte des Göttlichen anzuschließen.

In den sogenannten Arbeitervorträgen gibt Steiner eine leichtverständliche Erklärung, wie er die Trinität versteht: «Wenn man einen Stein anschaut: was wirkt da drinnen? Der Vater. Wenn man die Pflanze anschaut: was wirkt da drinnen? Der Vatergott. Wenn man den Menschen als physischen Menschen anschaut: was wirkt da drinnen? Der Vatergott. Wenn man aber einen Menschen anschaut als seelischen Menschen, in seinem Willen: was wirkt da drinnen? Der Gottsohn. Und wenn man auf die Zukunft der Menschheit rechnet, wie sie einmal werden soll, wenn wiederum alles im Willen gesund werden soll: da wirkt der Geistgott. Alle drei Götter, sagte man (in urchristlicher Zeit), wirken im Menschen. Es gibt drei Götter oder göttliche Gestalten; die sind aber eins, und die wirken im Menschen auch als eine Einheit» (353/19.3.24).

In der sich abstufenden Trinität rückt die Gottheit dem Menschen von oben nach unten immer näher: Den fernen, mächtigen, unerbittlichen Vater ganz zuoberst kann man verehren – mit einer Ehrfurcht, die bis zur Gottesfurcht, das heißt zur Furcht vor Gott, des Alten Testamentes geht. Den menschennäheren Sohn kann man lieben wie einen größeren Bruder, dem man nachstrebt. Mit dem Geistgott, der im eigenen Inneren das Bewußtsein schärfen und den Willen läutern will, kann man sich verbinden.

Gemäß dem Gesetz, wonach sich das Große stets im Kleinen abbildet und wiederholt, sind Vater, Sohn und Geist, die über alles erhabenen Gottheiten, auch in kleineren und kleinsten Strukturen zu erkennen, überall dort, wo die Dreizahl zum Wesensmerkmal gehört: in den Hierarchien zum Beispiel, aber auch im Menschen.

In der stärksten ersten Hierarchie spiegelt sich der Vater, in der zweiten der Sohn und in der menschennächsten dritten der Heilige Geist. Im Menschen läßt sich eine solche Entsprechung in umgekehrter Reihenfolge erkennen: Das Höchste, der Vater, hat sein Abbild im Physischen Leib als ältestem und stärkstem Wesensglied; in der Seele spiegelt sich der Sohn; im menschlichen Geist bildet sich der Geistgott ab (→ Dreigliederung des Menschen). Auch in den drei Seelenkräften wiederholt sich die Trinität: Im Willen wirkt der Vater, im Fühlen wohnt der Sohn, und im Denken offenbart sich der Geist.

Für das Walten der Trinität in unserer Entwicklung hat Steiner oftmals den alten Rosenkreuzerspruch verwendet:

Ex Deo nascimur,
in Christo morimur,
per spiritum sanctum reviviscimus.

Aus Gott — dem Vatergott — sind wir geboren,
in Christo sterben wir,
durch den Heiligen Geist kehren wir zum Leben zurück.

Die zweite und dritte Zeile können verstanden werden als Beschreibung des Geschehens im Tode und nach dem Tod: Beim Sterben empfängt uns Christus, und durch den Heiligen Geist werden wir zu neuem Leben auferweckt — nach anthroposophischem Verständnis auch zu einem neuen irdischen Dasein (→ Wiederverkörperung und Schicksal). Die Verse gelten ebenso für das Leben zwischen Geburt und Tod: Die Begegnung mit Christus kann jederzeit auch auf der Erde zu einem Auferstehungserlebnis führen.

Die Initialen des Spruches → «Ex Deo nascimur» hat Steiner in das → Siegel des Mysteriendramas «Die Pforte der Einweihung» (14/1) eingearbeitet. In den ersten sechs Strophen des Grundsteinspruches (→ Grundstein, Grundsteinspruch) hat er das Erwachen des dreigliederigen Menschen, der sich mit der trinitarischen Gottheit verbindet, für das meditative Erleben rhythmisch formuliert.

Verw.: → ; → **Dreigliederung der leiblichen Struktur des menschlichen Organismus.**

Lit.: 214; 353/19.3.24 — Schütze: Trinität; Zeylmans: Grundstein.

ÜBERSINNLICHE WELT, ÜBERSINNLICHE WELTEN nennt Steiner die den physischen Sinnen nicht zugängliche, über der sinnlichen Welt liegende → **Geistige Welt.**

UNDINEN, Wasserwesen → **Elementarwesen.**

UNTERE GEISTIGE WELT → **Geistige Welt.**

UNTERES DEVACHAN → **Devachan.**

UNTERRASSEN Theosophischer Ausdruck für die Menschenart, die den Charakter einer rund 2000 Jahre dauernden Zeitepoche bestimmt. Seit dem Atlantischen Zeitalter verlieren solche aus Vererbungsmerkmalen und Blutzusammenhängen gebildeten Begriffe an Gültigkeit. Leistungen, durch die sich der Mensch in seinem Wesen darstellt, stammen immer mehr aus den geistigen Quellen, an denen er teilhat, und immer weniger aus den durch Rasse und Blut bestimmten Eigenheiten. Steiner hat deswegen statt «Unterrassen» den Begriff «Kulturepochen» oder «Kulturen» gebraucht. → **Erd- und Menschheitsentwicklung.**

URINDISCHE KULTUR(EPOCHE) → **Nachatlantisches Zeitalter.**

URPERSISCHE KULTUR(EPOCHE) → **Nachatlantisches Zeitalter.**

VEGETARISMUS → **Fleischgenuß.**

VENUS, ZUKÜNFTIGE Späterer Verkörperungszustand der Erde. → **Welt- und Menschheitsentwicklung.**

VERSTANDESSEELE oder Gemütsseele → **Wesensglieder.**

VIER EIGENSCHAFTEN (Tugenden). Neben meditativen Übungen erwähnt Steiner in seinem Buch «Wie erlangt man Erkenntnisse der höheren Welten?» (10) auch bestimmte Eigenschaften, die sich der Schüler auf dem Erkenntnisweg aneignen muß. Acht besondere Eigenschaften sind nötig zur Ausbildung der sogenannten sechzehnblätterigen Lotusblume (→ Achtgliederiger Pfad), sechs weitere für die Entwicklung der zwölfblätterigen Lotusblume (→ Sechs Eigenschaften). Diese → Lotusblumen sind Organe des → Astralleibes.

Die weitere Schulung greift nun auch organisierend und bildend in den → Ätherleib ein. Damit die dafür nötigen meditativen Übungen erfolgreich sind und keine Einseitigkeiten in der Entwicklung eintreten, muß der Schüler neben der Fortsetzung der meditativen Übungen vier weitere Tugenden ausbilden, unter denen die genannten und nun weiter zu vertiefenden Sechs Eigenschaften zusammen die *eine* neue ausmachen. Steiner erwähnt diese «vier Eigenschaften» in folgender Reihenfolge: 1. die Fähigkeit, das Wahre von der Erscheinung zu *unterscheiden,* 2. die Fähigkeit, das Wahre gegenüber der Erscheinung richtig zu *schätzen* und *einzuschätzen,* 3. die Ausübung der Sechs Eigenschaften (Herrschaft über die Gedankenführung, Herrschaft über die Willensimpulse, Herrschaft über die Gefühle, Positivität, Unbefangenheit, Harmonisches Zusammenwirken dieser Gewohnheiten), 4. die Liebe zur inneren Freiheit. Steiner fügt hinzu: «Ein bloßes verstandesmäßiges Begreifen dessen, was in diesen Eigenschaften liegt, nützt gar nichts. Sie müssen der Seele so einverleibt werden, daß sie innere *Gewohnheiten* begründen» (10/8).

Diese Darstellung sollte nicht den Eindruck erwecken, mit der sukzessiven Ausbildung von acht, sechs und vier Eigenschaften sei die seelische und moralische Vervollkommnung auf dem Schulungsweg erreicht und dafür benötige man nur eine verhältnismäßig kurze Zeit. Die Selbsterziehung auf dem Erkenntnispfad ist langwierig mühsam und total; sie bezieht jede positive Eigenschaft mit ein. Mit anderen Worten: Die zahlenmäßige Zusammenfassung der Tugenden in Gruppen hat didaktische Gründe: Sie garantiert nicht den Erfolg, aber sie erleichtert den Weg, indem sie auf zusammengehörige – in bestimmten Phasen der Schulung besonders zu pflegende – Eigenschaften aufmerksam macht.

Verw.: →→; → **Schulungsweg.**

VISCHVAKARMAN → **Nachatlantisches Zeitalter (Urindische Kultur).**

VOLKSGEISTER, Volksseelen. Erzengel, die durch ihr Wirken ganzen Völkerschaften und Völkergruppen ihre Individualität und ihren bestimmten Charakter des Denkens und Fühlens verleihen. → **Hierarchien.**

VULKAN, ZUKÜNFTIGER Späterer Verkörperungszustand der Erde. → **Welt- und Menschheitsentwicklung.**

WACHEN – TRÄUMEN – SCHLAFEN – TOD Im *Wachzustand* sind die vier → Wesensglieder des Menschen: Physischer Leib, Ätherleib, Astralleib und Ich, vereinigt. Nur in diesem Zustand kann beim Menschen, der keine esoterische Schulung (→ Schulungsweg) durchgemacht hat, Bewußtsein entstehen. Im Wachen entsteht beim Menschen nach einiger Zeit von selber das Bedürfnis nach Trennung der unteren und der oberen Wesensglieder, und das wird dann als Ermüdung verspürt. Physischer Leib und Ätherleib nützen sich ab, wenn durch die Anwesenheit der oberen Wesensglieder in ihnen Bewußtsein entsteht; Astralleib und Ich dagegen sind gewissermaßen zu tief ins Irdische eingetaucht und möchten wieder in die → geistige Welt zurückkehren.

Bei der Trennung, die nun eintritt, bleiben Ich und Astralleib miteinander verbunden, ziehen sich aber gemeinsam aus den unteren Wesensgliedern zurück, zunächst jedoch nur ein Stück: Das Ich verläßt zwar den Physischen wie den Ätherleib, der Astralleib aber hängt noch mit dem Ätherleib zusammen, der seinerseits ganz an den Physischen Leib geknüpft bleibt. In diesem Zustand erlebt der Mensch das, was man *Träumen* nennt. Nachklänge des Wachlebens, Vorgänge im eigenen Körper, gelegentlich auch Eindrücke aus der geistigen Welt kleiden sich in Bilder. Dieser Traumzustand entsteht, bevor der Mensch ganz in den Schlafzustand eintaucht, oder aber, wenn er aus dem Schlaf ins Wachen zurückkehrt und der Astralleib mit dem Ätherleib zwar schon die Verbindung gefunden hat, das Ich jedoch noch außerhalb des Physischen Leibes bleibt. Es gibt demzufolge Einschlafträume; sie werden dem Menschen seltener bewußt, weil er hernach im Schlaf ganz das Bewußtsein verliert. Und es gibt Aufwachträume; diese kann der Mensch oft als Erinnerungen in den Wachzustand herübernehmen.

Schläft der Mensch, dann bleiben Physischer Leib und Ätherleib einerseits, Astralleib und Ich anderseits zwar verbunden, aber die beiden Gruppen sind voneinander so gut wie getrennt. In diesem *Schlafzustand* arbeiten die oberen Wesensglieder von außen am Physischen und am Ätherleib und bessern sozusagen daran die im Wachzustand entstandenen Schäden aus. Darauf können sie wieder für einen Tag in die unteren Wesensglieder einziehen.

Der *Tod* gleicht darin dem Schlafzustand, daß sich dann, wenn er eintritt, ebenfalls Wesensglieder voneinander trennen. Man nennt ihn deshalb auch den Bruder des Schlafes. Doch löst sich im Sterben mit dem Ich und dem Astralleib auch der Ätherleib, von dem die Lebensvorgänge abhängen, aus dem Physischen Leib. Dieser bleibt nun als Leichnam zurück und zerfällt. Ätherleib, Astralleib und Ich aber treten den Weg in die übersinnliche Welt an (→ Leben zwischen Tod und neuer Geburt).

Verw.: →→; → **Bewußtseinszustände.**

Lit.: 13/3.

WAHRES ICH → **Ich.**

WALDORFSCHULEN

Sofort nach Kriegsende, im November 1918 und dann 1919, legte Steiner in aller Öffentlichkeit seine Ideen zur Neugestaltung der sozialen Ordnung in Mitteleuropa und der Welt dar. Gemäß diesen zum Teil schon während des Krieges durch private Kontakte an einflußreiche Persönlichkeiten herangebrachten Überlegungen sollte in einem neu zu strukturierenden gesellschaftlichen Organismus das kulturelle Leben im weitesten Sinne, wozu er auch das Erziehungs- und Schulwesen zählte, eine ganz unabhängige Stellung einnehmen (→ Dreigliederung des sozialen Organismus).

Der schwäbische Unternehmer Emil Molt, Eigentümer der Zigarettenfabrik Waldorf-Astoria in Stuttgart, der seit über zehn Jahren Mitglied der Theosophischen bzw. der → Anthroposophischen Gesellschaft war, griff diese Gedanken auf und war willens, einen Beitrag zur Verwirklichung dieser Ideen und zugleich zur Linderung der akuten sozialen und geistigen Not zu leisten. Um seinen Plan einer Schulgründung in die Tat umzusetzen, hatte er sich an Steiner gewandt und ihn gebeten, die Gestaltung der Schule, die pädagogische Leitung und die Einrichtung des Lehrplans zu übernehmen. Aus eigenen Mitteln erwarb Molt ein passendes Gebäude.

Für die zukünftige Lehrerschaft hielt Steiner Ende August/Anfang September 1919 einen dreiteiligen Kurs, mit dem er das Fundament der anthroposophischen → Pädagogik legte. Am 7. September 1919 konnte die Schule eröffnet werden.

Nach Rittersbachers Darstellung begann die Freie Waldorfschule Stuttgart 1919 ihre Arbeit mit 256 Kindern in acht Klassen mit zwölf Lehrkräften. 1924 waren es bereits 787 Schüler und Schülerinnen in zwölf doppelt geführten Klassen mit 47 Lehrkräften, einige Jahre später (nach Wachsmuth: Rudolf Steiners Erdenleben und Wirken) etwa 1100 Schüler und 76 Lehrer. Der rasche Anstieg kam daher, daß anfänglich nur die Werksangehörigen ihre Kinder in die Waldorfschule schickten, bald aber auch die in der Gegend wohnenden Anthroposophen die Vorteile dieser Erziehung wahrnahmen.

Wie aus Steiners damaligen Äußerungen hervorgeht, betrachtete er die Gründung der Freien Waldorfschule nicht nur als punktuelles Ereignis, sondern als den Anfang einer ganzen

Schulbewegung, die ebenso wie seine gesamten sozialen Gestaltungspläne auch die nichtanthroposophische Bevölkerung ergreifen sollte. Die von ihm genannte Zahl von hundert Schulen, die nötig wären, damit sich in deren Zusammenwirken «die volle Fruchtbarkeit» dieser Erziehungsarbeit erweisen könnte, wurde zu seinen Lebzeiten zwar noch lange nicht erreicht, ist aber heute bei weitem überschritten, und die Bewegung wächst weiter. Erfreulicherweise bleibt sie dabei in Steiners Sinn Trägerin einer Volksschule, das heißt es spielt keine Rolle, ob die Eltern der in einer Waldorf- oder Rudolf-Steiner-Schule erzogenen Kinder Mitglieder der anthroposophischen Gesellschaft sind. «Die Waldorfpädagogik stellt ein Bildungsangebot für jedermann zur Verfügung», schrieb Manfred Leist vom Bund der Freien Waldorfschulen, Stuttgart, und wies darauf hin, daß heute weit weniger als die Hälfte der Kinder an Waldorfschulen aus anthroposophisch orientierten Elternhäusern stammt.

Bis zu seinem Tode hatte Steiner noch Anteil an der Gründung mehrerer Schulen, nämlich in Dornach (1921), Köln (1921), Essen (1922), Hamburg (1922), Den Haag (1923), Kings-Langley (nördlich von London, 1923), London (1925) und schließlich an der ersten Schweizer Schule mit Unterstufe in Basel, deren Eröffnung (1926) er jedoch nicht mehr erleben konnte. Die Kölner Schule stellte 1925 ihre Arbeit ein; die Schule in Dornach für Jugendliche über 14 Jahren, «Fortbildungsschule am Goetheanum», später «Friedwartschule» genannt, bestand bis 1958; die 1925 in London entstandene Schule siedelte später nach Forest Row (East Sussex) über und heißt heute Michael Hall.

Nach Steiners Tod entstanden in Deutschland bis 1930 noch weitere fünf Schulen. In der Schweiz fand in Zürich 1927 noch eine Gründung statt, und 1940 wurde in Bern eine Rudolf-Steiner-Schule eröffnet. Seither sind in diesem Lande an verschiedenen Orten noch weitere Schulen entstanden.

In Deutschland bewirkten die politischen Verhältnisse des Dritten Reiches, daß die anthroposophisch-pädagogische Arbeit zum Erliegen kam. Zwischen 1938 und 1941 wurden alle Waldorfschulen entweder verboten oder haben wegen belastender Eingriffe von außen, die dem drohenden Verbot vorausgingen, ihre Tätigkeit selber eingestellt.

1945 mußte wieder von vorn begonnen werden. In Ostdeutschland (DDR), wo wieder ein geistfeindliches Regime an der Macht ist, blieb der Neuanfang allerdings auf einen Versuch beschränkt. Eine Waldorfschule, die in Dresden ihre Arbeit begann, mußte 1949 auf behördliche Verfügung wieder geschlossen werden. Wo die freie Erziehung unterdrückt wird, wie dies in allen kommunistischen Staaten der Fall ist, kann die anthroposophische Pädagogik nicht Fuß fassen. In allen großen Städten der Bundesrepublik dagegen, sogar auch in mittleren und kleineren Ortschaften, sind heute Waldorfschulen zu finden. Seit 1946 sind sie im «Bund der Freien Waldorfschulen e. V.» zusammengeschlossen.

Von Mitteleuropa aus hat sich die anthroposophische Schulbewegung schon zu Steiners Lebzeiten, ganz besonders aber nach dem Zweiten Weltkrieg über die westliche Welt verbreitet. Es gibt heute in fast allen freien Ländern Europas Schulen, die nach der Steinerschen Pädagogik arbeiten. Außerhalb Europas existieren solche Schulen in den Vereinigten Staaten und in Kanada, in manchen südamerikanischen Ländern, in Südafrika, Australien und Neuseeland.

Wie die praktische Erziehungstätigkeit in den anthroposophischen Volksschulen hat sich auch die an Steiners Pädagogik orientierte Lehrerbildung ausgebreitet. In Stuttgart führt der Bund der Freien Waldorfschulen jährlich öffentliche pädagogische Sommertagungen durch; ebensolche Veranstaltungen finden an der Rudolf-Steiner-Schule in Zürich statt. In den meisten der genannten Länder mit Allgemeinschulen, die die Steinersche Pädagogik praktizieren, gibt es auch anthroposophische Lehrerseminare. Hervorzuheben sind vor allem das Rudolf-Steiner-Lehrerseminar Dornach (am Goetheanum) in der Schweiz sowie die drei größten deutschen Lehrerseminare in Stuttgart, Witten-Annen im Ruhrgebiet und Mannheim. Viele anthroposophische Schulen haben von der Mutterschule in Stuttgart den Namen Waldorfschule übernommen, andere heißen – wie zum Beispiel die meisten Schulen in der Schweiz – *Rudolf-Steiner-Schulen* oder tragen andere Namen.

«Einheitliche Volks- und Höhere Schule» nannte Steiner den Typus seiner Schulen. Die Bezeichnung drückt aus, daß sie weder nach sozialer Herkunft noch nach Geschlecht und vor allem nicht nach Begabungsrichtungen unterscheiden. Schüler mit mehr intellektuellen und solche mit eher künstlerischen oder handwerklichen Fähigkeiten sollen gemeinsam eine womöglich zwölfjährige Schulzeit durchlaufen, damit auch jene, die hinterher eine Lehre antreten, in ihrer schulischen Bildung nicht benachteiligt werden.

Die meisten Schulen tragen die Bezeichnung «frei» im Namen. Das will besagen, daß sich die hier geübte Pädagogik nur nach den seelischen Bedürfnissen des Kindes richtet. Finanzielle Beiträge des Staates, der Wirtschaft oder anderer Geldgeber dürfen niemals mit Auflagen verbunden sein, durch die auf die erzieherische Arbeit Einfluß genommen wird. Sind in dieser Hinsicht Zweifel angebracht, verzichtet die Schule lieber auf jede Hilfe von fremder Seite. In der Schweiz beispielsweise bezieht keine der staatlichen Schule entsprechende anthroposophische Volksschule auch nur einen einzigen Franken öffentlichen Geldes.

Solche Erziehergesinnung setzt voraus, daß überall, wo Waldorf- bzw. Steiner-Schulen bestehen, eine finanzielle Trägerschaft vorhanden ist, die diese geistige Unabhängigkeit der Erziehung und des Erziehers befürwortet, das heißt das von Steiner als Grundlage dafür geforderte → Freie Geistesleben bejaht. Diese Trägerschaft kann die rechtliche Form eines Vereins, einer Stiftung, einer Genossenschaft haben oder in anderer Weise organisiert sein. Sie übernimmt alles rein Verwaltungsmäßige der Schule, verhandelt in nichtpädagogischen Fragen mit den Behörden, ermittelt die finanziellen Verhältnisse der Schule, bespricht sich mit den Eltern über die Möglichkeit und die Höhe eines Beitrages an die Schule und sieht sich für den ungedeckten Betrag nach weiteren Finanzquellen um. Das können Bazare, Schüleraufführungen, Sammelaktionen und dergleichen Aktivitäten sein. Auch durch Schenkungen und Legate wird der Bestand einer solchen Schule immer wieder gesichert. Die Spender wissen, daß sie von der Struktur her ein völlig selbstloses Institut ist.

Wie die Beiträge der Eltern für den Schulbesuch ihrer Kinder der Idee nach kein eigentliches Schulgeld, sondern als Zahlung für das Bestehen der Schule zu verstehen sind, beziehen die Lehrer für ihren Unterricht kein Gehalt, sondern eine Art Honorar für freiberufliche Tätigkeit an der Schule. Sie stehen in keinem rechtlichen Abhängigkeitsverhältnis zum Arbeitgeber, das sie hindern könnte, ihre Erziehungsaufgabe nach anderen als nur nach pädagogischen Gesichtspunkten zu erfüllen.

Die prinzipielle Unabhängigkeit der anthroposophischen Pädagogik von erziehungsfremden Einflüssen, vor allem von Pressionen wirtschaftlicher Art, hat als Kehrseite, daß anthroposophische Schulen in der Regel in viel bescheideneren Verhältnissen arbeiten müssen als staatliche. Die Schulhäuser und Einrichtungen sind einfacher als die der Staatsschulen, und die mitarbeitenden Lehrer bringen — bei durchschnittlich größerer Arbeitsleistung — erhebliche finanzielle Opfer. An schweizerischen Rudolf-Steiner-Schulen nimmt ein Lehrer bei weitem nicht das ein, was ein staatlich angestellter Pädagoge gleicher Stufe verdient.

Wenn deswegen auch kein überzeugter Waldorfschullehrer mit seinem Kollegen an der Staatsschule tauschen würde, heißt das nicht, daß solche gravierenden Ungleichheiten einfach als Preis für den pädagogischen Fortschritt zu betrachten sind. Es müßte nicht sein, daß die einzige Anerkennung des Staates, der von den Steiner-Schulen pädagogisch und finanziell erheblich profitiert, darin besteht, daß er sie gewähren läßt.

Verw.: →→.

Lit.: Molt: Entwurf meiner Lebensbeschreibung; Rittersbacher: Zur Beurteilung der Pädagogik; Grosse: Erlebte Pädagogik; Englert/Jenny/Zbinden: Mensch, Schule, Staat und Menschheit.

WÄRMEÄTHER → **Äther.**

WÄRMESINN → **Sinneslehre.**

WEIHNACHTSTAGUNG Diese vom 24. Dezember 1923 bis zum 1. Januar 1924 dauernde Versammlung zur Neubegründung der → Anthroposophischen Gesellschaft in der sogenannten Schreinerei auf dem Gelände des Goetheanums ist das bedeutendste und folgenschwerste Ereignis in der Geschichte der → anthroposophischen Bewegung. Durch sie wurde «alles anders». Ohne daß dabei selbstverständlich die Erinnerung an den großartigen ersten Bau aufgegeben worden wäre, vollzog Steiner mit den ungefähr 700 bis 800 anwesenden Mitgliedern den Schritt vom alten zum neuen → Goetheanum. Aus der früheren, 1912/13 gegründeten Anthroposophischen Gesellschaft, die noch Züge aus der theosophischen Zeit (→ Theosophische Gesellschaft) trug, in die anderseits Mitglieder auch fremdes Gedankengut und unspirituelle Wesensart hineingebracht hatten, wurde die heute das Steinersche Erbe (außer den Texten der Gesamtausgabe) verwaltende und pflegende (Allgemeine) Anthroposophische Gesellschaft.

Der alten Vereinigung hatte Steiner nur als Lehrer und Berater zur Verfügung gestanden; in der neuen wurde er Mitglied und Vorsitzender. Damit wurden nach seiner eigenen Feststellung anthroposophische Bewegung und Anthroposophische Gesellschaft eins. Steiner brachte sich mit allem, was zu ihm gehörte, in die Gesellschaft ein, die nun zur Trägerin der gesamten spirituellen Bewegung wurde.

Aus der früheren, von Steiner unabhängigen Vereinigung von Menschen, die sich für Steiners Lehre und seine Kunst interessierten, wurde nun eine sowohl öffentliche wie esoterische Gesellschaft, die sich mit Steiner und seinem Gedankengut identifizierte; aus dem Funktionärsvorstand wurde ein Initiativvorstand, dem die Aufgabe obliegt, aus eigenem Antrieb anthroposophische Impulse in der Gesellschaft und in der Öffentlichkeit zu verwirklichen.

Verw.: →→; → **Freie Hochschule für Geisteswissenschaft;**
→ **Grundstein, Grundsteinspruch.**

Lit.: 260; 260a — Steffen: Begegnungen; Grosse: Weihnachtstagung; Zeylmans: Grundstein.

WELEDA AG Aus kleinen Anfängen entstand im Lauf der Jahrzehnte diese bedeutende Produktionsgesellschaft mit Hauptsitz in der Schweiz (Arlesheim, Basel-Land), Zweigniederlassungen in Deutschland sowie Schwestergesellschaften und Vertretungen in allen Teilen der Welt. Die Weleda AG erzeugt die von Steiner geschaffenen oder auf Grund seiner Hinweise entwickelten → Heilmittel für die nach anthroposophischen Methoden praktizierenden Ärzte und Kliniken, dazu auch entsprechende Medikamente für die Zahn- und Tierheilkunde. Zudem stellt sie hochwertige Präparate für die Hausapotheke sowie für Körperpflege und Kosmetik her.

Geschichte und Name: 1912 gründete der Chemiker Dr. Oskar Schmiedel in München ein Laboratorium für die Herstellung von Pflanzenfarben und bald auch von Medikamenten. Auf Steiners Wunsch verlegte er diese Forschungs- und Produktionsstätte 1914 nach Dornach bei Basel, wo seit 1913 das → Goetheanum im Entstehen war. Auf Ersuchen der Ärztin Dr. Ita Wegman produzierte er von 1919 an hier auch ein auf Anweisungen Steiners beruhendes Mistelpräparat zur Krebsbekämpfung. Mit Steiners Ärztekurs von 1920 (312) begann die eigentliche Ausbildung der anthroposophischen → Heilkunst. Dies machte die Herstellung der von Steiner empfohlenen Heilmittel in größeren Mengen notwendig. Die Produktion übernahm ebenfalls das Schmiedelsche Laboratorium.

Es war jedoch bald räumlich und personell der Nachfrage nicht mehr gewachsen und wurde darum zur Internationalen Laboratorien A.G. (ILAG) mit Sitz in Arlesheim (Basel-Land) erweitert, der Nachbargemeinde von Dornach, wo seit 1921 schon das von Ita Wegman gegründete Klinisch-Therapeutische Institut (heute → Ita-Wegman-Klinik) niedergelassen war. Deutsche Heilmittellaboratorien in Stuttgart und Schwäbisch Gmünd wurden der Firma angegliedert. Von 1924 an führte sie den von Steiner vorgeschlagenen Namen Weleda AG.

Die geschichtliche Weleda war eine germanische Heilpriesterin am Oberlauf der Lippe. Wie der römische Historiker Tacitus berichtet, wurde sie «lange Zeit fast überall in Germanien wie eine Göttin verehrt». Um den Widerstand der Stämme gegen die römischen Eroberer zu brechen, brachten die Sieger sie nach Rom, wo sie, ehrenvoll behandelt, um das Jahr 80

n. Chr. starb. Wie Schmiedel in seiner Erklärung des Namens ausführt, war «Weleda» ursprünglich kein Eigenname, sondern eine Art Rang- und Funktionsbezeichnung, die der höchsten Priesterin eines keltischen Heiligtums auf der französischen Ile de Sein vor der Atlantikküste zukam. Die Druidenstätte wurde von den Römern zerstört, und die Priesterinnen flohen, einige nach Germanien, wo sie ihre Institution im fremden Volkstum erneuerten.

Außer dem Namen gab Steiner der Weleda auch *Signete* für die beiden Gruppen ihrer Erzeugnisse, die Heilmittel und die pflegenden Präparate, sowie für ihre Hauszeitschrift, die Weleda-Nachrichten:

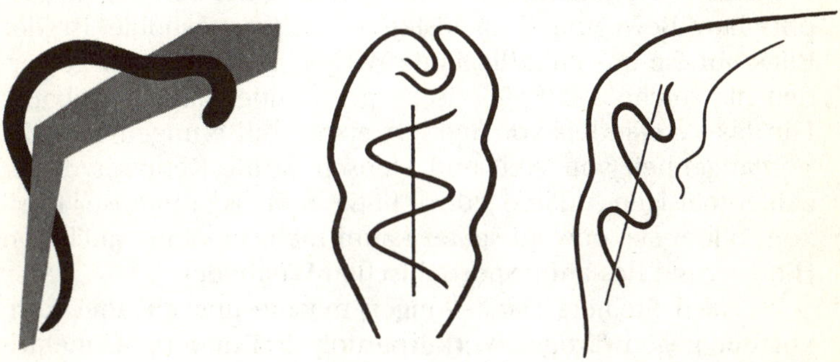

Heilmittel **Pflegende Präparate** **Weleda-Nachrichten**

Die 1921/22 geschaffenen Zeichen metamorphosieren den Äskulapstab, der schon im alten Griechenland als Symbol für die Heilkunst verwendet wurde.

Verw.: →→.

Lit.: Einschlägige Aufsätze von Oskar Schmiedel in den Weleda-Almanachen I bis IV.

WELTENMITTERNACHT nennt Steiner den Wendepunkt im → Leben zwischen Tod und neuer Geburt, an dem die in die geistigen Welten aufgestiegene Indivi dualität des Menschen sich entschließt, in ein neues irdisches Dasein zurückzukehren.

Verw.: →→.

WELTENTWICKLUNGSSTUFEN

In frühen Vorträgen und Aufsätzen verwendete Steiner noch häufig die in der → Theosophischen Gesellschaft geläufigen Begriffe und Vorstellungen. So legte er bei der Darstellung der Weltentwicklung Wert auf die in diesen Kreisen offenbar besonders geschätzte Gliederung der Geschichte unseres Planeten nach zahlenmäßiger Gesetzlichkeit. In der von der theosophischen Bewegung losgelösten → Anthroposophie ist der Blick auf die uns näherliegende Wirklichkeit wichtiger geworden als solche ans Spielerische grenzende Zahlenakrobatik. Für das Verständnis von Steiners ersten Äußerungen über die Vergangenheit von Welt und Mensch ist die Kenntnis dieser zahlenmäßigen Abläufe jedoch nötig, und als grandioser Horizont bildet sie, obwohl später kaum mehr erwähnt, auch den Hintergrund des anthroposophischen Weltbildes.

Nach Steiners Darstellungen machte unser Planet Erde vor der gegenwärtigen Verkörperung drei andere «Planetarische Zustände», «Planetarische Verkörperungen» oder «Planetarische Entwicklungsstufen» durch: den alten Saturn, die alte Sonne und den alten Mond, und es werden noch drei Planetarische Verkörperungen folgen: der Jupiter, die Venus und der Vulkan. (Diese vergangenen und noch kommenden Zustände haben keine direkte Beziehung zu den gegenwärtigen Himmelskörpern dieses Namens.) Jeder Planetarischen Verkörperung entspricht auch ein Planetarischer Bewußtseinszustand des Menschen (→ Bewußtseinszustände).

Die sieben Planetarischen Verkörperungen bzw. Zustände gliedern sich je in sieben «kleine Kreisläufe», «Lebenszustände», «Reiche» oder «Lebensreiche», theosophisch auch «Runden» genannt. Und diese «kleinen Kreisläufe» teilen sich wiederum in «kleinere Kreisläufe», «Formzustände» oder, in theosophischer Sprache, «Globen».

Damit ergibt sich folgende Gliederung: Die größten Phasen, auch «große Kreisläufe» genannt, sind die **Sieben Planetarischen Verkörperungen oder Planetarischen Zustände:** (Ihnen entsprechen – in Klammern genannt – sieben Planetarische Bewußtseinszustände des Menschen)

1. Saturnzustand (Trancebewußtsein oder Allbewußtsein)
2. Sonnenzustand (Tiefschlafbewußtsein oder Traumloses Bewußtsein)
3. Mondenzustand (Traum- oder Bilderbewußtsein)
4. Erdenzustand (Wach- oder Gegenstandsbewußtsein)
5. Jupiterzustand (Psychisches Bewußtsein, Bewußtes Bilderbewußtsein)
6. Venuszustand (Überpsychisches Bewußtsein, Bewußtes Schlafbewußtsein)
7. Vulkanzustand (Spirituelles Bewußtsein, Bewußtes Allbewußtsein)

Jede Planetarische Verkörperung gliedert sich in **Sieben «kleine Kreisläufe» oder Lebenszustände (Reiche, Lebensreiche, Runden):**

1. Erstes Elementarreich
2. Zweites Elementarreich
3. Drittes Elementarreich
4. Mineralreich
5. Pflanzenreich
6. Tierreich
7. Menschenreich

Jeder Lebenszustand gliedert sich in **Sieben «kleinere Kreisläufe» oder Formzustände (Globen):**

1. Arupischer Zustand
2. Rupischer Zustand
3. Astraler Zustand
4. Physischer Zustand
5. Plastischer Zustand
6. Intellektueller Zustand
7. Archetypischer oder Urbildlicher Zustand

Zwischen den einzelnen Planetarischen Verkörperungen liegt je ein großes *Pralaya*, eine Ruhepause, während der die Schöpfung in einen rein geistigen Zustand zurücktritt. Die Lebenszustände werden jeweils durch ein «kleines Pralaya» getrennt.

Unsere Erde ist die vierte (die mittlere) von sieben Planetarischen Verkörperungen. Sie befindet sich im vierten Lebenszustand und innerhalb desselben im vierten (im Physischen) Formzustand. Das bedeutet, daß wir im Ganzen der Weltentwicklung in der Phase der intensivsten Verdichtung leben. Von dieser Verfestigung aus wird die Erde in der Zukunft durch die weiteren Formzustände und Lebenszustände wieder geistigeren Daseinsformen entgegengehen, und in den noch kommenden Planetarischen Verkörperungen wird es daher auch keine feste Materie von der Art des heutigen Mineralischen mehr geben.

Der vierte Formzustand, in dem sich die Erde gerade befindet, gliedert sich wieder in sieben «Zeitalter» oder «Epochen», in theosophischer Sprache auch «Hauptrassen» oder «Wurzelrassen» genannt, und jedes Zeitalter ist in sieben «Kulturepochen» oder «Kulturen», theosophisch «Unterrassen» geheißen, aufgeteilt.

Dieses für die Theosophen wichtige Gerüst der Welt- und Menschheitsentwicklung wurde von Steiner in frühen esoterischen Vorträgen mit Rücksicht auf sein Publikum noch stark berücksichtigt. (Eine schematische Darstellung enthalten die Anmerkungen von Band 93 a.) Auch in den Aufsätzen, die unter dem Titel «Aus der Akasha-Chronik» (11) gesammelt sind, hält sich Steiner noch weitgehend daran. In der «Geheimwissenschaft» (13/4) ist diese Gliederung zwar noch erwähnt, im übrigen aber viel eher berichtend in den Text eingearbeitet. Der Hauptakzent liegt in diesem Buch auf den sieben Planetarischen Verkörperungen und dann vor allem auf den Phasen der Erdgeschichte.

Für die geschichtliche Entwicklung der Menschheit auf der Erde sind die kleineren Zeitabschnitte (die erwähnten Phasen und Unterphasen des vierten Formzustandes) wichtig. Sie haben in Steiners Darstellung folgende Namen:

Sieben Zeitalter oder Epochen (Hauptrassen, Wurzelrassen)

1. Polarische Epoche
2. Hyperboräische Epoche
3. Lemurische Epoche
4. Atlantische Epoche
5. Nachatlantische Epoche
6. und 7. Zwei zukünftige Epochen

Unser eigenes Nachatlantisches Zeitalter zerfällt in folgende

Sieben Kulturepochen oder Kulturen (Unterrassen):

1. Erste nachatlantische oder Urindische Kultur	(7227–5067 v. Chr.)
2. Zweite nachatlantische oder Urpersische Kultur	(5067–2907 v. Chr.)
3. Dritte nachatlantische oder Ägyptisch-chaldäische Kultur	(2907–747 v. Chr.)
4. Vierte nachatlantische oder Griechisch-lateinische Kultur	(747 v. Chr.–1413 n. Chr.)
5. Fünfte nachatlantische Kultur	(1413–3573)
6. und 7. Zwei künftige nachatlantische Kulturen	(3573–5733 und 5733–7893)

Auf die ganz frühen Epochen der Erde läßt sich nach Steiners Auffassung unser moderner, an der physikalischen Bewegung orientierter Zeitbegriff noch kaum anwenden. Diese Phasen der Erd- und Menschheitsentwicklung gleichen eher Zuständen als zeitlich meßbaren Abläufen. Was wir heute «Zeit» nennen, läßt sich wohl nicht früher als seit der Atlantischen Epoche, bestenfalls seit der späten Lemuria auf die Entwicklung anwenden.

Verw.: →→; → **Erd- und Menschheitsgeschichte;** → **Nachatlantisches Zeitalter;** → **Platonisches Jahr.**

Lit.: 11; 13/4; 93 a/Anmerkungen.

WELT- UND MENSCHHEITSENTWICKLUNG Nach anthroposophischer Erkenntnis ist der Mensch aus Geistigem hervorgegangen und kehrt in ferner Zukunft wieder in ein nur geistiges Dasein zurück. In der Zwischenzeit – zwischen einer urfernen Vergangenheit und einer urfernen Zukunft – erscheint er auf der Erde als ein Wesen, das im Wechsel zwischen Verkörperungen in einem Physischen Leib und geistigen Daseinszuständen existiert (→ Wiederverkörperung und Schicksal).

So wie der Mensch auf der Erde zu immer neuen Verkörperungen zurückkehrt, lebt auch unser Planet in einem (der Zahl nach allerdings viel begrenzteren) Wechsel zwischen physischen Verfestigungen und rein geistigen Phasen. Unsere heutige Erde ist nur eine dieser «Planetarischen Verkörperungen». Vorangegangen sind ihr in ältester Vergangenheit planetarische Verkörperungen (oder «Planetarische Zustände»), die die Geisteswissenschaft als «alten Saturn», «alte Sonne» und «alten Mond» bezeichnet, und folgen werden ihr weitere Verkörperungen: der künftige «Jupiter», die künftige «Venus» und der künftige «Vulkan». (Die so bezeichneten planetarischen Verkörperungen stehen in keinem direkten Zusammenhang mit unseren heutigen Planeten. Steiner erklärt die Namengebung in seiner «Geheimwissenschaft» [13/4 + N].)

Die Geschichte der früheren und kommenden Verkörperungen der Erde ist auch zugleich die Geschichte des Menschen. Von planetarischer Verkörperung zu planetarischer Verkörperung entwickelte er sich stufenweise von ersten Anfängen bis zu seinem heutigen Zustand, und er wird sich in den kommenden planetarischen Verkörperungen noch weiter entwickeln.

Steiners Angaben gehen zum Teil bis in Einzelheiten. Das Hauptsächlichste zusammenfassend, kann gesagt werden, daß der Mensch auf dem alten Saturn die Anlage des Physischen Leibes, auf der alten Sonne die Anlage des Ätherleibes, auf dem alten Mond die Anlage des Astralleibes und auf der Erde das Ich empfing. Der Mensch ist darum in seinen → Wesensgliedern unterschliedlich alt und verschieden vollkommen: «Der physische Leib, so wie er heute vor uns steht, ist das älteste Glied der Menschennatur. An ihm ist am längsten gearbeitet worden. Erst als er eine bestimmte Stufe im Laufe der Entwicklung erreicht hatte, wurde er durchzogen vom Ätherleib. Nachdem diese eine Zeitlang zusammengewirkt hatten, trat der Astralleib hinzu und erst zuletzt das Ich, das aber in der Zukunft ungeahnte Höhen in der Entwicklung erlangen wird» (99/31. 5. 07).

Jede Bildung eines Wesensgliedes war ein Geschenk geistiger Mächte, die von ihrer eigenen Substanz abgaben, damit das Geschöpf Mensch entstehen konnte. Dieses Werden des physischen Menschen durch die Bildung neuer Wesensglieder ist ein Gang in die Verdichtung. Mit jedem Verkörperungszustand nahmen unser Planet und seine Bewohner derbere Stofflichkeit an. Der alte Saturn bestand aus reiner Wärme – Wärme, die nicht an physische Stofflichkeit gebunden war –, und der Physische Leib des Menschen – nicht alles «Physische» ist auch «materiell» – war ein reiner Wärmeorganismus. Auf der alten Sonne verdichtete sich die Wärme zu luftiger Materie. Das Luftartige der alten Sonne verfestigte sich auf dem alten Mond zu wässeriger, gallertartiger Substanz. Auf der Erde schließlich nahm das physisch Dichteste den Zustand von fester Materie an.

Zweierlei ging mit dieser Verdichtung parallel: das Erwachen des Menschen zu immer helleren → Bewußtseinszuständen und die Ausbildung von unter ihm stehenden → Naturreichen. Das Bewußtsein des Menschenvorfahren auf dem alten Saturn war dumpfer als das Bewußtsein des heutigen Menschen in seinem tiefsten Schlaf. Steiner nennt es Trancebewußtsein. Es läßt sich vergleichen mit dem äußerst schwachen Bewußtsein der Mineralien auf der Erde. Von ihnen wird heute zu Unrecht angenommen, sie seien gänzlich bewußtseinslose, tote Bildungen.

Auf der alten Sonne stieg der Mensch zu einem Bewußtsein auf, das sich mit dem heutigen Bewußtsein im traumlosen Tiefschlaf vergleichen läßt. Es entspricht dem Bewußtsein der Pflanze auf der Erde. Indessen gab es auf der Sonne Wesen, die auf der Saturnstufe stehengeblieben waren. Sie bildeten unter dem damaligen Menschenreich ein weiteres Reich: den Vorfahren des heutigen Mineralreichs.

Einen neuen Schritt zum Erwachen tat der Mensch auf dem alten Mond. Er erreichte einen Bewußtseinszustand, der dem im heutigen traumerfüllten Schlaf ähnlich ist: ein Bilderbewußtsein, dessen Bilder allerdings keinen verworrenen Charakter hatten, sondern in exakter Beziehung zur Realität standen. Er machte einen Bewußtseinszustand durch, der dem Bewußtseinszustand des Tierreichs auf der Erde gleicht.

Auch auf dem alten Mond gab es wieder Wesen, die hinter dem Entwicklungsziel zurückblieben: solche, die das Bilderbewußtsein nicht erlangten. Sie verharrten im Bewußtsein traumlosen Tiefschlafs, wie es der Mensch auf der alten Sonne erreicht hatte, und bildeten auf dem Mond nun ein Naturreich unter dem Range des Menschen: den Vorgänger unserer heutigen Pflanzenwelt. Noch eine Stufe darunter standen die Wesen, welche auf der alten Sonne hinter dem Menschen zurückgeblieben waren: die Ahnen des heutigen Mineralreichs.

So hat der Mensch auf dem alten Saturn eine Art Mineralstufe erreicht, auf der alten Sonne die Pflanzenstufe, auf dem alten Mond die Tierstufe, bis er auf der heutigen Erde in seiner jetzigen Gestaltung das Tagesbewußtsein erlangt hat. Und auf jeder Stufe sind langsamer vorwärtsschreitende Wesen hinter ihm zurückgeblieben: auf der alten Sonne die Wesen des heutigen Mineralreichs, auf dem alten Mond die heutigen Pflanzenwesen, auf der Erde schließlich die Tiere. Noch tiefer gruppierten sich in jeder neuen Phase die schon in früheren zurückgebliebenen Wesen. Diese Entwicklung durch die verschiedenen planetarischen Verkörperungen umfaßte unermeßlich lange Zeiträume und vollzog sich in vielen Phasen und Unterphasen. Immer wiederholten sich dabei am Anfang eines neuen planetarischen Zustandes auf höherer Stufe die in früheren Verkörperungen durchlaufenen Phasen, bevor die ganz neue Entwicklung einsetzte.

Auch unsere Erde machte anfänglich Phasen durch, in denen die früheren planetarischen Verkörperungen und die entsprechenden menschlichen Bewußtseinszustände noch einmal durchschritten wurden. Erst dann trat sie in ihre eigentlich irdische Phase ein, und der Mensch begann erst ganz allmählich das wache Tagesbewußtsein auszubilden. Das menschliche Bewußtsein hatte auch in historisch überblickbarer Zeit keineswegs schon immer die heutige Klarheit und Helle, sondern arbeitete sich erst in den letzten Jahrtausenden oder sogar Jahrhunderten aus einem dumpferen, bildhafteren Bewußtseinszustand, in dem noch das alte Mondenbewußtsein nachwirkte, bis zur heutigen Wachheit durch. Damit ist keineswegs ein Endzustand erreicht. Bis zum Abschluß der Erdenzeit wird die Entwicklung weitergehen. In den zukünftigen planetarischen Verkörperungen Jupiter, Venus und Vulkan wird unser Bewußtsein dann sogar Stufen erreichen, die dem heutigen Bewußtsein von über dem Menschen stehenden Wesenheiten entsprechen (→ Hierarchien).

Diese Darstellung der Vergangenheit von Erde und Mensch hat Steiner in seinen grundlegenden Schriften und in manchen Vorträgen gegeben. Sie hebt vor allem hervor, wie die leiblichen Hüllen — Physischer Leib, Ätherleib, Astralleib — durch die Äonen entstanden sind, bis sie auf der Erde schließlich den menschlichen Geist aufnahmen. Die Verbindung des Ichs (→ Ich) als des obersten Wesensgliedes mit seinen Hüllen wird dabei zwar nicht übersehen, bleibt jedoch im Hintergrund.

Dieses Ich hat sich nicht aus den unteren Wesensgliedern entwickelt, sondern ist von geistiger Substanz und geistigem Ursprung. Es hat sich durch die früheren planetarischen Verkörperungen allmählich und auf der Erde ganz mit den ihm gleichsam von unten her entgegenwachsenden Wesensgliedern Physischer Leib, Ätherleib und Astralleib verbunden. Diese zweifache Herkunft des Menschen von oben und von unten hat die anthroposophische Biologie auf Grund von Hinweisen Rudolf Steiners in Schriften, die nach seinem Tode erschienen sind, noch besser herausgearbeitet. Führend war dabei Steiners Schüler Hermann Poppelbaum mit seinem grundlegenden Buch «Mensch und Tier» (→ Mensch, doppelter Ursprung).

Verw.: →→; → **Erd- und Menschheitsentwicklung;** → **Weltentwicklungsstufen;** → **Platonisches Jahr und Kulturepochen.**

Lit.: 11/11—17; 13/4, 6; 99/31. 5. 07 bis 5. 6. 07 — Poppelbaum: Mensch und Tier.

WESENSGLIEDER

Fast jedermann ist heute der Meinung, der Mensch bestehe aus einem Körper und einer Seele. Wird dann gefragt, was denn die Seele eigentlich sei, stellt sich schon Verlegenheit ein. Die einen meinen, sie sei, ohne daß man so genau wisse wie, ein Teil des Körpers. Die andern neigen zur Ansicht, sie sei wohl eher etwas für sich, wobei man aber nichts Weiteres über dieses Etwas sagen könne.

Diese Unsicherheit in Bezug auf die Struktur des Menschen kommt nicht von ungefähr. 869 «erkannte» das Konzil von Konstantinopel sinngemäß, daß der Mensch einen Körper und eine Seele habe, wobei der Seele einige geistige Eigenschaften zukämen. Diese Lehre von der Zweigliedrigkeit (Dichotomie) galt im Abendland fortan als verbindlich. Die damit aus dem Weg geräumte antike und frühchristliche Vorstellung, der Mensch bestehe aus drei Wesensgliedern (Trichotomie), nämlich aus Körper, Seele und Geist, wurde fortan als ketzerisch betrachtet (→ Dreigliederung des Menschen).

Drei Wesensglieder

Steiner knüpft in seiner Menschenkunde an die alte Auffassung vom Menschen als einem trichotomischen Wesen an. Er übernimmt diese frühere Lehre aber nicht einfach, sondern kommt auf Grund eigener Erkenntnisse zu einer ähnlichen Auffassung. Als neugewonnene Einsicht in eine früher schon erkannte Wirklichkeit ist darum seine Darstellung in dem frühen Buche «Theosophie» (9) zu verstehen, das den Untertitel «Einführung in übersinnliche Welterkenntnis und Menschenbestimmung» trägt: «Mit *Leib* ist hier dasjenige gemeint, wodurch sich dem Menschen die Dinge seiner Umwelt offenbaren, wie in obigem Beispiele die Blumen der Wiese. Mit dem Worte *Seele* soll auf das gedeutet werden, wodurch er die Dinge mit seinem eigenen Dasein verbindet, wodurch er Gefallen und Mißfallen, Lust und Unlust, Freude und Schmerz an ihnen empfindet. Als *Geist* ist das gemeint, was in ihm offenbar wird, wenn er, nach Goethes Ausdruck (in einem zuvor wiedergegebenen Zitat), die Dinge als ‹gleichsam göttliches Wesen› ansieht. – In diesem Sinne besteht der Mensch aus *Leib, Seele* und *Geist*» (9/2).

Vier Wesensglieder

Sucht der forschende Mensch durch Vergleich mit der übrigen Schöpfung Aufschluß zu gewinnen über seine Stellung in der Welt und die Identität der eigenen Persönlichkeit, so ergibt sich eine viergliederige Wesensstruktur:

1. Physischer Leib
2. Äther-, Lebens- oder Bildekräfteleib
3. Astralleib
4. Ich

Seinen Leib bildet der Mensch aus den mineralischen Stoffen der Umwelt. Durch die physischen Stoffe, aus denen er besteht, und die physischen Kräfte, die in ihm wirken, ist der Leib verwandt mit allem, was den Menschen umgibt, mit Steinen, Pflanzen und Tieren. Steiner nennt diesen materiellen Körper den *Physischen Leib.* Von der mineralischen Welt, aus der die Stoffe genommen sind, unterscheidet sich der Physische Leib allerdings wesentlich. Mineralische Substanzen sind leblos, der Leib des Menschen aber ist von Leben erfüllt. Es gibt in ihm gewissermaßen einen «Architekten», der dem Physischen Leib und den darin enthaltenen Organen Gestalt gibt, sie in Funktion erhält und sie ständig daran hindert, sich in der mineralischen Welt aufzulösen. Diese Lebensorganisation nennt Steiner mit einem auf die Antike zurückgehenden Ausdruck den *Ätherleib;* oft hat er dafür auch die Bezeichnungen Lebensleib oder Bildekräfteleib verwendet. Gelegentlich spricht er auch von einem Zeitleib.

Einen Ätherleib, der ihren Physischen Leib durchdringt, hat auch die Pflanze. Wie der Mensch ist sie von Lebensvorgängen erfüllt, doch lebt sie gleichsam in einem dauernden Schlaf. Dieser Schlaf ist dem Zustand ähnlich, in den der Mensch versinkt, wenn er sich nachts erholt. Täglich aber kehrt der Mensch ins Wachen zurück. Der Wachzustand erhebt ihn über die Pflanze, denn im Wachen ist Bewußtsein. Dieses Bewußtsein wird getragen von einem Wesensglied, das die Pflanze nicht hat: dem *Astralleib.* Auch dieser Ausdruck findet sich schon in der antiken Tradition und beispielsweise auch bei Paracelsus.

Im Astralleib, diesem dritten Wesensglied, erlebt der Mensch die von außen herandringenden Eindrücke als seine Innenwelt. Diesen Astralleib hat der Mensch – wie den Physischen und den Ätherleib – mit den Tieren gemeinsam. Auch sie, vor allem auch Tiere höherer Art – haben ein Bewußtsein von Lust und Schmerz.

Im Menschen gibt es jedoch etwas, das ihn über jedes Tier erhebt, und er weiß auch klar, daß er ein vom Tier verschiedenes, über dieser Gattung stehendes Wesen ist. Er ist seinen Empfindungen nicht so unmittelbar ausgeliefert wie das Tier, sondern kann sie in einem bestimmten Grad suchen oder ihnen ausweichen und lernt auch, sie in einem gewissen Maße zu beherrschen. Er weiß zum Beispiel auch, daß seine inneren Erlebnisse und Gedanken nur ihm selber angehören und sonst keinem Menschen. Das Wesensglied, welches ihm zu solcher Unabhängigkeit und solchem Selbstbewußtsein verhilft, ist sein *Ich.* Dieses ist ein in ihm anwesender Tropfen des allgemeinen Geistes, ein kleiner Teil Gottes im Menschen, nicht Gott, aber von göttlicher Natur. Sein Ich verhilft dem Menschen dazu, sich als ein von allen anderen Menschen unterschiedenes Wesen zu empfinden. Von sich kann jeder nur selber «ich» sagen, für jeden anderen ist er ein Du.

Neun Wesensglieder

Bei näherer Betrachtung der Dreigliederung Leib–Seele–Geist zeigt sich, daß sich die Dreiheit in den einzelnen Wesensteilen wiederholt. Damit ergeben sich drei leibliche, drei seelische und drei geistige Wesensglieder.

Von leiblicher Art sind der *Physische Leib,* der *Ätherleib* und der *Seelenleib, Empfindungsleib* oder *Astralleib.* Für den Ausdruck Astralleib gilt Steiners Hinweis, daß dieser Begriff je nach Schärfe der Unterscheidung mehr oder weniger bedeuten könne. In der Neungliedrigkeit ist das Wort nur gleichbedeutend mit «Seelenleib» oder «Empfindungsleib», und alles Seelische ist von dem Begriff auszuschließen. Gemeint ist damit nur: leiblicher Träger des Seelischen. (Leib ist nicht mit materiellem Körper gleichzusetzen. Das Wort bedeutet einfach: «Gestalt», «Form» oder «Träger». Von materieller Art ist am menschlichen Leib nur der Physische Leib; Äther- und Seelenleib sind die nichtmaterielle physische Basis für Leben und Seelisches.)

Durch die Sinnesorgane wie durch die Äußerungen des eigenen Leibes dringen Empfindungen, Triebe und Leidenschaften vom Leib in die Seele, durch die das Leibliche mit dem Geistigen verbunden wird. In der *Empfindungsseele,* durch die der Mensch noch mit dem höheren Tier verwandt ist, erlebt er diese Eindrücke als seine Innenwelt. Sie hilft ihm jedoch nicht, die Erlebnisse mit seinen Verstandes- und Gemütskräften zu durchdringen und mit Eigenem, Ichhaftem zu färben. Dazu braucht es ein höheres Wesensglied: die von Gedanken durchwobene *Verstandes-* oder *Gemütsseele.*

In dieser den Menschen gleichsam von außen betrachtenden neungliederigen Darstellung ist das Ich nicht als besonderes Seelenglied genannt. Als Mittelpunkt der Seele durchwirkt es sie jedoch ganz. In der Empfindungs- und der Verstandesseele ist das Ich noch ganz den Eindrücken aus den unteren Wesensgliedern zugewendet. Es kann jedoch auch ein Bewußtsein seiner selbst entwickeln und sich nach oben gegen den Geist öffnen und erlebt sich dann als *Bewußtseinsseele.*

Wiewohl der Mensch von Urzeiten her in dieser ganzen Gliederung veranlagt ist, entwickelte und entwickelt er seine Wesensglieder erst allmählich im Lauf langer Zeiträume. Die Empfindungsseele bildete er vor allem in der Ägyptisch-babylonischen Kulturepoche (2907—747 v. Chr.) aus, die Verstandes- oder Gemütsseele in der Griechisch-lateinischen Kulturepoche (747 v. Chr. bis 1413 n. Chr.). In der gegenwärtigen, sogenannten Fünften nachatlantischen Kulturepoche (die bis zum Jahr 3573 dauert) arbeitet er an seiner Bewußtseinsseele (→ Nachatlantisches Zeitalter).

Die menschliche Entwicklung geht weiter. Je mehr sich das Ich dem Geiste öffnet, in ihm das Wahre, Schöne und Gute als überindividuelle spirituelle Prinzipien erkennt und sich diese so aneignet, daß sie zu Wesenseigenschaften werden, bildet der Mensch noch höhere Wesensglieder aus. Steiner nennt sie *Geistselbst* oder (mit dem indischen Ausdruck) *Manas, Lebensgeist* oder *Buddhi* und *Geistesmensch* oder *Atma.*

Damit ergibt sich folgende Neungliederung:

1. Physischer Leib
2. Äther-, Lebens- oder Bildekräfteleib
3. Seelenleib, Empfindungsleib oder Astralleib (im engeren Sinne)
4. Empfindungsseele
5. Verstandes- oder Gemütsseele
6. Bewußtseinsseele
7. Geistselbst (Manas)
8. Lebensgeist (Buddhi)
9. Geistesmensch (Atma)

Sieben Wesensglieder

Wie Steiner sagt, sind dort, wo das Leibliche ins Seelische und das Seelische ins Geistige übergeht, die Wesensglieder eng miteinander verbunden, so daß Seelen- oder Astralleib und Empfindungsseele bzw. Bewußtseinsseele und Geistselbst «in einer gewissen Beziehung ein Ganzes ausmachen» (13/2). Im weiteren läßt sich «die *Verstandesseele,* weil sie an der Ich-Natur Teil hat, weil sie in einer gewissen Beziehung schon das ‹Ich› ist, das sich seiner Geistwesenheit nur noch nicht bewußt ist, als ‹Ich› schlechtweg bezeichnen» (13/2). So wird die Neun- zur Siebengliedrigkeit:

1. Physischer Leib
2. Äther-, Lebens- oder Bildekräfteleib
3. Astralleib
4. Ich
5. Geistselbst
6. Lebensgeist
7. Geistesmensch

An diese Wesensstruktur denkt Christian Morgenstern in seinem Gedicht:

«Die Sonne will sich sieben Male spiegeln,
in allen unsern sieben Leibesgliedern:
daß sie ihr siebenmal ihr Bild erwidern.
Die Sonne will uns siebenmal entsiegeln.»

(«Wir fanden einen Pfad»)

Ausführlichere Erklärungen zu den verschiedenen Gliederungen und zu den einzelnen Wesensgliedern gibt Steiner in seinen Büchern «Theosophie» (9) und «Geheimwissenschaft» (13). Bei dieser Strukturlehre handelt es sich nicht um eine spitzfindige Begriffsspielerei, welcher Eindruck beim Lesen möglicherweise entstehen könnte. Steiner gibt eine Beschreibung dessen, was der Mensch mit entwickelten → Höheren Organen als → Aura (wozu im engeren Sinne die seelischen und geistigen Wesensglieder, im weiteren Sinne auch Ätherleib und Seelenleib zu rechnen sind) wahrnehmen kann. Diese Aura umgibt den Physischen Leib als eine vielfach differenzierte geistige Hülle.

Verw.: →→; → **Astralleib**; → **Ätherleib**; → **Ich**; → **Seele.**

Lit.: 9/2; 13/2.

Wiedererscheinen (Wiederkunft) Christi im Ätherischen

Nachdem in vorchristlicher Zeit die Fähigkeit zum → Hellsehen weitgehend verlorengegangen ist, werden nach Steiners Angaben die fortgeschrittensten Menschen vom 20. Jahrhundert an wieder die Möglichkeit erhalten, im Ätherischen wahrzunehmen. Für den religiösen Bereich heißt das, daß für sie von dieser Zeit an auch ein Damaskuserlebnis eintreten kann. Sie können dann den auferstandenen → Christus im Ätherumkreis der Erde schauen.

Verw.: →→.

Wiederverkörperung und Schicksal

(Reinkarnation und Karma). Das menschliche Dasein beginnt nicht mit der Geburt und endet nicht mit dem Tod, sondern der Geist des Menschen, sein → Ich, kehrt, bereichert um die Erfahrungen eines vergangenen Erdenlebens, aus dem Jenseits immer wieder auf die Erde zurück, um neue Erfahrungen zu sammeln und sich weiter zu vervollkommnen. Jeder Lebenslauf in dieser Kette ist geprägt durch die vorangehenden und prägt seinerseits wieder die ihm folgenden. Im Wechsel zwischen diesseitigem und jenseitigem Aufenthaltsort spielt sich das Dasein des Menschen ab, seit er aus anderen Existenzformen in die irdische eingetreten ist, und so lange, bis er in ferner Zukunft zu neuen Existenzformen übergeht.

Dieses Wissen von Wiederverkörperung (Reinkarnation) und gesetzmäßigem, selbstgeschaffenem → Schicksal (Karma) gehört zum Herzstück der anthroposophischen Weltanschauung. Durch die Aufnahme dieser Ideen in das abendländische Denken könnte sich unsere Kultur von Grund auf erneuern, denn Reinkarnation und Karma rücken sämtliche Kardinalfragen in ein neues Licht: den Sinn des Lebens, das Verständnis für Glück und Unglück, die Begründung moralischen Handelns, die Religiosität, die Bedeutung des Christentums und anderes mehr.

Durch Lessing ist in der Neuzeit der Gedanke der Wiederverkörperung in das europäische Geistesgut eingebracht worden, und viele bedeutende Menschen haben sich seither mit dieser Vorstellung beschäftigt, doch blieb sie in den meisten Fällen persönliche Überzeugung, gedachte Möglichkeit, Spekulation. In Steiners → Geisteswissenschaft ist sie zu einer auf unmittelbarer Erfahrung beruhenden Erkenntnis geworden. Steiner hielt Reinkarnation und Karma für «vom Standpunkte der modernen Naturwissenschaft notwendige Vorstellungen» und suchte sie auf logischem Wege zu begründen.

Steiner schließt seine Argumentation zunächst an die Biologie an. Seit Pasteurs Untersuchungen gibt es keinen Zweifel mehr darüber, daß die früher gehegte Ansicht von einer «Urzeugung» falsch ist. Aus leblosen Substanzen entstehen keine lebendigen Wesen. Lebendiges entsteht nur aus Lebendigem. Eine einfache Erfahrung führt noch weiter: Aus Rosen entstehen Rosen, aus Fischen Fische, aus Löwen Löwen und aus Menschen Menschen. Das heißt, Gattungs- und Artmäßiges bringt immer Gattungs- und Artmäßiges hervor.

Der Mensch ist ein Mischwesen aus Materie und Geist. Aus den biologischen Erkenntnissen, sagt Steiner, kann nur gefolgert werden, daß sein → Physischer Leib und sein → Ätherleib von den Vorfahren abstammen. Das Seelische und das Geistige aber müssen eine andere Herkunft haben.

Zu erkennen ist dieser seelisch-geistige Teil und seine besondere Eigenart an der → Biographie, die für jeden Menschen verschieden ist. Tiere haben in diesem Sinne keine Biographie; ihr Leben verläuft ganz im biologisch Gattungsmäßigen. Die Biographie des Menschen jedoch ist die Spur seines Geistigen und Seelischen auf der Erde und macht in ihrer Einmaligkeit auf seine Individualität aufmerksam. Dieses Ich als Kern seines Wesens, das sich in einem eigenen Lebenslauf mit deutlich ausgeprägten, nur dem einen Menschen zugehörigen Zügen zu erkennen gibt, kann nicht als biologische Gattung aufgefaßt werden, denn Gattung bedeutet ja gerade immer Gleichartigkeit. Demnach kann das Ich jedes Menschen immer nur als eigene Gattung aufgefaßt werden. Als individueller Mensch ist jeder seine eigene Gattung.

Überträgt man die biologische Erkenntnis, daß Gattungsmäßiges nur von Gattungsmäßigem herkommen kann, auf die Gattung Ich als geistigen Teil des Menschen, so heißt das, daß diese Gattung nur von der eigenen Gattung, also vom eigenen Ich abstammen kann. Anders gesagt: Als nichtbiologisches Wesen ist der Mensch weder die Wiederholung irgendeines Ahnen noch eine Neuschöpfung — denn seine Biographie läßt erkennen, daß sein Geist und seine Seele deutlich erdbezogenen und erdgeprägten Charakter haben —, sondern die Wiederholung seiner selbst. Der Mensch ist im Kern seine schon durch frühere Erdenleben gegangene und sich immer wieder in einem physischen Körper inkarnierende Individualität.

Steiner erklärt diese Erkenntnis auch durch eine Analogie. Er erinnert daran, daß der Schlaf der «jüngere Bruder» des Todes genannt wird. Jeden Morgen beim Erwachen knüpft der Mensch an die Situation vor dem Schlafengehen an, was gestern geschehen und gültig war, hat seine Auswirkungen für heute. Das heißt, er benützt die Kleider von gestern, er lebt in der gleichen Wohnung, er übt den gleichen Beruf aus, er folgt seinen gestern schon gültigen Absichten und Zielen usw. Von außen treten ihm jeden Tag die gleichen Sachverhalte entgegen, und von innen sorgt das Gedächtnis für Kontinuität. Es überbrückt die Nacht, indem es durch die Erinnerungen den Abend sinnvoll mit dem Morgen zusammenschließt.

Der tieferen Beobachtung ergibt sich nun, daß der Mensch auch in einem neuen Leben an das frühere anknüpft. Er findet um sich wieder Menschen, zu denen er früher irgendwelche Bindungen hatte. Was er selber als diese Umwelt mitbringt, sind für diese neue Umgebung geeignete, auf diese irdische Situation bezogene Fähigkeiten. Sie gleichen den Erinnerungen, durch die man im Erdenleben das Heute mit dem Gestern und Vorgestern verknüpft, nur ist das Bewußtsein davon mit dem Körper eines vergangenen Erdenlebens abgelegt worden, und es kann nur durch esoterische Übungen (→ Schulungsweg) aus der geistigen Welt wiedergefunden werden. Aber auf die aktuelle Lebenssituation eines neuen Daseins bezogene Fähigkeiten sind frühere irdische Erfahrungen, die im → Leben zwischen Tod und neuer Geburt zu Begabungen und Eigenschaften herangereift sind.

Steiner faßt diese Überlegungen zusammen: «Der Leib unterliegt dem Gesetz der *Vererbung;* die Seele unterliegt dem selbstgeschaffenen Schicksal. Man nennt dieses von dem Menschen geschaffene Schicksal mit einem alten Ausdrucke sein *Karma.* Und der Geist steht unter dem Gesetze der *Wiederverkörperung,* der wiederholten Erdenleben» (9/3).

Durch solche Überlegungen kann man sich umrißhafte Vorstellungen von Reinkarnation und Karma bilden. Die Gedanken können an diese Tatsachen heranführen und den Menschen für sie offen machen. Mehr läßt sich auf gedanklichem Wege nicht tun. «Tatsachen kann man *erfahren»,* sagt Steiner, «aber nicht ‹mit dem Verstande beweisen›. Mit dem Verstande kann man auch einen Walfisch nicht beweisen. Den muß man entweder selbst gesehen oder sich von denen beschreiben lassen, die einen gesehen haben. So ist es auch mit übersinnlichen Tatsachen» (34/1: Wie Karma wirkt, Anm. 1).

Über solche grundsätzlichen Darlegungen hinaus macht Steiner auch ins Detail gehende Angaben: Der Rhythmus der Wiederverkörperung richtet sich zum Teil nach astronomischen Gegebenheiten. In rund 26 000 Jahren bewegt sich der sogenannte Frühlingspunkt einmal rund um den ganzen Tierkreis; das heißt, daß er in rund 2160 Jahren ein einzelnes Tierkreiszeichen durchschreitet. Während einer solchen Phase wandeln sich die Verhältnisse auf der Erde von Grund auf, so daß das Ich, welches sich in einem neuen Tierkreiszeitalter wieder verkörpert, in einem weiteren irdischen Leben vollständig Neues erfahren kann. Weil jedoch Mann und Frau die Welt verschieden erleben, verkörpert sich eine menschliche Individualität während einer 2160jährigen Epoche in der Regel zweimal, einmal als Mann, einmal als Frau.

Doch sind die Intervalle der Verkörperung auch abhängig vom Entwicklungsstand eines Ichs, von den Kräften, die ein Mensch durch den Tod in die jenseitige Welt mitnimmt, und von vielem anderem, so daß die Reinkarnationsabstände praktisch doch recht verschieden sein können.

In vielen Vorträgen, insbesondere in den als «Esoterische Betrachtungen karmischer Zusammenhänge» (235—240) veröffentlichten Zyklen des Jahres 1924, hat Steiner Inkarnationsfolgen vieler bekannter Menschen konkret beschrieben.

Verw.: →→; → **Erd- und Menschheitsentwicklung.**

Lit.: 9/3; 34/1: Reinkarnation und Karma, vom Standpunkte der modernen Naturwissenschaft notwendige Vorstellungen, und: Wie Karma wirkt; 99/28. 5. bis 31. 5. 07; Mötteli — Poppelbaum: Schicksalsrätsel; Poppelbaum: Studien über das Schicksal.

WIRTSCHAFT, Wirtschaftsleben, Wirtschaftsorganisation → **Dreigliederung des sozialen Organismus.**

WOLLEN, eine der drei → **Seelenkräfte.**

WORTSINN oder Wortesinn → **Sinneslehre.**

WURZELRASSEN Theosophischer Ausdruck für dic Menschenarten der sieben Zeitalter im gegenwärtigen Formzustand unserer Erde. → **Erd- und Menschheitsentwicklung;** → **Weltentwicklungsstufen.**

YUGAS Wie die Griechen unterschieden die Inder vier Zeitalter, in denen sich der Mensch immer mehr von seinem göttlichen Ursprung entfernte, sein Bewußtsein von der geistigen Welt sich mehr und mehr verfinsterte. Danach sollen wieder hellere Zeitalter folgen. Mit dem indischen Ausdruck heißen diese Zeitalter Yugas, und sie sollen folgende Abfolge und Dauer haben:

Indische Bezeichnung:	**Dauer:**	**Griechische Entsprechung:**
Krita Yuga	ca. 20 000 Jahre	Goldenes Zeitalter
Treta Yuga	ca. 15 000 Jahre	Silbernes Zeitalter
Dvapara Yuga	ca. 10 000 Jahre	Ehernes Zeitalter
Kali Yuga (Finsteres Zeitalter)	5000 Jahre; von 3101 v. Chr. bis 1899 n. Chr.	Eisernes Zeitalter
(Neues, lichteres Zeitalter)	2500 Jahre; von 1899 bis 4400 n. Chr.	Neues «ehernes» Zeitalter

Steiner hat sich auf diese Epochen bezogen und darauf hingewiesen, daß mit dem Ablauf des finsteren Kali Yuga (um 1899) ein spirituelleres Zeitalter begonnen habe, in dem es wieder möglich sein werde, geistige Wahrnehmungen zu haben: «In unserem 20. Jahrhundert werden sich allmählich in einem Teil der Menschheit neue menschliche Seelenfähigkeiten entwickeln. Zum Beispiel wird es möglich sein, bevor das 20. Jahrhundert abgelaufen sein wird, den menschlichen Ätherleib wahrzunehmen» (118/18. 4. 10).

Verw.: → **Wiedererscheinen Christi im Ätherischen.**

Lit.: 118.

ZEITALTER der Menschheitsgeschichte.

→ **Weltentwicklungsstufen;** → **Erd- und Menschheitsentwicklung.**

ZEITGEISTER Wesenheiten aus der Ordnung

der → **Archai, die es übernommen haben, ganze Kulturepochen zu lenken.**

ZEITLEIB → Ätherleib.

ZEIT UND RAUM → Raum und Zeit.

ZUKÜNFTIGE KULTUREN (KULTUREPOCHEN) → Nachatlantisches Zeitalter.

ZUKÜNFTIGE PLANETARISCHE VERKÖRPERUNGEN (PLANETARISCHE ZUSTÄNDE)

der Erde → **Weltentwicklungsstufen.**

ZUKÜNFTIGE ZEITALTER (EPOCHEN) der Menschheitsgeschichte → Weltentwicklungsstufen.

ZWEIG

Die an der → Weihnachtstagung 1923 von der Versammlung zur Neubegründung der → Anthroposophischen Gesellschaft angenommenen «Prinzipien» sprechen davon, daß sich die Mitglieder «auf jedem örtlichen oder sachlichen Felde zu kleineren oder größeren Gruppen zusammenschließen» können.

In der Praxis hat es sich so ergeben, daß die (Allgemeine) Anthroposophische Gesellschaft mit Sitz am → Goetheanum Dornach in der Schweiz in Landesgesellschaften gegliedert ist, in denen wieder die örtlichen Gruppen — es können mehrere am gleichen Ort tätig sein — und die fachbezogenen Arbeitsgruppen vereinigt sind. Die örtlichen Gruppen heißen in der Regel «Zweige», womit ausgedrückt ist, daß sich die Gesellschaft als ein organisches Wesen — als Baum — versteht, aus dessen Stamm die Schosse ihre Nahrung zu lebendigem Gedeihen empfangen.

Verw.: →→.

ZWÖLF ist nach anthroposophischer Auffassung die Zahl des Raumes. Die Ekliptik ist in zwölf Tierkreisbilder geteilt, der Jahreskreis hat zwölf Monate, mit zwölf Sinnen (→ Sinneslehre) öffnet sich der Mensch gegenüber der Welt usw.

Verw.: →→; → **Platonisches Jahr und Kulturepochen**; → **Sieben.**

Namenverzeichnis zum ABC der Anthroposophie

Aufgenommen sind alle im ABC (auch in Adjektiven) genannten Personennamen, mit Ausnahme des Namens von Rudolf Steiner sowie der Bezeichnungen für über dem Menschen stehende Wesenheiten. Letztere – Christus, Michael usw. – sind unter den Stichwörtern selber zu finden. Das Register bezieht sich nur auf den Textteil, nicht auf die Literaturangaben am Fuß der Artikel.

Biographische Übersicht

(Lebensstationen, Werktitel und von Steiner in eigenen Worten selber ausgezeichnete Stellen sind *kursiv* gesetzt.)

Die Eltern Rudolf Steiners, Johann Steiner und seine Frau Franziska, geb. Blie, waren Deutsch-Österreicher aus dem niederösterreichischen Waldviertel, nördlich der Donau. Zur Zeit ihrer Heirat erhielt der Vater einen Posten in der kleinen Ortschaft *Kraljevec* an der ungarisch-kroatischen Grenze. Das Dorf gehörte damals zur Donaumonarchie und liegt heute in Jugoslawien. Hier wurde Rudolf Steiner am

27. Februar 1861 geboren. «So ist es gekommen, daß mein Geburtsort weit abliegt von der Erdgegend, aus der ich stamme» (28/1).

Von der Direktion der Südbahn wurde Steiners Vater als Stationsvorsteher mehrmals auf einen andern Bahnhof versetzt. Im Raum der Strecken dieser Bahn spielte sich Steiners Jugend ab.

1863—1868 verbrachte er in *Pottschach* an der Semmering-Linie seine frühe Kindheit.

1868—1879 wohnte die Familie in *Neudörfl an der Leitha*, östlich von Wiener-Neustadt im (damals noch zum ungarischen Reichsteil gehörenden) Burgenland. Von Neudörfl aus besuchte Rudolf Steiner

1872—1879 die Realschule in *Wiener-Neustadt*. Abschluß mit dem Abitur.

Die Schönheit der Alpenlandschaft, die ihn in Pottschach umgab und in Neudörfl noch «erinnerungweckend im Hintergrunde» stand, und die Technik des Bahnbetriebs waren tiefgreifende Jugenderlebnisse.

Schon vor dem achten Lebensjahre nahm Steiner neben der äußeren Welt eine innere wahr, und beide hatten für ihn die gleiche Realität. «Ich unterschied Dinge und Wesenheiten, ‹die man sieht›, und solche, ‹die man nicht sieht›» (28/1). Die «Rechtfertigung» für seine inneren Erlebnisse fand er in der Geometrie, weil sie Vorstellungen und Gedanken verlangt, die ganz aus der eigenen Seele kommen. «Ich weiß, daß ich an der Geometrie das Glück zuerst kennen gelernt habe» (28/1).

Um seinem Sohn das Studium in Wien zu ermöglichen, ließ sich der Vater nach *Inzersdorf*, in der Nähe der Stadt, versetzen.

1879–1890 Studienjahre in *Wien*.

Auf den Bahnfahrten nach Wien lernte Steiner den Kräutersammler Felix Koguzki kennen: «Mit ihm konnte man über die geistige Welt sprechen wie mit jemand, der Erfahrung darin hatte» (28/3). Der Mann wurde später zum Vorbild für die Figur des Felix Balde in Steiners Mysteriendramen.

Steiner begann zunächst ein Studium an der Technischen Hochschule Wien. Hauptfächer waren Mathematik, Naturgeschichte, Chemie, Physik. Das Bedürfnis, Klarheit über das Verhältnis zwischen Innen und Außen, Geist und Natur zu gewinnen, führte ihn immer mehr zur Philosophie, über die er auch Vorlesungen an der Universität Wien hörte.

Durch den Germanisten Karl Julius Schröer wurde Steiner in die Welt Goethes eingeführt. Dabei interessierte er sich vor allem für Goethes Naturwissenschaft.

Mit Nachhilfestunden mußte er sich Geld verdienen; da er auch Latein und Griechisch unterrichtete, konnte sich Steiner auf autodidaktischem Wege auch eine gymnasiale Bildung erwerben. Mehrere Jahre war er Hauslehrer bei der Familie Specht: «Diese Erziehungsaufgabe wurde für mich eine reiche Quelle des Lernens» (28/6).

1883–1897 war Steiner Herausgeber von *Goethes Naturwissenschaftlichen Schriften* (1) in Joseph Kürschners Reihe «Deutsche National-Literatur». Aus der Besinnung auf Goethes Geistesart während der Arbeit am ersten Band ging

1886 das Buch *Grundlinien einer Erkenntnistheorie der Goetheschen Weltanschauung* (2) hervor.

Seine Leistungen als Goethe-Kenner empfahlen Steiner für weitere Aufgaben:

1890–1897 war er als Mitarbeiter am Goethe- und Schiller-Archiv in *Weimar* Herausgeber von Goethes naturwissenschaftlichen Schriften in der Sophien-Ausgabe.

1891 promovierte er in Rostock mit der Dissertation «Die Grundfrage der Erkenntnistheorie mit besonderer Rücksicht auf Fichtes Wissenschaftslehre» zum Doktor der Philosophie.

1892 erschien die Arbeit, etwas erweitert, unter dem Titel *Wahrheit und Wissenschaft* (3) als Buch.

Krönung und Abschluß von Steiners erkenntnistheoretischen Bemühungen war

1894 *Die Philosophie der Freiheit* (4).

Durch die Beschäftigung mit dem Gedankengut Nietzsches und Ernst Haeckels wurde Steiners in diesem Buche vertretene Weltanschauung auf eine harte Probe gestellt. Er geriet in eine Lebenskrise, die er mit den Worten beschrieb: «Damals nun, um 1898 herum, sollte meine Seele mit dem rein ethischen Individualismus in eine Art Abgrund gerissen werden. Er sollte aus einem rein-menschlich Innerlichen zu etwas Äußerlichem gemacht werden. Das Esoterische sollte ins Exoterische abgelenkt werden» (28/27). Während dieser mehrere Jahre dauernden Prüfung geriet Steiner auch in eine gewisse Ferne zum Christentum.

1897–1900 Erste Berliner Jahre.

Bewegt wie die innere Situation waren auch die Lebensumstände, in die Steiner eintrat, als er nach *Berlin* übersiedelte. Er verkehrte in Bohèmekreisen, denen Literaten wie Otto Erich Hartleben, Peter Hille und Ludwig Jacobowski angehörten; letzterer war der Gründer der geselligen Vereinigung «Die Kommenden». Ganz anders war das Milieu der von Wilhelm Liebknecht gegründeten Arbeiterbildungsschule, an der Steiner unterrichtete. Hier hatte er lernbegierige Männer und Frauen aus dem Arbeiterstande vor sich, die sich in Abendkursen weiterbilden wollten.

Um 1900 hatte Steiner ein Damaskuserlebnis, das die erwähnte Krise abschloß und eine Lebenswende bedeutete: «Auf das geistige Gestanden-Haben vor dem Mysterium von Golgatha in innerster ernstester Erkenntnis-Feier kam es bei meiner Seelen-Entwickelung an» (28/26). Von nun an verstand sich Steiner, ohne daß er das ausdrücklich sagte, als Lehrer eines esoterisch vertieften und erneuerten Christentums.

Vorträge mit christlicher Thematik im Hause von Graf Brockdorff in Berlin zeigten die vollzogene Wendung an. Die beiden in diesem theosophischen Kreise gehaltenen Winterzyklen erschienen auch als Bücher:

1901 *Die Mystik im Aufgange des neuzeitlichen Geisteslebens und ihr Verhältnis zur modernen Weltanschauung* [7].

1902 *Das Christentum als mystische Tatsache und die Mysterien des Altertums* [8].

Zu diesen Vorträgen erschien auch Marie von Sivers, Steiners spätere Frau, als Zuhörerin.

1902 wurde Steiner zum Generalsekretär der neugebildeten Deutschen Sektion der Theosophischen Gesellschaft gewählt. *«Niemand blieb im Unklaren darüber,* daß ich in der Theosophischen Gesellschaft nur die Ergebnisse meines eigenen forschenden Schauens vorbringen werde», betonte Steiner in seiner Selbstbiographie im Rückblick auf die Übernahme dieses Amtes [28/30].

Das damit begonnene Wirken für die später Anthroposophie genannte Geisteswissenschaft verlangte nach immer ausgedehnterer Vortragstätigkeit.

Steiner sprach öffentlich und vor den Angehörigen der um ihn entstehenden Bewegung in allen großen Städten Deutschlands und immer häufiger auch im Ausland: Frankreich, Schweiz, Niederlande, Skandinavien, Österreich, England usw. Künstlerische Aktivitäten kamen hinzu; immer mehr gab Steiner auch Impulse für die praktische Anwendung seiner geisteswissenschaftlichen Einsichten.

Diese Wirksamkeit läßt sich ohne Zwang in drei Perioden von je sieben Jahren und eine weitere, durch Steiners Tod abgeschnittene Phase gliedern. Die Perioden überschneiden sich, sind aber deutlich zu unterscheiden:

1902–1909 Steiners «theosophische Zeit»: Grundlegung für die Anthroposophie. Schwerpunkt seines anfänglichen Wirkens in dieser Epoche war *Berlin,* wo Steiner weiterhin wohnte.

1909–1916 Beginn der künstlerischen Aktivitäten. Zentrum dafür war *München.* Bis zum Ausbruch des Ersten Weltkrieges behielt Steiner den Wohnsitz Berlin bei.

1916–1923 Zeit der Realisierung der Anthroposophie durch die Begründung praktischer Arbeitsfächer und die Gründung von Institutionen. Mittelpunkt von Steiners Wirksamkeit wurde mehr und mehr das in Dornach bei Basel in der Schweiz entstehende Goetheanum. Von 1914 bis 1923 lebte Steiner abwechselnd in *Berlin* und in *Dornach.*

1923—1925 Letzte Lebensphase. Der Brand des Goetheanums und die Weihnachtstagung (siehe unten) bezeichnen einen tiefen Einschnitt in Rudolf Steiners Lebensgang. Von da an widmete sich Steiner vor allem der Erneuerung der äußeren Strukturen, der Neufundierung und Erweiterung der Anthroposophie auf höherer Stufe und der Konsolidierung des früher Gegebenen. 1923 übersiedelte er von Berlin nach *Dornach.*

In diese vier Phasen ordnen sich die folgenden Daten ein:

1904 Erscheinen des Buches *Theosophie* (9).

1904/05 veröffentlichte Steiner in seiner Zeitschrift «Lucifer-Gnosis» eine Aufsatzreihe zum Thema *Wie erlangt man Erkenntnisse der höheren Welten?* Sie wurde 1909 zum erstenmal als Buch (10) publiziert.

1908/1909/1910/1912 Vortragszyklen über die Evangelien: *Das Johannes-Evangelium* (103), *Das Lukas-Evangelium* (114), *Das Matthäus-Evangelium* (123), *Das Markus-Evangelium* (139).

1909—1911 *Anthroposophie — Psychosophie — Pneumatosophie* (115). In diesen drei zusammengehörigen kurzen Vortragszyklen bestimmte Steiner den Ort seiner eigenen Geisteswissenschaft und grenzte sie gegenüber der Theosophie ab. Darin gebrauchte er zum erstenmal deutlich akzentuiert das Wort «Anthroposophie» für die von ihm gelehrte wissenschaftliche Weltanschauung.

1910 *Die Geheimwissenschaft im Umriß* (13).

1910—1913 entstand jedes Jahr eines der vier *Mysteriendramen* (14, 1—4) und wurde in München uraufgeführt. Beginn einer durch die Anthroposophie erneuerten Bühnenkunst.

1912 In Bottmingen bei Basel: Erster Eurythmiekurs, «Geburt der Eurythmie».

1912/13 Gründung der Anthroposophischen Gesellschaft und Ausschluß aus der Theosophischen Gesellschaft. Steiner war Lehrer, aber nicht Mitglied dieser ersten Anthroposophischen Gesellschaft.

1913 20. September: Grundsteinlegung für das Goetheanum in Dornach: Mittelpunkt von Steiners Wirksamkeit, Hochschule, Theater und Ort der Kunstpflege, heute (im zweiten Bau) auch Sitz der (Allgemeinen) Anthroposophischen Gesellschaft.

1914 24. Dezember: Eheschließung mit Marie von Sivers.

1917—1919 entwickelte Steiner die Idee der «Dreigliederung des sozialen Organismus» und setzte sich, zuerst bei persönlichen Begegnungen und dann in Vorträgen und Schriften, dafür ein.

1919 Beginn der anthroposophischen Pädagogik: Grundlegende pädagogische Kurse in Stuttgart, Eröffnung der Freien Waldorfschule Stuttgart.

1920 *Geisteswissenschaft und Medizin* (312), erster Kurs für Ärzte und Medizinstudierende. Grundlegung der anthroposophischen Medizin.

1921 Gründung des Klinisch-Therapeutischen Instituts (heute Ita-Wegman-Klinik) in Arlesheim bei Dornach durch Ita Wegman. In Zusammenarbeit mit dieser ersten anthroposophischen Ärztin in ihrer Klinik entwickelte Steiner geisteswissenschaftliche Heilmethoden und die zugehörigen Medikamente. Als gemeinsame Arbeit beider erschien 1925, nach Steiners Tod, das Buch *Grundlegendes für eine Erweiterung der Heilkunst nach geisteswissenschaftlichen Erkenntnissen* (27).

Gründung der Weleda AG in Arlesheim. (Bis 1924 führte das Unternehmen zunächst den Namen ILAG, Internationale Laboratorien-A.G.)

1922 Gründung der Christengemeinschaft.

Silvesternacht 1922/23: Vernichtung des ersten Goetheanums durch Brandstiftung.

1923 24. Dezember bis 1. Januar 1924: Weihnachtstagung in Dornach. Steiner übernahm den Vorsitz der neu gegründeten (Allgemeinen) Anthroposophischen Gesellschaft und die Leitung der Hochschule. *Grundsteinspruch* (s. S. 114–119).

Ab Dezember (bis April 1925): Stückweise Veröffentlichung der (unvollendet gebliebenen) autobiographischen Aufzeichnungen *Mein Lebensgang* (28) in der Wochenschrift «Das Goetheanum».

1924 Ende Januar/Anfang Februar hielt Steiner (nach vielen elementaren Darstellungen seit dem Beginn seiner geisteswissenschaftlichen Wirksamkeit) vor Mitgliedern der Gesellschaft nochmals einen «Einführungskurs in Anthroposophie» und gab neue Gesichtspunkte; heute veröffentlicht unter dem Titel *Anthroposophie. Eine Zusammenfassung nach einundzwanzig Jahren* (234).

Ab Februar (bis April 1925) erschienen in den «Nachrichten für die Mitglieder der Anthroposophischen Gesellschaft» (Beilage zur Wochenschrift «Das Goetheanum») die *Anthroposophischen Leitsätze* mit den zugehörigen *Briefen «An die Mitglieder»* (26). Steiners abschließende Definition: «Anthroposophie ist ein Erkenntnisweg, der das Geistige im Menschenwesen zum Geistigen im Weltall führen möchte» (26/LS 1).

Juni: «Landwirtschaftlicher Kursus» in Koberwitz bei Breslau. Die Vorträge sind jetzt publiziert unter dem Titel *Geisteswissenschaftliche Grundlagen zum Gedeihen der Landwirtschaft* (327). Grundlegung für die biologisch-dynamische Landwirtschaftsmethode.

In den Karmavorträgen dieses Jahres – in der Gesamtausgabe in sechs Bänden unter dem Titel *Esoterische Betrachtungen karmischer Zusammenhänge* (235–240) erschienen – machte Steiner konkrete Angaben über frühere Erdenleben bekannter Persönlichkeiten und äußerte sich über die karmischen Bedingungen der anthroposophischen Bewegung.

Im Lauf des Jahres erarbeitete Steiner Modell und Pläne für das zweite Goetheanum.

28. September: Letzter Vortrag Steiners. Krankenlager in seinem Atelier in der Schreinerei beim Goetheanum. Mit dem neuen Bau wurde 1924 begonnen.

1925 30. März: Tod Rudolf Steiners in Dornach.

Literaturverzeichnis

1. Rudolf-Steiner-Gesamtausgabe

Der Ausgabe vorangestellt sind die für die systematische Beschäftigung mit Rudolf Steiners Werk unentbehrlichen *Übersichtsbände* zur Gesamtausgabe.

Bei den als *Schriften* Rudolf Steiners veröffentlichten Werken der Gesamtausgabe nennt die letzte Kolonne das Jahr der Ersterscheinung; eventuelle weitere, durch Schrägstrich abgetrennte Jahreszahlen bezeichnen die Erscheinungsjahre von Neuauflagen, die von Rudolf Steiner in ergänzter oder erweiterter Fassung veröffentlicht wurden.

Bei den *Vorträgen* meint die Zahl bzw. meinen die Zahlen das Jahr oder die Jahre, in dem oder in denen sie gehalten wurden.

S bedeutet *Sammelband;* S 1914–1924 zum Beispiel heißt: Sammelband mit Schriften und/oder Vorträgen aus den Jahren 1914 bis 1924.

Die bei vielen Bänden der Schriften und bei einzelnen Sammelbänden angegebenen *Zählungen* dienen der Zitierung der Werke im Text und in den Literaturangaben. V, 1–11, N bei Werk 10 bedeutet zum Beispiel, daß das Buch «Wie erlangt man Erkenntnisse der höheren Welten?» für den Nachweis von Zitaten und die Erwähnung der benützten Kapitel in Vorworte (V), in die Kapitel 1 bis 11 und in das Nachwort (N) eingeteilt worden ist. (Siehe Hinweise für die Benützung, S. XIII–XV)

Übersichtsbände zur Rudolf-Steiner-Gesamtausgabe

Band Nr.	Titel
I	Bibliographische Übersicht
II	Sach- und Namenregister zu den Inhaltsangaben, erstellt von Emil Mötteli
III	Inhaltsangaben zu den Bänden der Gesamtausgabe

Gesamtausgabe

Bibl. Nr.	Titel	Jahr(e) des Erscheinens od. der Vorträge
	Als Schriften veröffentliche Werke	
1	Goethes Naturwissenschaftliche Schriften, Einleitungen 1—18	S 1883—1897
1 a—e	Goethes Naturwissenschaftliche Schriften, mit Einleitungen und Anmerkungen im Text, herausgegeben von Rudolf Steiner, 5 Bände	1883—1897
2	Grundlinien einer Erkenntnistheorie der Goetheschen Weltanschauung	1886/1924
3	Wahrheit und Wissenschaft	1892
4	Die Philosophie der Freiheit, Grundzüge einer modernen Weltanschauung V, 1—14, N	1884/1918
5	Friedrich Nietzsche, ein Kämpfer gegen seine Zeit	1895
6	Goethes Weltanschauung	1897/1918
7	Die Mystik im Aufgange des neuzeitlichen Geisteslebens und ihr Verhältnis zur modernen Weltanschauung	1901/1924
8	Das Christentum als mystische Tatsache und die Mysterien des Altertums	1902/1910
9	Theosophie. Einführung in übersinnliche Welterkenntnis und Menschenbestimmung V, 1—5, N	1904/1908/1910/ 1914/1918/1922
10	Wie erlangt man Erkenntnisse der höheren Welten? V, 1—11, N	1904—1905/ 1909/1914/1918
11	Aus der Akasha-Chronik 1—20	1904—1908
12	Die Stufen der höheren Erkenntnis 1—4	1905—1908
13	Die Geheimwissenschaft im Umriß V, 1—7, N	1910/1913/ 1920/1925
14	Vier Mysteriendramen 1—4	1910/1911/ 1912/1913

15	Die geistige Führung des Menschen und der Menschheit. Geisteswissenschaftliche Ergebnisse über die Menschheits-Entwickelung V, 1—3	1911
16	Ein Weg zur Selbsterkenntnis des Menschen. V, 1—8, N	1912/1918
17	Die Schwelle der geistigen Welt. Aphoristische Ausführungen V, 1—16, N	1913/1918
18	Die Rätsel der Philosophie in ihrer Geschichte als Umriß dargestellt	(1900/01)/1914/ 1918/1924
19	—	
20	Vom Menschenrätsel. Ausgesprochenes und Unausgesprochenes im Denken, Schauen und Sinnen einer Reihe deutscher und österreichischer Persönlichkeiten	1916/1918
21	Von Seelenrätseln V, 1—4	1917
22	Goethes Geistesart in ihrer Offenbarung durch seinen «Faust» und durch das «Märchen von der Schlange und der Lilie»	1918
23	Die Kernpunkte der sozialen Frage in den Lebensnotwendigkeiten der Gegenwart und der Zukunft V, 1—5	1919/1920
24	Aufsätze über die Dreigliederung des sozialen Organismus und zur Zeitlage	S 1915—1921
25	Kosmologie, Religion und Philosophie. Autoreferate zum «Französischen Kurs» 1922 1—10	1922
26	Anthroposophische Leitsätze. Der Erkenntnisweg der Anthroposophie. Das Michael-Mysterium LS 1—185; Aufsätze «An die Mitglieder»: mit Datum	1924—1925
27	Grundlegendes für eine Erweiterung der Heilkunst nach geisteswissenschaftlichen Erkenntnissen. Von Dr. R. Steiner und Dr. I. Wegman 1—20, N	1925
28	Mein Lebensgang 1—38	1923—1925/1925

Gesammelte Aufsätze

29	Gesammelte Aufsätze zur Dramaturgie	S 1889—1900
30	Methodische Grundlagen der Anthroposophie. Gesammelte Aufsätze zur Philosophie, Naturwissenschaft, Ästhetik und Seelenkunde	S 1884—1901
31	Gesammelte Aufsätze zur Kultur und Zeitgeschichte	S 1887—1901
32	Gesammelte Aufsätze zur Literatur	S 1884—1902
33	Biographien und biographische Skizzen: Schopenhauer — Jean Paul — Uhland — Wieland. Literatur und geistiges Leben im neunzehnten Jahrhundert	S 1894—1905
34	Luzifer-Gnosis. Grundlegende Aufsätze zur Anthroposophie und Berichte aus der Zeitschrift «Luzifer» und «Lucifer-Gnosis» 1—6	S 1903—1908
35	Philosophie und Anthroposophie. Gesammelte Aufsätze Ausgabe 1984: 1—17, N	S 1904—1923
36	Der Goetheanum-Gedanke inmitten der Kulturkrisis der Gegenwart. Gesammelte Aufsätze aus der Wochenschrift «Das Goetheanum» 1—4	S 1921—1925

Veröffentlichungen aus dem Nachlaß

38	Briefe, Band 1	S 1881—1890
39	Briefe, Band 2	S 1891—1924
40	Wahrspruchworte 1—5	S 1888-1925
41	—	
42	—	
43	—	
44	Entwürfe, Fragmente und Paralipomena zu den Vier Mysteriendramen	S 1910—1913
45	Anthroposophie. Ein Fragment 1—10	1910

Öffentliche Vorträge

51	Über Philosophie, Geschichte und Literatur. Darstellungen an der Arbeiterbildungsschule und der Freien Hochschule in Berlin	S 1901–1905
52	Spirituelle Seelenlehre und Weltbetrachtung	1903/04
53	Ursprung und Ziel des Menschen. Grundbegriffe der Geisteswissenschaft	1904/05
54	Die Welträtsel und die Anthroposophie	1905/06
55	Die Erkenntnis des Übersinnlichen in unserer Zeit und deren Bedeutung für das heutige Leben	1906/07
56	Die Erkenntnis der Seele und des Geistes	1907/08
57	Wo und wie findet man den Geist?	1908/09
58	Metamorphosen des Seelenlebens. Pfade der Seelenerlebnisse, Band 1	1910/11
59	Metamorphosen des Seelenlebens. Pfade der Seelenerlebnisse, Band 2	1910
60	Antworten der Geisteswissenschaft auf die großen Fragen	1910/11
61	Menschengeschichte im Lichte der Geistesforschung	1911/12
62	Ergebnisse der Geistesforschung	1912/13
63	Geisteswissenschaft als Lebensgut	1913/14
64	Aus schicksaltragender Zeit	1914/15
65	Aus dem mitteleuropäischen Geistesleben	1915/16
66	Geist und Stoff, Leben und Tod	1917
67	Das Ewige in der Menschenseele. Unsterblichkeit und Freiheit	1918
68	—	
69	—	
70	—	
71	—	
72	—	
73	Die Ergänzung heutiger Wissenschaften durch Anthroposophie	1917/18
74	Die Philosophie des Thomas von Aquino	1920
75	—	

76	Die befruchtende Wirkung der Anthroposophie auf die Fachwissenschaften	1921
77	—	
78	Anthroposophie, ihre Erkenntniswurzeln und Lebensfrüchte	1921
79	Die Wirklichkeit der höheren Welten	1921
80	—	
81	—	
82	Die Bedeutung der Anthroposophie im Geistesleben der Gegenwart	1922
83	Westliche und östliche Weltgegensätzlichkeit. Wege zu ihrer Verständigung durch Anthroposophie	1922
84	Was wollte das Goetheanum und was soll die Anthroposophie?	1923/24

Vorträge vor Mitgliedern der Anthroposophischen Gesellschaft

93	Die Tempellegende und die Goldene Legende als symbolischer Ausdruck vergangener und zukünftiger Entwicklungsgeheimnisse des Menschen. Aus den Inhalten der Esoterischen Schule	S 1904—1906
93 a	Grundelemente der Esoterik	1905
94	Kosmogonie. Populärer Okkultismus. Das Johannes-Evangelium. Die Theosophie an Hand des Johannes-Evangeliums	S 1906
95	Vor dem Tore der Theosophie	1906
96	Ursprungsimpulse der Geisteswissenschaft. Christliche Esoterik im Lichte neuer Geist-Erkenntnis	1906/07
97	Das christliche Mysterium	1906/07
98	Natur- und Geistwesen — ihr Wirken in unserer sichtbaren Welt	1907/08
99	Die Theosophie des Rosenkreuzers	1907
100	Menschheitsentwickelung und Christus-Erkenntnis. Theosophie und Rosenkreuzertum. Das Johannes-Evangelium	1907

101	—	
102	Das Hereinwirken geistiger Wesenheiten in den Menschen	1908
103	Das Johannes-Evangelium	1908
104	Die Apokalypse des Johannes	1908
105	Welt, Erde und Mensch, deren Wesen und Entwickelung sowie ihre Spiegelung in dem Zusammenhang zwischen ägyptischem Mythos und gegenwärtiger Kultur	1908
106	Ägyptische Mythen und Mysterien	1908
107	Geisteswissenschaftliche Menschenkunde	1908/09
108	Die Beantwortung von Welt- und Lebensfragen durch Anthroposophie	1908/09
109	Das Prinzip der spirituellen Ökonomie im Zusammenhang mit Wiederverkörperungsfragen. Ein Aspekt der geistigen Führung der Menschheit	1909
110	Geistige Hierarchien und ihre Widerspiegelung in der physischen Welt. Tierkreis, Planeten, Kosmos	1909
111	—	
112	Das Johannes-Evangelium im Verhältnis zu den drei anderen Evangelien, besonders zu dem Lukas-Evangelium	1909
113	Der Orient im Lichte des Okzidents. Die Kinder des Luzifer und die Brüder Christi	1909
114	Das Lukas-Evangelium	1909
115	Anthroposophie — Psychosophie — Pneumatosophie	1909, 1910, 1911
116	Der Christus-Impuls und die Entwickelung des Ich-Bewußtseins	1909/10
117	Die tieferen Geheimnisse des Menschheitswerdens im Lichte der Evangelien	1909
118	Das Ereignis der Christus-Erscheinung in der ätherischen Welt	1910
119	Makrokosmos und Mikrokosmos. Die große und die kleine Welt. Seelenfragen, Lebensfragen, Geistesfragen	1910
120	Die Offenbarungen des Karma	1910

121	Die Mission einzelner Volksseelen im Zusammenhang mit der germanisch-nordischen Mythologie	1910
122	Die Geheimnisse der biblischen Schöpfungsgeschichte. Das Sechstagewerk im 1. Buch Moses	1910
123	Das Matthäus-Evangelium	1910
124	Exkurse in das Gebiet des Markus-Evangeliums	1910/11
125	Wege und Ziele des geistigen Menschen. Lebensfragen im Lichte der Geisteswissenschaft	1910
126	Okkulte Geschichte. Esoterische Betrachtungen karmischer Zusammenhänge von Persönlichkeiten und Ereignissen der Weltgeschichte	1910/11
127	Die Mission der neuen Geistesoffenbarung. Das Christus-Ereignis als Mittelpunktsgeschehen der Erdenevolution	1911
128	Eine okkulte Physiologie	
129	Weltenwunder, Seelenprüfungen und Geistesoffenbarungen	1911
130	Das esoterische Christentum und die geistige Führung der Menschheit	1911/12
131	Von Jesus zu Christus	1911
132	Die Evolution vom Gesichtspunkte des Wahrhaftigen	1911
133	Der irdische und der kosmische Mensch	1911/12
134	Die Welt der Sinne und die Welt des Geistes	1911/12
135	Wiederverkörperung und Karma und ihre Bedeutung für die Kultur der Gegenwart	1912
136	Die geistigen Wesenheiten in den Himmelskörpern und Naturreichen	1912
137	Der Mensch im Lichte von Okkultismus, Theosophie und Philosophie	1912
138	Von der Initiation. Von Ewigkeit und Augenblick. Von Geisteslicht und Lebensdunkel	1912
139	Das Markus-Evangelium	1912
140	Okkulte Untersuchungen über das Leben zwischen Tod und neuer Geburt	1912/13

141	Das Leben zwischen dem Tode und der neuen Geburt im Verhältnis zu den kosmischen Tatsachen	1912/13
142	Die Bhagavad Gita und die Paulusbriefe	1912/13
143	Erfahrungen des Übersinnlichen. Die Wege der Seele zu Christus	1912
144	Die Mysterien des Morgenlandes und des Christentums	1913
145	Welche Bedeutung hat die okkulte Entwickelung des Menschen für seine Hüllen — physischer Leib, Ätherleib, Astralleib — und sein Selbst?	1913
146	Die okkulten Grundlagen der Bhagavad Gita	1913
147	Die Geheimnisse der Schwelle	1913
148	Aus der Akasha-Forschung. Das Fünfte Evangelium	1913/14
149	Christus und die geistige Welt. Von der Suche nach dem heiligen Gral	1913/14
150	Die Welt des Geistes und ihr Hineinragen in das physische Dasein. Das Einwirken der Toten in die Welt der Lebenden	1913
151	Der menschliche und der kosmische Gedanke	1914
152	Vorstufen zum Mysterium von Golgatha	1913/14
153	Inneres Wesen des Menschen und Leben zwischen Tod und neuer Geburt	1914
154	Wie erwirbt man sich Verständnis für die geistige Welt? Das Einfließen geistiger Impulse aus der Welt der Verstorbenen	1914
155	Christus und die menschliche Seele. Über den Sinn des Lebens. Theosophische Moral. Anthroposophie und Christentum	1912 u. 1914
156	Okkultes Lesen und okkultes Hören. Wie bekommt man das Sein in die Ideenwelt hinein?	1914
157	Menschenschicksale und Völkerschicksale	1914/15
157 a	Schicksalsbildung und Leben nach dem Tode	1915
158	Der Zusammenhang des Menschen mit der elementarischen Welt. Kalewala. Olaf Åsteson. Das russische Volkstum. Die Welt als Ergebnis von Gleichgewichtswirkungen	1912—1914

159	Das Geheimnis des Todes. Wesen und Bedeutung Mitteleuropas und die europäischen Volksgeister	1915
160	—	
161	Wege der geistigen Erkenntnis und der Erneuerung künstlerischer Weltanschauung	1915
162	Kunst- und Lebensfragen im Lichte der Geisteswissenschaft	1915
163	Zufall, Notwendigkeit und Vorsehung. Imaginative Erkenntnis und Vorgänge nach dem Tode	1915
164	Der Wert des Denkens für eine den Menschen befriedigende Erkenntnis. Das Verhältnis der Geisteswissenschaft zur Naturwissenschaft	1915
165	Die geistige Vereinigung der Menschheit durch den Christus-Impuls	1915/16
166	Notwendigkeit und Freiheit im Weltengeschehen und im menschlichen Handeln	1916
167	Gegenwärtiges und Vergangenes im Menschengeiste	1916
168	Die Verbindung zwischen Lebenden und Toten	1916
169	Weltwesen und Ichheit	1916
170	Das Rätsel des Menschen. Die geistigen Hintergründe der menschlichen Geschichte	1916
171	Innere Entwickelungsimpulse der Menschheit. Goethe und die Krisis des neunzehnten Jahrhunderts	1916
172	Das Karma des Berufes des Menschen in Anknüpfung an Goethes Leben	1916
173	Zeitgeschichtliche Betrachtungen. Das Karma der Unwahrhaftigkeit, erster Teil	1916
174	Zeitgeschichtliche Betrachtungen. Das Karma der Unwahrhaftigkeit, zweiter Teil	1917
174 a	Mitteleuropa zwischen Ost und West	1914–1918
174 b	Die geistigen Hintergründe des Ersten Weltkrieges	1914–1918, 1921
175	Bausteine zu einer Erkenntnis des Mysteriums von Golgatha. Kosmische und menschliche Metamorphose	1917

176	Menschliche und menschheitliche Entwickelungswahrheiten. Das Karma des Materialismus	1917
177	Die spirituellen Hintergründe der äußeren Welt. Der Sturz der Geister der Finsternis	1917
178	Individuelle Geistwesen und ihr Wirken in der Seele des Menschen	1917
179	Geschichtliche Notwendigkeit und Freiheit. Schicksalseinwirkungen aus der Welt der Toten	1917
180	Mysterienwahrheiten und Weihnachtsimpulse. Alte Mythen und ihre Bedeutung	1917/18
181	Erdensterben und Weltenleben. Anthroposophische Lebensgaben. Bewußtseins-Notwendigkeiten für Gegenwart und Zukunft	1918
182	Der Tod als Lebenswandlung	1917/18
183	Die Wissenschaft vom Werden des Menschen	1918
184	Die Polarität von Dauer und Entwickelung im Menschenleben. Die kosmische Vorgeschichte der Menschheit	1918
185	Geschichtliche Symptomatologie	1918
185 a	Entwicklungsgeschichtliche Unterlagen zur Bildung eines sozialen Urteils	1918
186	Die soziale Grundforderung unserer Zeit — In geänderter Zeitlage	1918
187	Wie kann die Menschheit den Christus wiederfinden? Das dreifache Schattendasein unserer Zeit und das neue Christus-Licht	1918/19
188	Der Goetheanismus, ein Umwandlungsimpuls und Auferstehungsgedanke. Menschenwissenschaft und Sozialwissenschaft	1919
189	Die soziale Frage als Bewußtseinsfrage	1919
190	Vergangenheits- und Zukunftsimpulse im sozialen Geschehen	1919
191	Soziales Verständnis aus geisteswissenschaftlicher Erkenntnis	1919
192	Geisteswissenschaftliche Behandlung sozialer und pädagogischer Fragen	1919
193	Der innere Aspekt des sozialen Rätsels. Luziferische Vergangenheit und ahrimanische Zukunft	1919

194	Die Sendung Michaels. Die Offenbarung der eigentlichen Geheimnisse des Menschenwesens	1919
195	Weltsilvester und Neujahrsgedanken	1919/20
196	Geistige und soziale Wandlungen in der Menschheitsentwickelung	1920
197	Gegensätze in der Menschheitsentwickelung. West und Ost — Materialismus und Mystik — Wissen und Glauben	1920
198	Heilfaktoren für den sozialen Organismus	1920
199	Geisteswissenschaft als Erkenntnis der Grundimpulse sozialer Gestaltung	1920
200	Die neue Geistigkeit und das Christus-Erlebnis des zwanzigsten Jahrhunderts	1920
201	Entsprechungen zwischen Mikrokosmos und Makrokosmos. Der Mensch — eine Hieroglyphe des Weltenalls	1920
202	Die Brücke zwischen der Weltgeistigkeit und dem Physischen des Menschen. Die Suche nach der neuen Isis, der göttlichen Sophia	1920
203	Die Verantwortung des Menschen für die Weltentwickelung durch seinen geistigen Zusammenhang mit dem Erdplaneten und der Sternenwelt	1921
204	Perspektiven der Menschheitsentwickelung. Der materialistische Erkenntnisimpuls und die Aufgabe der Anthroposophie	1921
205	Menschenwerden, Weltenseele und Weltengeist. Erster Teil: Der Mensch als leiblich-seelische Wesenheit in seinem Verhältnis zur Welt	1921
206	Menschenwerden, Weltenseele und Weltengeist. Zweiter Teil: Der Mensch als geistiges Wesen im historischen Werdegang	1921
207	Anthrophosophie als Kosmosophie. Erster Teil: Wesenszüge des Menschen im irdischen und kosmischen Bereich	1921
208	Anthroposophie als Kosmosophie. Zweiter Teil: Die Gestaltung des Menschen als Ergebnis kosmischer Wirkungen	1921
209	Nordische und mitteleuropäische Geistimpulse. Das Fest der Erscheinung Christi	1921

210	Alte und neue Einweihungsmethoden	1922
211	Das Sonnenmysterium und das Mysterium von Tod und Auferstehung. Exoterisches und esoterisches Christentum	1922
212	Menschliches Seelenleben und Geistesstreben im Zusammenhange mit Welt- und Erdentwikkelung	1922
213	Menschenfragen und Weltenantworten	1922
214	Das Geheimnis der Trinität. Der Mensch und sein Verhältnis zur Geistwelt im Wandel der Zeiten	1922
215	Die Philosophie, Kosmologie und Religion in der Anthroposophie (Vorträge des «Französischen Kurses» 1922 am Goetheanum, s. Nr. 25)	1922
216	Die Grundimpulse des weltgeschichtlichen Werdens der Menschheit	1922
217	Geistige Wirkenskräfte im Zusammenleben von alter und junger Generation. Pädagogischer Jugendkurs	1922
217 a	Die Erkenntnis-Aufgabe der Jugend	S 1922–1924
218	Geistige Zusammenhänge in der Gestaltung des menschlichen Organismus	1922
219	Das Verhältnis der Sternenwelt zum Menschen und des Menschen zur Sternenwelt – Die geistige Kommunion der Menschheit	1922
220	Lebendiges Naturerkennen. Intellektueller Sündenfall und spirituelle Sündenerhebung	1923
221	Erdenwissen und Himmelserkenntnis	1923
222	Die Impulsierung des weltgeschichtlichen Geschehens durch geistige Mächte	1923
223	Der Jahreskreislauf als Atmungsvorgang der Erde und die vier großen Festeszeiten	1923
224	Die menschliche Seele in ihrem Zusammenhang mit göttlich-geistigen Individualitäten. Der Verinnerlichung der Jahresfeste	1923
225	Kulturphänomene. Drei Perspektiven der Anthroposophie	1923
226	Menschenwesen, Menschenschicksal und Welt-Enwickelung	1923

227	Initiations-Erkenntnis. Die geistige und physische Welt- und Menschheitsentwickelung in der Vergangenheit, Gegenwart und Zukunft, vom Gesichtspunkt der Anthroposophie	1923
228	Initiationswissenschaft und Sternenerkenntnis. Der Mensch in Vergangenheit, Gegenwart und Zukunft vom Gesichtspunkt der Bewußtseinsentwickelung	1923
229	Das Miterleben des Jahreslaufes in vier kosmischen Imaginationen	1923
230	Der Mensch als Zusammenklang des schaffenden, bildenden und gestaltenden Weltenwortes	1923
231	Der übersinnliche Mensch, anthroposophisch erfaßt	1923
232	Mysteriengestaltungen	1923
233	Die Weltgeschichte in anthroposophischer Beleuchtung und als Grundlage der Erkenntnis des Menschengeistes	1923/24
233 a	Mysterienstätten des Mittelalters — Rosenkreuzertum und modernes Einweihungsprinzip — Das Osterfest als ein Stück Mysteriengeschichte der Menschheit	1924
234	Anthroposophie. Eine Zusammenfassung nach einundzwanzig Jahren. Zugleich eine Anleitung zu ihrer Vertretung vor der Welt	1924
235	Esoterische Betrachtungen karmischer Zusammenhänge, Band 1	1924
236	Esoterische Betrachtungen karmischer Zusammenhänge, Band 2	1924
237	Esoterische Betrachtungen karmischer Zusammenhänge, Band 3: Die karmischen Zusammenhänge der anthroposophischen Bewegung	1924
238	Esoterische Betrachtungen karmischer Zusammenhänge, Band 4: Das geistige Leben der Gegenwart in Zusammenhang mit der anthroposophischen Bewegung	1924
239	Esoterische Betrachtungen karmischer Zusammenhänge, Band 5	1924
240	Esoterische Betrachtungen karmischer Zusammenhänge, Band 6	1924

241	—	
242	—	
243	Das Initiaten-Bewußtsein. Die wahren und die falschen Wege der geistigen Forschung	1924
245	Anweisungen für eine esoterische Schulung. Aus den Inhalten der «Esoterischen Schule» 1—6	S 1903—1913

Schriften und Vorträge zur Geschichte der Anthroposophischen Bewegung und Gesellschaft

254	Die okkulte Bewegung im neunzehnten Jahrhundert und ihre Beziehung zur Weltkultur. Bedeutsames aus dem äußeren Geistesleben um die Mitte des neunzehnten Jahrhunderts	1915
255	—	
256	—	
257	Anthroposophische Gemeinschaftsbildung	1923
258	Die Geschichte und die Bedingungen der anthroposophischen Bewegung im Verhältnis zur Anthroposophischen Gesellschaft	1923
259	—	
260	Die Weihnachtstagung zur Begründung der Allgemeinen Anthroposophischen Gesellschaft 1923/24. Grundsteinlegung, Vorträge und Ansprachen, Statutenberatung (Maßgeblich, vor allem für das Thema «Grundsteinspruch», ist die 4. Auflage von 1985 mit der Beilage «Handschriften und Tafelzeichnungen zur Weihnachtstagung 1923/1924»)	S 1923/24
260 a	Die Konstitution der Allgemeinen Anthroposophischen Gesellschaft und der Freien Hochschule für Geisteswissenschaft. Der Wiederaufbau des Goetheanum 1—4	S 1924/25
261	Unsere Toten. Ansprachen, Gedenkworte und Meditationssprüche	S 1906—1924
262	Rudolf Steiner/Marie Steiner-von Sivers: Briefwechsel und Dokumente	S 1901—1925
263	—	

264	Zur Geschichte und aus den Inhalten der ersten Abteilung der Esoterischen Schule. Briefe, Rundbriefe, Dokumente und Vorträge	S 1904–1914

Vorträge und Kurse zu einzelnen Lebensgebieten

Vorträge über Kunst

271	Kunst und Kunsterkenntnis. Grundlagen einer neuen Ästhetik	S 1888–1890, 1898, 1909–1921
272	Geisteswissenschaftliche Erläuterungen zu Goethes Faust, Band 1: Faust, der strebende Mensch	S 1910/11 und 1915/16
273	Geisteswissenschaftliche Erläuterungen zu Goethes Faust, Band 2: Die romantische und die klassische Walpurgisnacht	S 1916–1919
274	Ansprachen zu den Weihnachtsspielen aus altem Volkstum	S 1915–1924
275	Kunst im Lichte der Mysterienweisheit	1914/15
276	Das Künstlerische in seiner Weltmission. Der Genius der Sprache. Die Welt des sich offenbarenden strahlenden Scheines. Anthroposophie und Kunst. Anthroposophie und Dichtung	1923
277	Eurythmie, die Offenbarung der sprechenden Seele. Eine Fortbildung der Goetheschen Metamorphosenanschauung im Bereich der menschlichen Bewegung	S 1918–1924
277 a	Die Entstehung u. Entwicklung der Eurythmie	S 1911–1925
278	Eurythmie als sichtbarer Gesang. Ton-Eurythmie-Kurs	1924
279	Eurythmie als sichtbare Sprache. Laut-Eurythmie-Kurs	1922–1924
280	Methodik und Wesen der Sprachgestaltung (Von R. Steiner und M. Steiner-von Sivers)	S 1919–1924
281	Die Kunst der Rezitation und Deklamation (Von R. Steiner und M. Steiner-von Sivers)	S 1912–1915/ 1920–1928
282	Sprachgestaltung und Dramatische Kunst. Dramatischer Kurs (von R. Steiner und M. Steiner-von Sivers)	1921/1924
283	Das Wesen des Musikalischen und das Tonerlebnis im Menschen	S 1906, 1920–1923

284	Bilder okkulter Siegel und Säulen. Der Münchner Kongreß Pfingsten 1907 und seine Auswirkungen	S 1907, 1909, 1911
285	–	
286	Wege zu einem neuen Baustil. «Und der Bau wird Mensch»	S 1911, 1913, 1914
287	Der Dornacher Bau als Wahrzeichen geschichtlichen Werdens und künstlerischer Umwandlungsimpulse	1914
288	–	
289	–	
290	Der Baugedanke des Goetheanum	1921
291	Das Wesen der Farbe	S 1914–1924
292	Kunstgeschichte als Abbild innerer geistiger Impulse	1916/17

Vorträge über Erziehung

293	Allgemeine Menschenkunde als Grundlage der Pädagogik. Pädagogischer Grundkurs, Teil 1	1919
294	Erziehungskunst. Methodisch-Didaktisches. Pädagogischer Grundkurs, Teil 2	1919
295	Erziehungskunst. Seminarbesprechungen und Lehrplanvorträge. Pädagogischer Grundkurs, Teil 3	1919
296	Die Erziehungsfrage als soziale Frage. Die spirituellen, kulturgeschichtlichen und sozialen Hintergründe der Waldorfschul-Pädagogik	1919
297	Die Waldorfschule und ihr Geist. Welche Gesichtspunkte liegen der Errichtung der Waldorfschule zugrunde?	1919/20
298	Rudolf Steiner in der Waldorfschule. Vorträge und Ansprachen	S 1919–1924
299	Geisteswissenschaftliche Sprachbetrachtungen. Eine Anregung für Erzieher	1919/20
300 a–c	Konferenzen mit den Lehrern der Freien Waldorfschule 1919 bis 1924. 3 Bände	S 1919–1924
301	Die Erneuerung der pädagogisch-didaktischen Kunst durch Geisteswissenschaft	1920

302	Menschenerkenntnis und Unterrichtsgestaltung	1921
302 a	Erziehung und Unterricht aus Menschenerkenntnis	1920, 1922/23
303	Die gesunde Entwickelung des Leiblich-Physischen als Grundlage der freien Entfaltung des Seelisch-Geistigen	1921/22
304	Erziehungs- und Unterrichtsmethoden auf anthroposophischer Grundlage	1921/22
304 a	Anthroposophische Menschenkunde und Pädagogik	1923/24
305	Die geistig-seelischen Grundkräfte der Erziehungskunst. Spirituelle Werte in Erziehung und sozialem Leben	1922
306	Die pädagogische Praxis vom Gesichtspunkte geisteswissenschaftlicher Menschenerkenntnis. Die Erziehung des Kindes und jüngeren Menschen	1923
307	Gegenwärtiges Geistesleben und Erziehung	1923
308	Die Methodik des Lehrens und die Lebensbedingungen des Erziehens	1924
309	Anthroposophische Pädagogik und ihre Voraussetzungen	1924
310	Der pädagogische Wert der Menschenerkenntnis und der Kulturwelt der Pädagogik	1924
311	Die Kunst des Erziehens aus dem Erfassen der Menschenwesenheit	1924

Vorträge über Medizin

312	Geisteswissenschaft und Medizin	1920
313	Geisteswissenschaftliche Gesichtspunkte zur Therapie	1921
314	Physiologisch-Therapeutisches auf Grundlage der Geisteswissenschaft. Zur Therapie und Hygiene	1920, 1922—1924
315	Heileurythmie	1921/22
316	Mediative Betrachtungen und Anleitungen zur Vertiefung der Heilkunst	1924
317	Heilpädagogischer Kurs	1924

318	Das Zusammenwirken von Ärzten und Seelsorgern. Pastoral-medizinischer Kurs	1924
319	Anthroposophische Menschenerkenntnis und Medizin	1923/24

Vorträge über Naturwissenschaft

320	Geisteswissenschaftliche Impulse zur Entwikkelung der Physik. Erster Naturwissenschaftlicher Kurs: Licht, Farbe, Ton – Masse, Elektrizität, Magnetismus	1919–1921
321	Geisteswissenschaftliche Impulse zur Entwikkelung der Physik. Zweiter Naturwissenschaftlicher Kurs: Die Wärme auf der Grenze positiver und negativer Materialität	1920
322	Grenzen der Naturerkenntnis	1920
323	Das Verhältnis der verschiedenen naturwissenschaftlichen Gebiete zur Astronomie. Dritter naturwissenschaftlicher Kurs: Himmelskunde in Beziehung zum Menschen und zur Menschenkunde	1921
324	Naturbeobachtung, Mathematik, wissenschaftliches Experiment und Erkenntnisergebnisse vom Gesichtspunkte der Anthroposophie	1921
325	Die Naturwissenschaft und die weltgeschichtliche Entwickelung der Menschheit seit dem Altertum	1921
326	Der Entstehungsmoment der Naturwissenschaft in der Weltgeschichte und ihre seitherige Entwickelung	1922/23
327	Geisteswissenschaftliche Grundlagen zum Gedeihen der Landwirtschaft. Landwirtschaftlicher Kurs	1924

Vorträge über das soziale Leben und die Dreigliederung des sozialen Organismus

328	Die soziale Frage	1919
329	Die Befreiung des Menschenwesen als Grundlage für eine soziale Neugestaltung. Altes Denken und neues soziales Wollen	1919
330	Neugestaltung des sozialen Organismus	1919

331	–	
332	–	
332 a	Soziale Zukunft	1919
333	Gedankenfreiheit und soziale Kräfte. Die sozialen Forderungen der Gegenwart und ihre praktische Verwirklichung	1919
334	Vom Einheitsstaat zum dreigliedrigen sozialen Organismus	1920
335	–	
336	–	
337	–	
338	Wie wirkt man für den Impuls der Dreigliederung des sozialen Organismus? Zwei Schulungskurse für Redner und aktive Vertreter des Dreigliederungsgedankens	1921
339	Anthroposophie, soziale Dreigliederung und Redekunst. Orientierungskurs für die öffentliche Wirksamkeit mit besonderem Hinblick auf die Schweiz	1921
340	Nationalökonomischer Kurs. Aufgaben einer neuen Wirtschaftswissenschaft, Band 1	1922
341	Nationalökonomisches Seminar. Aufgaben einer neuen Wirtschaftswissenschaft, Band 2	1922

Vorträge für die Arbeiter am Goetheanumbau

347	Die Erkenntnis des Menschenwesens nach Leib, Seele und Geist. Über frühe Erdzustände	1922
348	Über Gesundheit und Krankheit. Grundlagen einer geisteswissenschaftlichen Sinneslehre	1922/23
349	Vom Leben des Menschen und der Erde. Über das Wesen des Christentums	1923
350	Rhythmen im Kosmos und im Menschenwesen. Wie kommt man zum Schauen der geistigen Welt?	1923
351	Mensch und Welt. Das Wirken des Geistes in der Natur. Über das Wesen der Bienen	1923
352	Natur und Mensch in geisteswissenschaftlicher Betrachtung	1924

353	Die Geschichte der Menschheit und die Weltanschauungen der Kulturvölker	1924
354	Die Schöpfung der Welt und des Menschen. Erdenleben und Sternenwirken	1924

Das künstlerische Werk

K 12	Entwürfe für die Glasfenster des Goetheanum (Mappe)
K 14	Entwürfe für die Malerei der kleinen Kuppel des ersten Goetheanum (Mappe)
K 23. 374	Eurythmieformen zu den Wochensprüchen des anthroposophischen Seelenkalenders
K 26	Entwürfe zu den Eurythmiefiguren (Mappe)
K 51	Kleinodienkunst als goetheanistische Formensprache. Entwürfe von Rudolf Steiner und deren Ausführung durch Bertha Meyer-Jacobs u. a.

2. Sekundärliteratur

Biographien und Darstellungen von Rudolf Steiners Lebenswerk

Bock, Emil Rudolf Steiner – Studien zu seinem Lebensgang und Lebenswerk

Fränkl-Lundborg Otto Die Anthroposophie Rudolf Steiners – Ein Hinweis

Hemleben, Johannes Rudolf Steiner in Selbstzeugnissen und Dokumenten

Wachsmuth, Guenther Rudolf Steiners Erdenleben und Wirken – Von der Jahrhundertwende bis zum Tode

Wehr, Gerhard Rudolf Steiner – Wirklichkeit, Erkenntnis und Kulturimpuls

4 Bildbände zu Rudolf Steiners Leben und Wirken

Band 1: 1861–1890, herausgegeben von Wilhelm Rath
Band 2: 1890–1907, herausgegeben von Georg Hartmann
Band 3: 1907–1917, herausgegeben von Wolfram Groddeck
Band 4: 1917–1925, herausgegeben von Heinz Herbert Schöffler

Diese Werke werden in den Literaturangaben zu den einzelnen Artikeln nicht besonders aufgeführt. Sie liegen dem ganzen Band als unentbehrliches Informationsmaterial zugrunde.

Nach Verfassernamen geordnete Werke
Im alphabetischen Teil nur mit Verfassernamen und meist mit Kurztitel (hier in Klammern) zitiert

Baumann (-Dollfus), Elisabeth *Aus der Praxis der Heileurythmie* (Praxis der Heileurythmie)

Biesantz Hagen/Klingborg Arne *Das Goetheanum – Der Bau-Impuls Rudolf Steiners* (Goetheanum)

Bühler, Walter *Die zweifache Abstammung des Menschen – Evolution und Menschwerdung. In Nr. 40 der Merkblätter für Gesundheitspflege «Soziale Hygiene», herausg. vom Verein für ein erweitertes Heilwesen, Bad Liebenzell, BRD* (Zweifache Abstammung des Menschen)

Dubach-Donath, Annemarie *Die Grundelemente der Eurythmie*

Englert, Conrad; Jenny, Paul; Zbinden, Hans Werner *Mensch, Schule, Staat und Menschheit*

Fant, Åke; Klingborg, Arne; Wilkes, A. John *Die Holzplastik Rudolf Steiners in Dornach* (Holzplastik)

Fels, Alice *Studien zur Einführung in die Mysteriendramen Rudolf Steiners* (Einführung in die Mysteriendramen)

Froböse, Edwin *Marie Steiner – Ihr Weg zur Erneuerung der Bühnenkunst – Eine Dokumentation* (Bühnenkunst)

Froböse, Edwin *Mein Weg zur Goetheanumbühne – Erinnerungen* (Goetheanumbühne)

Froböse, Eva *Rudolf Steiner über Eurythmische Kunst* (Eurythmische Kunst)

Grosse Rudolf *Erlebte Pädagogik – Schicksal und Geistesweg* (Erlebte Pädagogik)

Grosse Rudolf *Die Weihnachtstagung als Zeitenwende* (Weihnachtstagung)

Hammacher, Wilfried *Einführung in die Mysteriendramen Rudolf Steiners, 4 Bände* (Mysteriendramen, 1–4)

Hartmann, Georg *Erziehung aus Menschenerkenntnis – Vom pädagogischen Impuls der Anthroposophie Rudolf Steiners* (Erziehung aus Menschenerkenntnis)

Hartmann, Georg *Goetheanum-Glasfenster* (Glasfenster)

Hoerner, Wilhelm *Zeit und Rhythmus – Die Ordnungsgesetze der Erde und des Menschen* (Zeit)

von Houwald, Erich *Rudolf Steiners Mysteriendramen – Geisteswissenschaftliche Hinweise* (Mysteriendramen, 1–4)

Kirchner-Bockholt, Margarete *Grundelemente der Eurythmie*

Kirchner-Bockholt, Margarete *Grundelemente der Heileurythmie*

Koepf, Herbert H. *Was ist biologisch-dynamischer Landbau?*

Krause-Zimmer, Hella *Die zwei Jesusknaben in der Bildenden Kunst* (Jesusknaben)

Kühn, Hans *Dreigliederungs-Zeit — Rudolf Steiners Kampf für die Gesellschaftsordnung der Zukunft* (Dreigliederungs-Zeit)

Lenz, Johannes *Die Christengemeinschaft — Eine Einführung* (Christengemeinschaft)

Lindenau, Christof *Soziale Dreigliederung — Der Weg zu einer lernenden Gesellschaft* (Dreigliederung)

Lindenberg, Christoph *Vom geistigen Ursprung der Gegenwart — Studien zur Bewußtseinsgeschichte Mitteleuropas* (Ursprung der Gegenwart)

Maier-Smits, Lory *Die Anfänge der Eurythmie. In: Wir erlebten Rudolf Steiner (Sammelband)* (Anfänge der Eurythmie)

Molt, Emil *Entwurf meiner Lebensbeschreibung*

van der Pals, Lea *Was ist Eurythmie?*

Petersen, Adelheid *Rudolf Steiners Mysteriendramen — Welthistorische Zusammenhänge und Inkarnationsgeheimnisse* (Rudolf Steiners Mysteriendramen)

Pickert, Siegfried *Von Rudolf Steiners Wirken bei der Begründung der heilpädagogischen Arbeit. In: Erinnerungen an Rudolf Steiner (Sammelband)* (Begründung der heilpädagogischen Arbeit)

Poppelbaum, Hermann *Mensch und Tier — Fünf Einblicke in ihren Wesensunterschied* (Mensch und Tier)

Poppelbaum, Hermann *Schicksalsrätsel — Verkörperung und Wiederverkörperung* (Schicksalsrätsel)

Poppelbaum, Hermann *Studien über das Schicksal auf Grund der «Leitsätze» Rudolf Steiners* (Studien über das Schicksal)

Poppelbaum, Hermann *Entwicklung, Vererbung und Abstammung, wie Rudolf Steiner sie sehen lehrte* (Entwicklung, Vererbung und Abstammung)

Raab, Rex; Klingborg, Arne; Fant, Åke *Sprechender Beton — Wie Rudolf Steiner den Stahlbeton verwendete* (Sprechender Beton)

Reimann, Hugo *Rudolf Steiners Mysteriendramen — Betrachtungen auf Grund von Notizen aus Mathilde Scholls Nachlaß, 4 Bände* (Mysteriendramen, 1—4)

Remer, Nicolaus *Lebensgesetze im Landbau*

Rittelmeyer, Friedrich *Meine Lebensbegegnung mit Rudolf Steiner* (Lebensbegegnung)

Rittersbacher, Karl *Zur Beurteilung der Pädagogik Rudolf Steiners — Eine kulturpädagogische Studie* (Zur Beurteilung der Pädagogik)

Rittersbacher, Karl *Wirkungen der Schule im Lebenslauf — Ein Quellenlesebuch der Pädagogik Rudolf Steiners* (Wirkungen der Schule)

Roggenkamp, Walter/Gerbert, Hildegard *Bewegung und Form in der Graphik Rudolf Steiners* (Bewegung und Form)

Schiller, Paul Eugen *Der anthroposophische Schulungsweg – Ein Überblick* (Schulungsweg)

Schütze, Alfred *Vom Wesen der Trinität* (Trinität)

Steffen, Albert *Begegnungen mit Rudolf Steiner* (Begegnungen)

Steffen, Albert *Der Künstler und die Erfüllung der Mysterien* (Erfüllung)

Steffen, Albert *Goethes Geistgestalt* (Geistgestalt)

Steiner, Rudolf/Boos, Roman *Landwirtschaft und Industrie – Neuordnung des Bodenrechtes als soziale Forderung der Gegenwart. Wortlaut aus Schriften und Vorträgen Rudolf Steiners, herausgegeben von Roman Boos* (Bodenrecht)

Strohschein, Albrecht *Die Entstehung der anthroposophischen Heilpädagogik. In: Wir erlebten Rudolf Steiner (Sammelband)* (Entstehung der anthroposophischen Heilpädagogik)

Treichler, Rudolf *Die Entwicklung der Seele im Lebenslauf – Stufen, Störungen und Erkrankungen des Seelenlebens* (Entwicklung der Seele)

Wachsmuth, Guenther *Werdegang der Menschheit – Kosmische Evolution, Erdenverkörperung, Völkerwanderung, Geistesgeschichte* (Werdegang)

Wegman, Ita *Im Anbruch des Wirkens für eine Erweiterung der Heilkunst – Gesammelte Aufsätze aus der Zeitschrift «Natura»* (Im Anbruch des Wirkens für eine Erweiterung der Heilkunst)

Wehr, Gerhard *Christusimpuls und Menschenbild – Rudolf Steiners Beitrag zur Erweiterung des religiösen Bewußtseins* (Christusimpuls)

von Wistinghausen, Kurt *Der neue Gottesdienst – Zur Einführung in die Menschenweihehandlung* (Gottesdienst)

Wolff, Otto *Anthroposophisch orientierte Medizin und ihre Heilmittel. Erschienen als Nr. 11 der Weleda-Schriftenreihe* (Anthroposophische Medizin/Heilmittel)

Zeylmans von Emmichoven, F. W. *Der Grundstein*

Sammelwerke mit Beiträgen verschiedener Autoren und Schriften ohne Verfassernamen

Kurztitel hier in Klammern gesetzt

Erinnerungen an Rudolf Steiner. Sammelband (Erinnerungen)

50 Jahre Klinisch-Therapeutisches Institut Arlesheim. Sammelband (Jubiläumsschrift «50 Jahre Klinisch-Therapeutisches Institut Arlesheim»)

Mysteriendramen am Goetheanum – Rudolf Steiner und die neue Bühnenkunst, herausgegeben von der Sektion für Redende und Musikali-

sche Künste am Goetheanum. Sammelband (Mysteriendramen am Goetheanum)

Potenzierte Heilmittel — Ursprung, Wesen und Wirkungsnachweis von dynamisierten Substanzen. Sammelband (Potenzierte Heilmittel)

Rudolf Steiners malerischer Impuls — Ein Werkverzeichnis (Malerischer Impuls)

Wege und Ergebnis einer sachlichen richterlichen Rechtsfindung. In: Nachrichten der Rudolf-Steiner-Nachlaßverwaltung. Nr. 5, März 1953. Sonderheft (Wege und Ergebnis einer Rechtsfindung)

Weleda. Heilmittel aus neuer Erkenntnis — Festschrift zum 50jährigen Bestehen der Weleda-AG-Heilmittelbetriebe. Sammelband (Weleda-Festschrift)

Weleda-Almanache. Von der Weleda AG von Zeit zu Zeit herausgegebene Sammelbände mit ausgewählten Beiträgen aus den Weleda-Nachrichten (Weleda-Almanache)

Wir erlebten Rudolf Steiner — Erinnerungen seiner Schüler. Sammelband (Wir erlebten)

Nachweis der Bilder und Texte

S. VI Aufnahme O. Rietmann, St. Gallen; S. XVI Aufnahme E. Gmelin, Dornach; S. 101; S. 107 oben Aufnahme O. Rietmann, St. Gallen; S. 107 unten Aufnahme Hans Gross, St. Gallen; S. 136 Aufnahme E. Gmelin, Dornach; S. 166; S. 168 Aufnahme A. J. Wilkes, Forest Row. Alle Bilder © Philosophisch-Anthroposophischer Verlag am Goetheanum.

S. 83 Aus: Van der Pals: Was ist Eurythmie?

S. 110 oben und unten: Aus: Roggenkamp/Gerbert: Bewegung und Form.

S. 114—116 Zitiert aus: 260, 4. Auflage, mit sinngemäßer Ergänzung der 6. Strophe; S. 117—119 Zitiert aus 260, 4. Auflage, Beilage, und 260 a/1: 13. 1. 24.

S. 143 Ita-Wegman-Klinik, Arlesheim.

S. 182 Aus: 14, 1—4.

S. 227 Zitiert aus: 40/1.

S. 236 Aus: Rudolf Steiner als illustrierender Künstler, Dornach 1941.

S. 239 Nach der auf einer Zeichnung Rudolf Steiners beruhenden Skizze in 199/8. 8. 20.

S. 265 Weleda AG, Arlesheim.